경매 초보도 특수 물건 한다

경매초보의 특수물건 도전일기

김명석 저

경매초보도 특수물건한다

초판1쇄 발행_2018년 02월 14일
지은이_김명석
디자인_김영세
마케팅_김미영
제작인쇄_정문사
펴낸곳_도서출판 엘티에스 출판부 "사람들"
등록_제2011-78호
주소_서울시 관악구 신림동 103-117번지 5F
전화_02-587-8607
팩스_02-876-8607
블로그_blog.daum.net/ltslaw
메일_ltslaw@hanmail.net

* 이 책의 판권은 지은이와
  도서출판 엘티에스 출판부 "사람들"에 있습니다.
  양측의 서면 동의 없는 무단 전재 및 복제를 금합니다.
* 저자와의 협의 하에 인지는 생략합니다.

ⓒ 2018
ISBN 979-11-6081-002-8 13320
정가 18,000원

산길을 헤매다 만나는 등불

경매를 처음 접하던 시절, 대법원경매정보나 사설 경매 사이트에서 아무리 검색을 해도 눈에 띄는 물건을 찾을 수 없었다. 어느 물건이 돈이 될까? 고르고 골라도 도대체 알 수가 없었다. 경매로 부동산을 싸게 사서 대박을 냈다는 저자들의 책들을 여러 권 읽었는데 내 눈에는 이거다, 싶은 물건이 보이지 않았다. 그래서 이런 생각도 들었다. 경매로 돈을 벌었다는 사람들은 극히 일부이거나 책을 팔고 강의를 위해 일부러 과장된 내용을 홍보했던 것은 아닐까, 하는. 그러나 공부가 깊어지고 경매로 하나씩 부동산을 구입해 실제 매각까지 진행하다보니 수도권의 상가 건물부터 강원도 산골 오지의 임야까지 여러 물건들이 눈에 들어왔다. 이후 주거용 부동산은 물론 주거용 이외의 상가 토지 창고 등 여러 종별의 부동산을 낙찰받아 매각이나 임대를 경험했다. 보이지 않던 물건들이 눈에 띄기 시작하면서 부동산을 보는 시야가 늘어나고 자신감도 생겨났다. 남들 20년에 겪을 일을 단 5년 만에 다 겪은 셈이다. 나중에는 아, 돈만 있으면 저 물건 입찰 들어가야 하는데, 이것도 사고 싶고 저것도 사고 싶고, 수익이 뻔히 보이는데도 돈이 없어 입찰에 참여할 수 없을 때는 처지를 비관하기도 했다.

아는 만큼 보인다고 했던가. 제법 부동산과 경매 관련 법률들을 알아가다 보니, 모든 게 내 세상 같던 시절도 있었다. 입찰법정에 들어선 수많은 사람들이 우습게 보이고, 지식과 실력도 안되는 사람들이 경매를 한다고 설치는구나, 하는 자만심이 생기기도 했다. 오만방자한 시절이었다. 경매를 시작하는 첫 단계에서부터 고수 흉내를 내며 특수물건들에만 입찰했기

경매초보도 특수물건 한다

에 더욱 그랬다. 법정지상권, 지분, 유치권, 대지권미등기, NPL까지. 머리가 지끈거리는 물건들만 골라 입찰하다보니 어느새 나는 싸움닭이 되어 있었다. 법원에서부터 집으로 날아오는 각종 소송 등기 우편물 보고 있노라면 내가 손대고 있는 물건들이 간단한 물건이 아님을 실감한다. 소송을 끼고 살면서 경매가 공으로 거저먹는 수익이 아니라 이 모든 것들이 비용이라는 생각도 든다. 그러나 이제는 솔직히 경매가 두렵다. 최근엔 낙찰이라도 하나 받게 되면 아, 다시 고생 시작이구나. 이번 건도 과연 해낼 수 있을까, 하고 염려스러운 마음부터 앞선다.

　경매 법정을 들락거리다 보니 여기저기서 돈이 될만한 부동산을 찾아달라는 부탁을 자주 받는다. 그들에게 입찰에서부터 매각에 이르기까지 전 과정에 도움을 주다보니 내가 직접 낙찰받아 처리하는 것보다 몇 갑절이나 힘이 듦을 고백하지 않을 수 없다. 최근에는 그런 부탁이 들어오면 아예 손사래부터 친다. 왜냐면 입찰 물건을 고르는 과정에서부터 마찰이 생기기 때문이다. 그들은 나름 경매밥을 좀 먹었다는 나의 말을 신뢰하지 못한다. 하나하나 설명하고 설득하려니 힘이 든다. 돈이 되는 부동산을 골라주면 불만부터 늘어놓는다. 이래서 마음이 안들고 저래서 문제가 있고. 경매로 나온 부동산은 본인을 포함한 타인 모두의 마음에 들어야 하는 것이 아니다. 언젠가 나타날 구매자 단 한 사람의 마음에 들면 될 일이다. 문제는 어느 정도의 수익을 올릴 수 있느냐, 하는 것이 관건이다. 경우에 따라서는 누가 봐도 그럴듯한 강남의 점포보다 오히려 다 쓰러져가는 강원도 산골의 축사가 더 큰 수익률을 가져다 줄 수 있다는 사실을 그들은 간과하고 있다. 입찰가 산정은 또 어떤가? 초보는 경매로 얼마나 싸

게 사느냐에 모든 관심이 쏠린다. 그들에게는 최저가와 차순위자의 입찰 가격이 무엇보다 중요하다. 그래서 낙찰을 받으면 2등은 얼마를 썼는지를 제일 먼저 확인한다. 그러나 시작부터 틀렸다. 그 또한 어느 정도의 수익을 올릴 수 있느냐, 가 관건이다. 예컨대 감정가 산정이 끝나고 도로로 편입되어 보상이 임박한 토지가 경매로 나왔다고 가정하자. 보상가가 5000만원이고 최저가가 1000만원, 전전차 가격이 3000만원이라고 하더라도 4000만원 이상을 써넣어야 한다. 설령 차순위자가 1000만원에 입찰했다 하더라도 3000만원을 손해보았다고 아쉬워할 일이 아니다. 추후 보상받을 금액이 5000만원이므로 1000만원의 수익을 낸 것에 감사해야 한다. 욕심만 앞세우면 영원히 낙찰받을 일은 없다. 낙찰을 받아야 경매다. 그림을 그리지 않는 화가, 기사 한 줄 안 쓰는 기자, 임기동안 자신의 이름으로 법안 하나 발의하지 않는 국회의원이 의원이라 할 수 없듯이 낙찰을 받지 않는 경매란 있을 수 없다.

2017년 4월부터 〈팟빵〉에서 운영하는 경매 팟캐스트 방송을 진행하고 있다. 친구들과 가벼운 마음으로 시작한 방송이 어느덧 60회차에 이르면서 정기 구독자 수가 1000명을 넘어섰다. 돈은 안되지만 나에게는 이제 소중한 일과가 되었다. 방송을 하면서 이 세계의 숨은 여러 무림고수들을 만나게 됐고, 아직도 공부가 많이 부족하다는 사실을 절감한다. 더불어 경매에 막 입문하는 초보들에게 제대로 된 길로 인도해야겠다는 막중한 책임감도 든다. 부동산 경매가 일확천금을 가져다주지는 않지만 적어도 없이 사는 서민들의 신분상승의 작은 통로나 희망, 단초가 될 것이라는 생각을 가지고 있기에 더욱 그렇다.

경매초보도 특수물건 한다

 이 책은 제목에서처럼 경매에 입문하려는 사람을 위한 책이긴 하지만 그 내용은 경매 중급 이상인 사람도 간혹 이해하기 어려운 부분이 있을 수 있다. 그러나 초보라고 해서 마냥 경매절차만 숙지해야 한다면 영원히 그 자리에 머물 수밖에 없다. 경매초보도 난해하고 복잡한 권리관계가 붙어있는 특수물건에 과감히 도전할 수 있어야 한다. 고차방정식에 도전해 해답을 찾아내면 일차방정식은 쉽게 풀 수 있는 산수문제와 같은 이치다. 더군다나 일반 물건이 입찰률이 높아 수익을 내기가 어려워진 만큼 그 위험성 때문에 경매초보가 일반물건에만 응찰해야 한다면 발전이 있을 리 없다. 특수물건이 고수들의 전유물인 시대는 이제 옛이야기다. 이 책에서는 주로 필자가 경험한 특수물건들의 낙찰기, 그리고 처리 과정을 다루고 있다. 그리고 매 챕터마다 해당 특수물건에 꼬리표를 붙여 독자들의 이해를 돕고자 했다.

 최근의 비트코인 논란에서 보듯이 투기성이나 미래가치성 등 그 옳고 그름의 진위를 떠나 사람들은 늘 희망을 찾아나선다는 사실 하나만은 분명해 보인다. 경매에 관한 저자 나름의 얄팍한 지식과 경험이긴 하지만 이 책이 부동산 경매에 막 입문하는 사람들에게 어두운 산길을 헤매다 만나는 희미한 등불이라도 되었으면 하는 바람이다. 그래서 그들의 삶에 실낱같은 희망의 불씨를 지폈으면 한다.

2018년 2월

서울 신림동에서 저자 김명석

첫번째 이야기,
나는 부동산 경매를 이렇게 시작했다

01. 두 여자와의 인연   12

02. 굶어도 살 순 있지만 희망 없이는 살 수 없다   15

03. 경매에 관한 무지와 편견   18

04. 경매공부 그리고 첫 입찰   24

두번째 이야기,
경매고수도 울고 갈 경매초보의 특수물건 경매일지

01. 감정평가서를 믿지 마라   30
    은평구 갈현동 빌라
    유치권

02. 법정지상권 건물은 지상권 설정 등기소송부터 진행하라   46
    전북 익산 단독주택
    법정지상권

03. 단돈 400만 원으로 100% 수익, 경매는 큰돈이 필요 없다!   56
    경남 합천 저온창고
    법정지상권

04. 10평이 안되는 토지라도 허투루 넘기지 마라   65
    경북 경산 토지

경매초보도 특수물건 한다

05. 금융기관의 대출상품을 꼼꼼히 확인하라   71
  인천 불로동 아파트

06. 지분 물건을 눈여겨보라   78
  경북 칠곡 토지
  지분

07. 지분은 공유물분할 청구소송으로   85
  경북 경산 단독주택
  지분

08. 입찰에 실패해도 길은 있다   94
  대구 두류동 파출소건물
  법정지상권

09. 공매는 틈새시장이다   105
  충북 제천 창고
  법정지상권 | 공매

10. 소송을 두려워 하지마라   113
  충남 아산 토지
  법정지상권 | 농취증

11. 반갑다, 유치권   127
  인천 작전동 아파트
  유치권

12. 법정지상권이 성립해도 토지를 사라   137
  인천 송현동 토지
  법정지상권

13. 선순위세입자는 지렛대다   143
  안양 비산동 빌라
  가장임차인

14. 강제집행은 본인에게도 독이다 　　　　　　　　　　155
　　　화성 병점동 상가
　　　대지권미등기

15. 현장에 답이 있다 　　　　　　　　　　　　　　　165
　　　인천 작전동 빌라
　　　선순위 전입자

16. 특수물건에 NPL이면 천하무적 　　　　　　　　172
　　　은평구 응암동 빌라
　　　유치권 | NPL

17. 후순위 임차인이라고 얕보지 마라 　　　　　　193
　　　충남 보령 토지
　　　법정지상권

18. 경매에서의 분쟁은 당연하다, 즐겨라. 　　　　206
　　　양주 봉양동 토지
　　　법정지상권 | 유치권

19. 아파트는 현금이다. 　　　　　　　　　　　　　222
　　　성북구 장위동 아파트
　　　유치권

20. 경매 선수들이 가는 마지막 물건은 토지다 　　228
　　　파주 광탄면 토지
　　　공매

21. 국유지를 활용하라 　　　　　　　　　　　　　235
　　　인천 화수동 단독주택
　　　지분

22. 구도심의 노후화된 주택가 토지는 대박을 예감한다 　239
　　　대전 선화동 토지
　　　법정지상권

경매초보도 특수물건 한다

23. 임대수익의 대명사 오피스텔, 이것만은 반드시 확인하자 247
    관악구 신림동 오피스텔, 경북 경주 오피스텔

24. 유치권자도 내 편이 될 수 있다 255
    충북 충주 납골당사찰
    유치권 | 대출불가 | 재매각사건 | 분묘기지권 | 선순위 전입자 | 농취증

25. 명도 문제만 해결된다면 경매보다 공매가 낫다 265
    창원 대방동 아파트, 진해 풍호동 아파트
    공매

26. 최고가 매수인이라도 안심하긴 이르다 276
    경기 파주 토지, 경북 성주 창고
    지분 | 농취증 | 법정지상권 | 매각불허가결정

경매초보도 특수물건 한다

01
나는 부동산 경매를 이렇게 시작했다

01
두 여자와의 인연

내가 경매를 시작하게 된 계기는 2012년 봄에 만난 두 여자와의 인연 때문이었다. 그동안 경매시장을 지켜보고는 있었지만 직접 참여할 엄두가 나지 않았다. 현실적으로 주머니 사정이 가장 큰 문제였고, 권리분석의 난해함, 명도에 대한 두려움, 그리고 처분 후 수익을 남길 수 있을지에 대한 확신도 없었다. 그러던 차에 내가 사무실로 사용하고 있던 서울 신림동 건물의 건물주가 경매로 그 건물을 취득했다는 사실을 뒤늦게 알게 되었다. 그 건물주는 40대 중반의 여인이었는데, 유치권이 신고된 상가주택 건물을 법원 경매 신건에서 입찰해 10억에 낙찰 받았다고 했다. 2년이 지난 후 당시 시세는 15억 원으로 올랐다. 5억의 시세차익이 나 있는 상태였다. 당시 나는 신림동 고시촌에서 주로 민법 등 법률 수험서 관련 책을 출판하는 출판사를 운영하고 있었는데 법률 지식이 없는 평범한 여자가 어떻게 유치권이 신고된 건물을 낙찰 받을 수 있었는지 궁금했다. 그래서 하루는 건물주에게 유치권 신고가 들어와 있었는데 어떻게, 그것도 신건에서 낙찰 받을 생각을 했느냐고 물어보았다.

"유치권이 성립하지 않는다는 사실을 현장조사에서 감으로 확인했고, 건물을 보는 순간 딱 내 건물이라는 느낌이 들어서 그냥 질러버렸어요."

어이가 없었다. 그 건물주는 민법이나 민사집행법에 관한 법률적인 지식도 전혀 없었고, 유치권의 위험성에 대한 인식도 별로 없어 보였다. 무모할 정도의 공격적인 투자였다. 그러나 결과는 성공이었다.

"앞뒤 재지 않고 경매 물건 손댔다가는 큰 코 다칩니다."

무관심한 척 그렇게 내뱉고 말았지만 내심 부러운 건 어쩔 수 없었다. 그나마 공인중개사 자격증에다 부동산중개업소를 직접 운영해본 경험도 있고 거기다 법률지식도 일반인보다는 낫다고 나름대로 자부하고 있던 나보다 한 수 위였다. 그 건물은 임대료 수익만 800만 원으로, 웬만한 회사 중견 간부의 월급 수준이었다. 노후가 걱정 없는 삶이었다.

그 뒤 나는 또 다른 여자를 알게 되었다. 그 여자는 내가 경매에 뛰어들게끔 부채질을 했다. 그 여자는 30대 중반의 미혼이었는데 지인의 소개로 그 여자가 소유한 부동산의 매각과정에서 이런저런 상담을 해준 일이 있었다. 그런데 그녀가 소유한 부동산이 모두 경매로 취득한 사실을 나중에 알게 되었다. 당시 10억 상당의 개포동 주공아파트, 4억 상당의 성남의 재개발 빌라와 3억 상당의 분당의 상가점포 등 30대 미혼의 나이에도 불구하고 재산을 알차게 불려놓은 여자였다. 그러나 그 여자의 유년기는 불행했다. 그녀는 어릴 적 부모가 이혼하는 바람에 거의 버려지다시피 했고, 고등학교를 중퇴하고 곧바로 미용사 자격증을 따 사회생활을 시작했다고 한다. 경매 컨설팅 업자의 도움을 받아 미용사로 어렵게 번 돈을 종잣돈 삼아 부동산경매에 손을 대, 20대에 이미 모텔 건물을 소유하기까지 했다. 그렇다고 그녀가 부동산에 관한 탁월한 식견이나 경매에 관한 법률적인 지식이 풍부했느냐 하면 전혀 그렇지 않다. 오히려 소유한 부동산을 사고파는 매매계약도 중개업자를 거치지 않으면 힘들 만큼 심약한 여자였다. 게다가 그 당시에는 우울증 약을 복용하고 정신병원에도 드나들 만큼 심신이 쇠약한 상태였다.

이들 두 명의 여자를 차례로 만나게 되자, 나도 정신이 번쩍 들었다. 2007년도에 이미 공인중개사 자격증을 따고 울산에서 중개사무소를 운영했을 만큼 부동산에 대한 관심이 일반인보다는 많았던 내가, 경매에 눈을 돌리지 않은 것을 후회했다. 그리고 곰곰이 생각했다. 부동산에 대한 지식이 일천한 저런 여자들도 경매로 큰 수익을 내고 있는데, 나는 뭘 하고 있었나. 게다가 벌이는 사업마다 별다른 재미를 보지 못하고 지지부진하던 차였다. 두 여자는 나의 지난 시절을 반성하고 돌이켜보는 계기가 되었다.

02
굶어도 살 순 있지만
희망 없이는 살 수 없다

　일반 서민이 그것도 물려받은 재산 하나 변변치 못한 사람이 부자의 반열에 오르기란 쉬운 일이 아니다. 이는 시간이 흐를수록 더욱 고착화된다. 자본주의가 심화될수록 부익부 빈익빈의 양극화 현상은 심해질 수밖에 없다. 최근의 양극화 현상은 신자유주의 경제 이론에 그 기반을 두고 있다. 능률과 효율, 경제성을 최고의 가치로 여기는 신자유주의는 그러나 인간의 존엄성이라는 포기할 수 없는 중요한 가치를 간과하고 있다. 경제성, 효율성, 상업성만 따진다면 국가가 비싼 세금을 들여 치매병원을 운영할 필요도 없고, 고려장도 부활시켜야 한다. 진주의료원도 당연히 폐업하는 게 맞다. 그러나 쓸데없는(?) 비용을 치르더라도 꼭 지켜야 할 가치가 있는 법이다.

　각설하고, 빽 없고 힘없는 서민 계층이 신분을 수직 상승시킬 수 있는 기회는 많지 않다. 예전에는 공부만 잘하면 사법시험 같은 고등고시에 합격할 수 있는 길이 있었고, 이는 곧바로 신분 상승의 보증수표가 되기도 했지만 이젠 변호사가 대량 생산되면서 그 희소성의 가치도 사라졌다. 게다가 법과목이 시험과목에서조차 없는 로스쿨 입학시험

△ 경매초보도 특수물건 한다

은 외국유학 등 이른 바 부잣집 도련님이 갖출 수 있는 스펙이 아니면 입학은 엄두도 못내는 상황이 되어버렸다. 거기다 로스쿨 3년에 드는 학비가 1억이 넘는다고 하니 일반 서민이 법률가가 되기는 낙타가 바늘구멍을 통과하기보다 힘들어졌다. 또한 사법시험마저 2017년을 끝으로 폐지되는 바람에 개천에서 용 나는 시대는 영원히 끝나버렸다고 해도 과언이 아니다.

굶어도 살 순 있지만 희망 없이 살 순 없는 법이다. 그 꿈은 실제 이뤄지지 않아도 좋다. 가능성만으로도 충분하다. 특히 서민들은 자신에게도 기회가 있음을 위안 삼으며 하루하루의 고통을 견뎌내며 살아간다. 그러나 신분 상승의 기회조차 막혀버린다면 암담하기 그지없다. 꿈이 없다면 현실의 고통을 버텨내기란 힘들다. 2014년 2월 집주인에게 공과금을 못내 죄송하다는 유서를 남긴 채 동반 자살한 송파구의 세 모녀처럼 희망이 없는 삶은 극단의 선택을 하게도 만든다. 일자리를 늘리는 것도 좋지만 신분 상승의 통로를 만들어 두는 것, 그게 작금의 위정자들이 해야 할 일이 아닐까 싶다.

요즘 한국사회에서 로또나 비트코인을 제외하고 적법한 과정으로 일반 서민이 단시간에 신분을 상승시킬 수단은 서너 가지 정도에 불과하다. 박지성이나 추신수, 김연아처럼 세계가 인정하는 프로 스포츠 선수가 되거나, 아니면 독창적이고 획기적인 아이디어로 스마트폰의 어플을 개발하는 경우이다. 그마저도 안된다면 자신만의 독특한 아이템으로 레시피를 개발해 멀리서도 소문을 듣고 손님들이 찾아오는 음식점을 창업하는 정도이다. 그러나 그런 기회를 잡는 이들은 아주 특별한 소수에 불과하다.

일반인들이 마지막으로 기대볼 것은 바로 부동산이다. 서울 강남의 토지는 50년 전과 비교해 130만 배나 상승했다. 강남땅은 1966년 1월 한남대교가 착공되면서 주변 땅값이 폭등하기 시작했다. 이른 바 말죽거리 신화의 시작이었다. 60년대 초 3.3㎡당 300원이던 땅값이 69년 즈음엔 5000~6000원으로 상승했고, 2005년엔 강남 서초 지역의 상업용지가 3.3㎡당 5000만 원을 호가했다. 2016년에는 3.3㎡당 가격이 8000만 원에서 많게는 4억 정도가 된다. 40년 만에 16만 배, 50년 만에 130만 배나 오른 셈이다. 정부가 저축을 권유하고 그에 따라 저축이 미덕이라고 철썩 같이 믿었던 서민들이 허리띠를 졸라매고 돈을 벌어 은행에 가져다 맡기는 사이, 눈치 빠른 사람들은 그 돈을 대출받아 땅에 투자했다. 은행에 적금으로 맡겨준 현금의 가치는 이자를 포함하더라도 10년이 지나면 물가상승률에도 미치지 못해 실질 가치는 오히려 마이너스가 되었지만 그 돈을 은행에서 빌려 땅에 투자한 사람들은 자손 대대로 먹고 살 수 있는 기반을 마련했다는 얘기다.

그러나 부동산도 주식처럼 흐름을 탄다. 상승 침체 하락 회복의 리듬이 있다는 얘기다. 깨지지 않을 것만 같았던 부동산 신화가 외환위기 직후에는 하락 곡선을 그었지만 3년 뒤부터는 반등에 나서, 전고점을 갈아치우며 상승행진을 이어갔다. 2008년 미국발 금융위기 이후에는 다소 침체된 모양을 띠긴 했지만 이 시기는 부산 대구 울산 포항 등 지방의 부동산 가격이 큰 폭으로 올랐다. 수도권에 비해 상승률이 그다지 높지 않았던 지방 중소도시의 부동산 가격 상승률이 수도권과 키 맞추기에 들어간 것이다. 이처럼 부동산은 늘 물가상승률 이상의 가치 상승률을 보이고 있다. 인구조밀도가 전 세계에서 열손가락 안에 꼽히는 우리나라는 특히나 이 단순한 명제가 깨질 것처럼 보이지 않는다.

03
경매에 관한 무지와 편견

　일반 부동산시장이 그러할진대 부동산 경매시장은 이보다 훨씬 매력적이다. 부동산 경매시장은 부동산 일반 시장의 할인 시장이라 할 수 있다. 즉 부동산 중개업소를 통해 부동산을 취득하는 것보다 20~30%, 많게는 50% 정도 디스카운트된 가격에 구입하는 것이다. 혹자는 이걸 두고 소매시장과 도매시장의 차이라고 말하기도 한다. 중개업소나 개인 간 직거래를 통해 시세(소매가격)대로 사고파는 시장이 소매시장이라면 경매시장은 도매가격으로 구입하는 일종의 도매시장이란 얘기다.

　그렇다면 왜 대부분의 사람들은 경매시장에서 할인된 가격에 구입하지 않고 중개업소를 통한 부동산 거래를 선호하는 걸까? 결론부터 말한다면 이는 무지와 편견에서 비롯된 오해에 불과하다. 경매에 관한 편견은 여러 가지가 있지만, 대다수의 비중을 차지하는 것이, '망한 사람들을 한 번 더 괴롭히는 몹쓸 짓'이라는 점이다. 그러나 곰곰이 생각해보라. 자본주의 사회에서 사인 간의 돈거래는 피할 수 없고 분쟁이 생기면 국가가 나서서 채권자와 채무자 사이의 채권채무를 조정할 수밖에 없다. 국가가 개입하지 않고 당사자들끼리 해결하도록 그냥 내버려둔다면 결과는 힘센 놈의 의지대로 결론이 날 것이고, 깍두기 형님들만 성업을 이룰 것이 불을 보듯 자명하다. 그 역할을 국가가 즉, 각 해당 법원이 맡아 분쟁을 조정한다. 이 경우 법원은 채권자가 채무자로부터 빠른 시일 내에 돈을 변제받을 수 있도록 채무자의 재산을 정리해 주고, 채무자는 법원의 경쟁 입찰을 통해 자신의 부동산을 시장가격에 처분함으로써 채권자 등에게 헐값에 매각되는 불이익을 방지해준다.

또 다른 편견 중의 하나는 '없는 세입자를 길거리로 쫓아내는 비인간적인 행위'라는 점이다. 물론 그런 경우도 있을 수 있다. 그러나 세입자가 정 걱정이 된다면 명도 저항이 없는 물건을 선택하면 된다. 예를 들어 은행 저당권보다 전입일이 빠른 대항력 있는 선순위 세입자 물건을 고른다면 세입자의 배당요구 여부에 따라 보증금을 전액 안고 사거나, 세입자가 보증금을 전액 배당받기도 한다. 이 경우 세입자는 자신의 선택에 따라 낙찰자와 임대차를 재계약할 수도 있고, 배당받은 보증금으로 다른 집으로 이사를 가기도 한다. 낙찰자는 웃으면서 들어가고 세입자는 웃으면서 나오는 것이다. 이런 세입자는 오히려 경매 기간이 길어질수록 법원 등에서 날아오는 우편물 수령에 시달려야 했으니 하루빨리 경매에서 부동산이 팔려 새 주인이 나타나기를 기다리고 있다는 사실을 잊지 말아야 한다.

이도 저도 싫고 경매라는 제도가 세입자를 괴롭히는 나쁜 짓이라고 생각이 그래도 확고하다면 아주 높은 금액을 써서 낙찰 받거나 낙찰 받은 금액 이상의 이사비를 세입자에게 듬뿍 안겨 주면 된다. 정작, 그렇게 세입자를 걱정하는 사람들이 이사비 지급에 후한 사람을 나는 보지 못했다.

경매초보도 특수물건 한다

　1984년대부터 시행된 주택임대차보호법은 소액 보증금에 대한 최우선변제라는 소액임차인 보호제도를 두고 있다. 2016년 3월31일 이후 설정된 저당권보다 후순위 세입자의 보증금이 1억 원 이하이면 서울시 기준으로 최고 3400만 원까지 저당권 등 다른 담보물권자에 비해 우선적으로 변제받는다. 즉, 은행보다 후순위 세입자라고 해도 전입신고와 확정일자를 받으면 보증금 중 3400만 원을 우선 배당받는다는 얘기다. 만약 보증금 3400만 원을 걸고 월세를 사는 세입자는 주택을 경매 당한다 하더라도 세입자는 보증금을 전액 돌려받기 때문에 손해 볼 일이 전혀 없다. 오히려 세입자는 경매개시결정일로부터 임대인(경매상 채무자=건물주)에게 월세를 안내고 버티는 경우가 허다하다. 그러다가 경매 후 낙찰자에게 이사비까지 받아간다면 이들을 굳이 약자라고 표현해야 할까?

　쉽게 예를 들어보자. 여기 서울에 빌라를 임차한 세입자가 보증금 3400만 원에 월 50만 원의 임대료를 주고 있다가 그 빌라가 경매에 들어간다고 가정하자. 통상적으로 경매개시결정일로부터 낙찰을 거쳐 배당기일까지 1년 정도가 걸리니 이 사람은 일 년치 월세 600만 원을 내지 않고 버틴다. 경매상 채무자는 자신의 건물이 경매 진행 중이기 때문에 세입자에게 월세를 내놓으라고 큰소리도 못 치는 상황이다. 우선 그럴 정신이 없다. 어쨌든 배당기일이 되면 세입자는 배당에서 보증금 3400만 원 전액을 배당받고 거기다 낙찰자와 협상해 이사비까지 챙겨나간다면 대체 누가 누구를 걱정해야 하는지 헷갈리는 상황에 직면한다.[1] 이 경우 입찰자가 세입자를 걱정하는 것은 쥐가 고양이를 걱

---

1) 물론 실전에서는 채권자가 배당에서 이의를 제기해 임차인이 지급하지 않은 월차임을 상계하는 경우가 일반적이다.

정하는 꼴이다.

　물론 보증금 한 푼 받지 못하고 길거리로 내몰리는 세입자가 더러 있다. 은행보다 후순위 세입자이면서 소액 보증금을 초과해 주택임대차보호법상의 최우선변제 대상에서도 제외되는 세입자가 그러한 경우이다. 이는 보통 선순위 저당권 등이 있는데도 불구하고 전세로 임대차 계약을 체결한 경우에 해당한다. 최악의 상황을 고려하지 않은 세입자의 부주의나 경솔함도 한몫 거들었다고 판단하면 된다. 이러한 주택에 임대차를 할 때에는 월세로 전환하거나, 굳이 전세로 들어가야 할 상황이라면 저당권을 말소하는 조건으로 계약을 하는 것이 바람직하다. 어쨌든 한 푼도 받지 못하고 쫓겨나야 할 처지의 세입자가 부담스럽다면 이런 물건엔 입찰하지 않으면 된다. 어차피 이런 물건은 전체 경매 물건에서 차지하는 비중도 극히 낮다. 경매에 관한 편견을 가진 사람들은 경매 물건들 대부분이 세입자가 보증금을 한 푼도 받지 못하고 쫓겨난다고 생각하지만 이는 잘못된 편견일 뿐이다.

　그리고 이런 물건들은 모두가 부담스러워 해 유찰될 확률이 높고 가격이 떨어지면 누군가는 입찰에 참여하게 되어있다. 명도 저항을 감수한 낙찰자는 타 물건에 비해 조금이라도 더 높은 수익률을 내게 마련이다. 내가 안 해도 누군가는 입찰에 참여할 것이며, 세입자가 불쌍하다고 법원 경매가 중단되거나 그들을 그냥 살도록 내버려두지도 않는다. 운다고 시집을 안 갈 수도 없다. 시간이 지나 유찰 횟수가 많아지고 최저입찰가가 더 낮아질수록 경매 참가들의 관심도 증가하고 해당 부동산경매의 입찰자 수도 늘어난다. 세입자가 불쌍하다고 생각하는 경매 참가자들은 높은 수익률을 포기만 하면 된다. 그렇게 세입자를 걱정하는 사람들이 경매에 입문해서는 수익률을 세세히 따지고 명도

경매초보도 특수물건 한다

저항을 감수하고라도 오히려 이런 물건들만 골라 투자하는 사람을 여럿 보았다. 참으로 이율배반적인 사람들이다. 이들은 경매에 입문하기 전에는 경매에 대한 편견에 사로잡혀 경매의 허실을 제대로 보지 못한 채 사람이 할 짓이 아니라고 생각하며 눈을 돌려버린 사람들이다. 이솝우화에 나오는 〈여우와 신포도〉 얘기와 다를 바 없다. 신포도라고 생각해 힘들게 따먹기를 포기했던 사람들이 그 달콤한 맛을 보고 난 뒤에는 어떤 수단을 동원해서라도 그 포도만을 고집하는 것이다.

백번 양보해서 세입자 걱정을 할 필요 없는 부동산의 종별로는 토지를 들 수 있다. 경매로 나온 토지의 대부분은 세입자가 없다. 전 답 과수원 등의 농지는 농지법상 경자유전의 원칙에 따라 임대차 자체가 금지되어 있으니 더욱 그렇다. 토지 주인이나 물상보증인이 경매상 채무자로서 낙찰 후에는 세입자를 만날 일이 거의 없다. 세입자가 걱정된다면 토지 투자를 생각해볼 만하다. 그러나 토지는 환금성이 약하고 보유기간을 길게 가져가야 한다는 단점이 있다. 물론 장점도 있다. 부동산의 대박은 오로지 토지에서 발생한다는 사실이다. 아파트 가격은 단기간에 최고로 올라봐야 2배를 넘지 못하지만 토지는 단시간 안에 서너 배의 수익률을 올릴 수도 있다. 대박을 꿈꾼다면 토지에 투자하라. 그러나 자금력이 부족하거나 경매로라도 수익을 올려 당장 먹고 살아야 하는 사람이라면 경제적인 여유 등 충분한 여건이 갖춰진 이후가 바람직하다.

사실 돈 한 푼 받지 못하고 쫓겨날 처지에 있는 사람은 세입자가 아니라 오히려 집주인이 대부분이다. 세입자를 들이지 않고 집주인이 거주하고 있는 주택이나 상가가 경매에 들어가 낙찰되면 대부분의 경우, 집주인은 이사비 정도만 받고 명도를 해줘야 하는 운명을 맞이한다.

그러나 냉정히 따지고 보면 이 경우, 집주인은 이미 금융권에서 집값에 70% 이상에 해당되는 금액을 대출을 받았거나 다른 목적으로 대출금을 유용한 경우가 태반이다. 더러는 저당권을 포함해 집값에 3~4배가 넘는 압류 가압류 채권이 설정된 경우도 있다. 다시 말해 이미 그 집주인은 그 주택 시세의 3~4배에 해당되는 금액을 유용했거나 누군가의 재산에 손실을 입혔거나 채무를 지고 있으므로 집을 비워준다고 해서 억울하다고 하소연할 입장도 못된다. 오히려 집주인보다 금전을 받을 권리가 있는데도 불구하고 배당에서 한 푼도 받지 못하는 후순위 채권자가 오히려 더 억울한 사람들이다.

사실, 달리 생각하면 경매와 관련해 일반인들이 편견이나 선입견을 갖고 있는 편이 훨씬 나을 수도 있다. 만약 그러한 편견이 사라지고 모두가 경매시장에 뛰어든다면 감정가 대비 낙찰가율은 높아질 것이고 낙찰가는 거의 시세를 반영할 정도로 과열될 것이다. 그렇게 된다면 도매시장이나 할인 시장으로서의 매력은 사라질 것이기 때문이다. 경매를 하는 사람들의 입장에서는 일반인들의 뇌리 속에 영원히 경매에 관한 편견이 지속되길 바라야 되지 않을까, 싶기도 하다.

04
경매공부 그리고 첫 입찰

아무튼 두 여자의 만남을 계기로 나는 본격적으로 경매 수업에 뛰어들었다. 가진 돈이 없었지만 어떻게든 되겠지, 라는 막연한 생각이었다. 여러 차례의 사업 경험으로 돈은 꼭 필요한 순간 융통이 되었던 사실을 돌이켜보면, 수익만 낼 수 있다면 어디에서든 돈을 끌어올 수 있다는 자신이 있었다. 가진 건 없어도 적어도 주변 지인들로부터 신용 하나만은 잃지 않았던 터였다. 일단 나는 인터넷 무료 동영상 강의부터 찾아 들었다. EBS 경매 강의와 인터넷 상에 떠돌아다니는 무료 강의를 전부 찾아 들었고, 스마트폰에서 팟캐스트 어플을 다운받아 경매 관련한 이런저런 잡다한 지식들을 쌓아갔다. 그리고 관련 서적들을 탐독해나가기 시작했다. 평소 읽던 인문학 서적을 던져버리고 6개월 동안 경매관련 서적 서른 권 정도를 읽었더니 자신감이 생겨났다. 밤낮없이 경매만 생각하며 파고든 결과였다. 공인중개사로 활동한 적이 있어 용어가 낯설지 않아 남들보다 관련 지식을 빠르게 습득할 수 있었던 이점도 있었다. 남들 다 가는 경매 학원도 가지 않았고, 경매컨설팅 업자의 도움도 받지 않았다. 그 흔한 인터넷 경매카페에도 가입하지 않고 철저히 혼자서 움직였다. 시세 확인이나 임장활동도 물론 혼자일 수밖에 없었다. 타인의 도움을 받는다는 것 자체가 거북했고 거추장스러웠다.

그리고 2012년 12월10일 첫 입찰일이 다가왔다. 내가 처음으로 선택한 물건은 인천시 남구 숭의동에 위치한 빌라(2012타경22435)였다. 대지권 26.42㎡(7.99평) 건평 53.70㎡(16.24평)으로 2010년 8월에 신축된 빌라였다. 감정가가 1억2500만 원이었는데 2차례 유찰되어 3차 매각기일에서 최저가가 6125만 원(감정가의 49%)으로 떨어진 상태였다. 그리고 저당권보다 후순위 세입자가 보증금 1500만 원에 월 30만으로 임대차 중이었지만 보증금 전액을 배당받을 수 있는 최우선변제 대상이었으므로 명도 저항도 없을 것으로 판단되었다. 그 외 예측불허의 변수는 없어보였다. 7450만 원에 입찰가를 정하고 나자, 입찰 전날부터 가슴이 설레어 잠을 제대로 못 이룰 지경이었다. 사춘기 시절 짝사랑의 설렘이 그 정도 되었을까. 다음 날 새벽 6시에 일어나 7시에 서울에서 출발했는데 도로가 막히지 않아 40분 만에 인천법원에 도착했다. 맙소사, 오전 10시부터 입찰인데 2시간 20분이나 일찍 도착했던 것이다. 게다가 입찰 마감시간은 11시10분까지였다. 입찰 법정이 문을 열기도 전이라 나는 차안에서 히터를 켠 채 기다릴 수밖에 없었다.

8시50분경 입찰 법정 문이 열리자 그제서야 사람들이 하나둘 나타나기 시작했다. 나는 은행으로 달려가 최저입찰가의 10%인 보증금 6,125,000원을 수표 한 장으로 찾았다. 입찰 법정에 비치된 입찰서류에 꼼꼼히 기재하고 난 뒤 보증금을 입찰봉투에 넣고 시간이 되길 기다렸다. 이미 수차례 마음속으로 시뮬레이션 했고 경매절차를 숙지했던 터라 별다른 어려움이 없었다. 모르는 사람이 지켜보았다면 아마

경매초보도 특수물건 한다

경매 5년차 이상의 능숙한 솜씨였을 것이다. 개찰 전 매각물건명세서를 열람하는 시간이 있어 해당 물건을 열람했는데 이미 대법원 사이트나 사설 경매사이트에서 고지된 내용과 다를 바 없어 큰 의미는 없었다.

▲ 생애 처음으로 입찰한 인천 숭의동의 빌라

드디어 투찰을 하고 개찰 시간이 다가왔다. 내가 입찰한 물건에 대한 결과가 발표되었다. 모두 10명이 이 물건에 응찰했는데 1등 7억 2680만 원, 2등 7567만 원. 이런 황당한 일이. 최고가 매수인은 7268만 원을 적는다는 것이 뒷자리에 0을 하나 더 썼던 모양이다. 아마 정상적으로 썼더라면 그 사람은 3등, 7450만 원에 첫 입찰한 내가 2등이 되었을 터였다. 말로만 듣던 뒷자리 0자 하나를 더 쓴 사람을 바로 내가 처음 입찰하던 날, 그것도 내가 입찰한 물건에서 목격한 것이다. 경매 고수들도 간혹 이런 실수를 한다는데 나는 흔히 볼 수 없는 풍경과 마주쳐야 했다.

최고가 매수인으로 호명된 당사자는 법대 앞으로 나가긴 했지만 당황한 기색이 역력했다. 이 경우 나머지 잔금 7억여 원을 납부하고 해당 부동산을 취득하든지, 아니면 입찰 보증금을 포기해야 한다. 물론 운 좋은 판사를 만나면 매각불허가결정을 받아 보증금을 돌려받기도 한다지만 어쨌든 원칙적으로는 불가능하다.

"그럼 제 보증금은 돌려받을 수 없는 건가요?"

법대 앞에서 최고가 매수인은 집행관을 쳐다보며 거의 울상이 되어 있었다.

내 경매 첫 입찰은 그렇게 황당하게 실패로 마감했다. 이후 나는 이틀에 한번 꼴로 경매 법정을 찾았지만 낙찰을 받지 못했다. 내가 선택한 물건들은 주로 아파트나 빌라로, 아줌마 부대들이 워낙 높게 써낸 탓도 있었지만 어느 정도 써내야 낙찰을 받을 수 있을지, 예상낙찰가에 대한 감이 전혀 없었다. 심지어 경기도 광명의 전용면적 11평짜리 한 아파트(2012타경12712)는 감정가가 1억7천이었는데 2차 매각기일

경매초보도 특수물건 한다

에서 19명의 입찰자가 몰려 최고가매수신청 금액이 1억6162만 원, 감정가의 95%에 낙찰돼 나를 어리둥절하게 만들기도 했다. 약이 바짝 오른 나는 주말엔 입찰 대상 부동산에 대한 현장조사를 다녔고, 평일 오전엔 거의 매일 법원을 들락거렸지만 패찰의 반복이었다. 마음은 급하고 초조해졌다. 십수 차례 입찰했지만 2등은 고사하고 다섯 손가락 순위에도 들지 못하는 날이 많아졌다.

그러던 중 나는 낙찰에 실패하는 이유로서 내가 놓쳐버린 게 무엇인지 곰곰이 생각했다. 그리고 난 뒤 내가 내린 결론은 두 가지였다. 내 돈 주고 내 물건 사는데 내가 원하는 가격이 아니라면 굳이 사야 될 필요가 있는가. 입찰은 어려운 문제를 풀고 시험을 통과하는 과정이 아니다. 남들 쓰지 못하는 엄청난 금액을 써낸다면 당연히 1등이 될 게 아닌가. 1등을 할 줄 몰라서 안하는 게 아니라 물건을 되팔려면 적당한 가격에 낙찰 받지 않으면 안된다. 그러니 내가 원하는 가격이 아니면 파는 사람(법원)이 아무리 유혹을 하더라도 사지 않겠다. 1년에 경매 물건이 10만 건 이상이 쏟아진다는데 팔려고 내놓는 물건은 앞으로도 얼마든지 있는 것 아닌가. 없어서 못사는 것이 아닌 다음에야 내가 굳이 비싼 가격을 주고 살 이유가 없다는 결론에 도달했다. 천 번 만 번을 응찰하더라도 무리한 금액을 써내지 않겠단 결심을 하고 나니 마음이 좀 편안해졌다. 그리고 또 하나 아파트나 빌라처럼 아줌마 부대들이 몰리는 물건이 아닌, 이른 바 특수물건을 노려야 하겠다는 생각을 굳히게 되었다. 반복되는 패찰에 따른 나름대로의 자구책이었다. 즉, 지분, 유치권, 법정지상권 같은 특수한 꼬리표가 붙어있어 일반인들이 주목하지 않는 물건으로 시선을 돌리는 계기가 되었다.

경매초보도 특수물건 한다

02

경매고수도 울고 갈 경매초보의 특수물건 경매일지

> 유치권

01
감정평가서를 믿지 마라
은평구 갈현동 빌라

▲ 은평구 갈현동 소재 빌라, 필자가 최초로 낙찰 받은 부동산이다

 낙찰을 받지 못해 2012년을 그냥 흘러 보냈던 나는 2013년 새해 벽두에 드디어 첫 낙찰에 성공했다. 서울서부지원 관할의 은평구 갈현동에 소재한 빌라로 대지권 28.05㎡(8.4평) 전용면적 51.27㎡(15.5평)의 2009년에 신축된 5층 중 4층에 위치해 있었다. 엘리베이터가 없는 게 흠이긴 했지만 방 3개 거실 겸 주방 화장실을 갖춘 외관상으로도 깨끗한 빌라였다. 유치권 신고가 되어있긴 했지만 채권자가 유치권부존재 소송에서 승소 판결을 받아 둔 상태였다. 은행 저당권보다 빠른

선순위 세입자의 전세 보증금이 8500만 원으로 확정일자도 빨라 세입자가 보증금을 전액 우선 배당받을 수 있었기 때문에 세입자와 명도를 두고 불필요한 소모전을 벌일 이유도 없었다. 감정가 1억7000만 원에 2회 유찰되어 최저매각가가 1억880만 원부터 시작이었다. 내가 선정한 입찰가는 감정가의 80%에 조금 못 미치는 1억3568만 원. 전차 가격인 1억3600에 근접한 가격이었다. 현장에서 탐문 조사한 시세는 1억5000만 원 정도였다(부동산 침체기에는 감정가가 시세보다 높은 것이 일반적이다). 총 11명이 응찰했는데 2등과의 차이가 불과 79만 원이었다.

법대 앞에 서서 입찰 보증금을 돌려받는 것이 아니라 최고가 매수인의 자격으로 영수증을 받아들었을 때, 나는 나도 모르게 실실 웃음이 흘러나왔다. 아, 낙찰의 기쁨이란 이런 거구나. 오랜 세월 나는 잊어버리고 살아왔었다. 중학교 때 반에서 일등한 뒤로 내 평생 일등을 해본 적이 없었다. 그러나 그 기쁨도 잠시였다. 예상치 못한 복병이 도사리고 있었다.

해당 경매계에 들러 매각결정기일과 항고기간 그리고 매각확정기일 잔금납부기간 등의 다음 절차를 숙지하고 곧바로 해당 물건의 빌라를 찾았다. 초인종을 눌렀지만 대답이 없었다. 나는 세입자가 퇴근하는 저녁 시간에 방문하기로 마음을 먹고 그날은 발길을 돌렸다. 며칠 뒤 저녁, 해당 빌라를 재차 방문했다. 사실 잔금을 납부하기 전까지는 그 부동산을 취득했다고 할 순 없다. 더군다나 나는 매각허가결정도 받지 않은 단순히 최고가 매수인의 신분에 지나지 않았다. 그런데도 불구하고 세입자부터 찾아간 까닭은 절차를 빨리 진행해야 하루라도 자금이 묶이는 걸 피할 수 있었기 때문이다. 입찰보증금마저 남의 돈을 빌려 부동산경매에 나선 마당에 단 하루도 시간을 끌 수 없었기 때문이다.

세입자는 젊은 신혼부부였는데 스스럼없이 나를 맞아주었다. 그도 그럴 것이 자신의 보증금 8500만 원은 내가 잔금을 납부해야만 배당에서 찾아갈 수 있었기 때문이다. 세입자는 약 1년여 동안 경매로 인해 여러 모로 시달렸을 터이고 낙찰로 경매절차가 종결됨에 따라 드디어 자신들의 보증금을 받고 나갈 수 있겠구나, 하고 아마 안도의 한숨의 쉬었을 것이다. 이처럼 보증금을 전액 회수하는 세입자는 낙찰자를 오히려 기쁘게 맞이한다. 따라서 이런 경우 세입자와의 면대를 꺼려할 이유가 전혀 없다. 그 세입자는 전세금을 올리지만 않는다면 재계약을 원한다고 했다. 그러나 나는 8500만 원에 전세를 줄 수 있는 상황이 아니었다. 전세권자가 주택을 담보로 저당권을 설정하는 것을 용납할 리가 만무했기 때문이다. 그 당시 내가 가진 돈은 입찰보증금 1000만 원이 전부였다. 잔금은 어떻게든 변통이 될 거라는 막연한 생각이었다. 입찰 시 일단 낙찰부터 받고 보자는 작정이었다. 지금 생각하면 참으로 무모한 발상이고 도전이었다.

낙찰가 1억3568만 원에서 입찰보증금 1088만 원을 제외한 잔금 1억 2488만 원을 법원에 납부해야 소유권을 취득할 수 있다. 내겐 그런 큰 돈이 없었다. 그러나 잔금은 2주 뒤 매각확정이 나고부터 약 한달 간 납부 기간이 예정되어 있어 시간이 조금 남아 있긴 했다. 애당초 내 계획은 이랬다. 금융권에서 주택 경락자금 대출이 낙찰가의 80% 정도까지 가능하다고 했으니 1억500만 원 정도 은행에서 대출을 받고 나머지 2000만 원은 2달간 주변의 지인에게 빌렸다가 월세로 임대차 계약을 체결해 받은 보증금으로 2000만 원을 되갚는다는 계획이었다. 어디 하나라도 펑크가 나면 부동산 소유권은 고사하고 입찰 보증금마저 날릴 판이었다. 그러니 전세 8500만 원에 기존 임차인과 계약한다면 은행에서 대출을 받지도 못할뿐더러 설령 받는다고 하더라도 취등록세는 차치하고라도 잔금 납부용으로 5000만 원이나 빌려와야 하는 상황이었다. 당시 한 달 내로 5000만 원을 빌리는 것은 나로서도 무리였고, 그러니 월세가 아닌 전세 계약은 내 쪽에서 도저히 수용할 수 없었다.

어쩔 수 없이 나는 세입자에게 월세 계약을 제시했다. 보증금 2500에 월 60만 원이면 어떠냐고 했더니 세입자는 월급쟁이 형편에 한 달 60만 원의 고정 지출은 무리라며 전세를 1억까지 올려주겠다고 했다. 전세금 1억을 받는다 하더라도 3500만 원의 경락 잔금이 있어야 하므로 그것 또한 내 쪽에서 수용할 수 없는 형편이었다. 지금 생각해보면 참으로 아이러니한 일이다. 단돈 1000만 원으로 나는 주인 행세를 하고 있고, 그 세입자는 1억이란 현금을 가지고도 세입자의 처지가 되어 협상에 임하고 있었으니 말이다. 경매가 아니면 불가능한 일이다. 나는 그렇다면 아직 시간이 있으니 다음에 다시 협의하자는 말을 하고 세입자에게 집안을 둘러봐도 되겠느냐고 물었다. 그는 흔쾌히 그러라고 했다. 집안을 천천히 둘러보자, 나는 뭔가 잘못되었음을 직감했다. 분명 법원 감정평가서에는 방이 3개로 나와 있었는데 방이 2개였다. 어디 구석에 숨겨놓은 방이 있는지 이리저리 둘러보자 세입자는 뭘 찾느냐고 했다.

"방 하나는 어디에 있죠?"

"방 하나라뇨?"

"방이 3개 아니었나요?"

"아뇨 방은 원래 2개입니다."

경매초보도 특수물건 한다

순간 망치로 머리를 심하게 한 대 두들겨 맞은 느낌이었다. 경매에 들어가기 전 법원은 해당 부동산에 대한 감정을 감정평가사에게 촉탁하는데, 감정평가사가 감정한 서류는 해당 경매계에 비치되어 입찰 참여자들이 열람할 수 있도록 하고 있다. 물론 인터넷으로도 열람이 가능하다. 그 감정평가서에 따르면 내가 낙찰 받은 빌라는 분명히 방이 3개로 표시되어 있었다. 물론 전용면적이야 15.5평으로 건축물대장에 표시된 평수 그대로였지만 그림에서 보는 것처럼 401호의 방은 3개로 선이 그어져 있다. 그러나 이는 감정평가사의 실수였다. 4층에는 401호, 402호, 403호가 있었는데 내가 낙찰 받은 401호는 402호 방을 하나 더 가져와 402호의 방이 401호로 표시되어 있었다.

▲ 도면상 제일 위에 위치한 ★표시 방이 401호가 아니라 402호에 딸린 방이다

물론 내가 더 꼼꼼히 서류를 확인하고, 입찰 전 해당 부동산인 401호를 방문해서라도 현장의 상태를 확인했어야 하는 잘못도 있다. 패닉 상태가 되었다. 가뜩이나 잔금 융통문제로 골머리를 썩힐 판인데 물건 자체에 심각한 하자가 발생한 것이다. 며칠 동안 나는 이 문제를 어떻게 처리할지 고민에 빠졌다. 법원에서 제시한 감정평가서의 오류를 문제 삼아 해당 경매계에 매각불허가 신청을 해보는 것도 고려했다. 매도인(법원)의 중대한 실수로 매수자(입찰자)에게 구매 동기의 착오를 유발시켰으니 불허가 사유는 충분히 될 수 있을 것이다. 그러나 한편으로 생각하면 15.5평이란 전용면적에 차이가 있는 것도 아니니 엄밀하게 얘기하면 방 1개가 사라졌다고 항변할 수도 없는 일이다. 감정평가사가 도면에 선을 하나 잘못 그은 실수에 불과하다며 법원은 매각불허가 신청을 기각할 수도 있을 것이다.

매각결정이 확정되고 법원으로부터 잔금기간을 통보받을 때까지 나는 이 부동산에 대한 처리문제에 매듭을 짓지 못하고 있었다. 시간만 흘러갔을 뿐 뾰족한 대책이 없었다. 포기할 수도 나아갈 수도 없는 진퇴양난의 상황이었다. 잔금을 융통할 자신마저 없었다. 그러나 나는 마음을 고쳐먹었다. 돈도 없이 배짱 하나로 경매에 뛰어들었는데 원래 없던 방 때문에 이 물건을 포기할 수는 없는 노릇이었다. 게다가 생애 처음 법원 경매로 낙찰 받은 부동산이 아니었던가. 첫 단추가 잘못 꿰어지면 다음 단추라고 제대로 꿰어질 리도 없잖은가. 그리고 무엇보다 경매에 뛰어든 나를 주변의 지인들이 지켜보고 있다고 생각하니 이대로 멈출 수가 없었다. 낙찰 받은 이상 어떻게든 내 것으로 만들고 팔아보자는 쪽으로 가닥을 잡았다. 법원 감정이 1억7000만 원인데 내가 산 가격이 1억3568만 원이라면 차액을 충분히 남길 수도 있을 거라며 스스로를 위로하기도 했다. 법원 감정가가 시세보다 높게 책정되었지만 오히려 법원 감정에 마음이 기대어지는 역설적인 상황이 벌어진 것이다.

이대로 가자, 라는 마음을 먹자 잔금 납부부터 해야 했다. 나는 여러 금융기관의 경락자금 대출상품을 꼼꼼히 비교했다. 그리고 녹번동의 새마을금고에서 경락가의 90%까지 대출해주겠다는 연락을 받았다[2]. 대신 이율은 6%로 타 금융기관에 비해 2% 정도 높은 금리였다. 월 이자만 60만 원 정도였다. 90%면 1억2200만 원까지 대출이 가능하단 얘기다. 90%를 대출받으면 잔금 280만 원에, 취등록세에, 이전 비용까지 총700만 원 정도면 소유권을 취득할 수 있다. 나는 곧바로 대출을 신청하고 잔대금 납부와 동시에 이전등기를 진행했다. 내가 그 빌라를 취득하는데 들어간 현금은 입찰보증금을 합해 총 1800만 원 정도였다.

등기 이후 세입자와 몇 차례 재계약 문제를 논의했다. 그러나 세입자는 근저당권 설정을 해지하는 조건으로 전세 1억을 고집했고, 대출까지 받은 마당에 나는 전세 1억2000만 원 이하로는 재계약 자체가 불가능했다. 여윳돈만 있었다면 금융비용도 부담하지 않고 맘 편하게 1억에 2년 전세로 재계약하고 가격이 오를 때까지 기다렸다가 되파는 것이 수월했겠지만 그럴 형편이 못되었다. 세입자는 내가 월세를 고수하자 배당을 받고 이사를 나갈 테니 배당기일까지 기다려 달라고 했다.

1월3일에 낙찰 받고 2월14일 잔대금 납부, 그리고 3월26일 배당기일까지 약 3개월이 걸렸다. 방 문제로 고민하다 잔대금 납부마감 기한

---

[2] 2018년 2월 현재는 주택담보대출에 대한 규제가 까다로워 2금융권이라 하더라도 낙찰가의 90%로 대출을 받는 건 불가능해졌다.

하루를 남겨두고 잔금을 낸 탓도 있었지만 잔금 납부 후 배당기일까지 한 달 넘게 소요됐다. 세입자는 4월 초에 이사를 갔다. 그리고 도배와 장판을 새로 하고 부동산 중개업소에 매물로 내놓았다. 희망 월세는 보증금 2500만 원에 월 60만 원, 매매는 1억5000만 원이었다.

6월 초에 이 부동산은 1억4900만 원에 팔렸다. 세입자가 이사를 간 후 매매를 하기까지 2달이 걸렸고, 낙찰 후 매수자에게 잔금을 받아 등기를 넘겨주기까지 약 7개월이 걸린 셈이다. 이 부동산을 매수한 사람은 이십대 후반의 아기도 없는 젊은 신혼부부였다. 내가 보증금 1000만 원을 빌려 낙찰 받고 주인 행세를 했던 사실이 낯부끄러웠지만 매수자는 나보다 더 심했다. 가진 돈 300만 원으로 우선 계약부터 하자고 덤볐다. 중도금은 자신이 살고 있는 보증금 2000만 원으로 대체하겠다며 집이 팔리면 중도금을 치르겠다고 했다. 그리고 잔금은 생애 첫 주택자금대출이란 상품으로 해결하겠다는 거였다. 뛰는 놈 위에 나는 놈. 배짱이 나보다 한 수 위였고, 젊은 사람의 그 적극적인 태도가 마음에 든 탓도 있었지만 나 또한 첫 계약이라 일단 팔고보자는 생각이 앞섰다. 사정을 봐주느라 잔금은 2달 뒤에 받았다. 주택 단기매매라 부동산 수수료 등 각종 비용과 양도소득세를 제하고 나니 약 600만 원 정도 순수익이 생겼다. 1년 뒤 그 쪽 빌라 시세를 확인하니 내가 낙찰 받은 빌라와 비슷한 물건이 약 1억6000에서 1억7000정도에 호가가 형성되어 있었다. 그대로 놔두었더라면 1000에서 2000은 더 수익을 낼 수도 있었지만 감정평가서상의 방 하나 때문에 입찰보증금 자체를 포기하려고도 마음먹었던 것에 비하면 과히 나쁘지 않은 성과였다.

경매초보도 특수물건 한다

입찰 전 확인해야 할 기본사항

부동산경매에 참여하려는 입찰자들은 어떤 경로를 통해 경매정보를 입수할까? 인터넷이 활성화되기 이전에는 주로 경매정보지를 통해 입수했다. 정보지에 나와 있는 간략한 정보를 토대로 마음에 드는 물건을 찜하고, 해당 법원 경매계에 들러 매각기일 일주일 전부터 열람 가능토록 비치된 관련 서류들을 침을 발라가며 꼼꼼히 검토해야 했다. 직접 방문하지 않으면 알 수 없었던 그 정보들은 그러나 요즘은 집이나 사무실에서 인터넷을 통해 확인이 가능하다.

즉, 경매정보지가 아니라 대법원경매정보(www.courtauction.go.kr)를 통해 해당 부동산에 대한 경매정보를 얻고, 등기부등본은 대법원인터넷등기소(www.iros.go.kr)라는 사이트를 통해 열람 발급이 가능하다. 또, 시군구청 민원실을 방문해 번호표를 뽑고 신청서에 해당 지번과 신청자 인적사항을 적은 다음 순번을 기다려야 했던 토지이용계획확인서는 토지이용규제서비스(luris.molit.go.kr)라는 국토부가 제공하는 사이트를 통해 간단히 처리된다. 게다가 다음이나 네이버 등 포털사이트에서 제공하는 위성사진이나 거리뷰를 통해 현장에 가지 않고도, 집안에서 해당 부동산의 위치와 주변상황, 인접지와의 경계까지 확인할 수 있게 되었다. 물론 현장을 가보지 않고서는 알 수 없는 현장만의 분위기와 느낌까지 상세하게 파악할 순 없지만, 현장 조사에 필요한 시간과 경비를 대폭 절감할 수 있게 됐다.

입찰 예정 부동산에 대한 기초적인 조사를 진행하는 데 소요되는 물리적인 시간과 경비가 절감되었다는 사실은 그러나, 딱히 유리하다고만은 할 수 없다. 역설적이게도 입찰에 참여하는 다른 사람들도 그만큼 시간이 줄었다는 뜻이 된다. 경쟁 입찰자들도 개별 경매 부동산의 옥석을 가리고 난 다음, 향후 수익률이 보장되는 보석같은 부동산으로 몰릴 가능성이 농후해졌다는 반증이다. 따라서 요즘은 이런 기본적인 정보 외에 자신만의 노하우로 남들보다 더 고급정보들을 얻어내야 치열한 입찰경쟁에서 살아남을 수 있으며, 수익률에서도 남들보다 앞설 수 있다.

따라서 대법원경매정보 사이트보다는 유료경매정보 사이트 이용을 권장한다. 유료 사이트는 부동산 종류별로, 지역별로 검색이 가능함은 물론, 각종 특수물건만에 대한 테마 검색이 가능하도록 소트되어 있다. 게다가 역세권별로 경매로 나온 부동산을 따로 묶어서 정리해 둔 유료사이트도 있고, 자체 현장조사보고서를 올려놓은 곳도 있다. 유료 사이트는 대법원경매정보에서 취합한 해당 부동산에 대한 정보를 알기 쉽게 정리해 두고 있으며, 물건에 따라 현장을 직접 둘러본 사람들이 올려놓은 현장사진도 공유할 수 있게 해두었다. 이용료 한 달 10만 원이 아깝지 않을 정도이니 적극 활용해야 한다.

또한, 각종 부동산경매관련 카페에 가입해 시장에서 고급정보들을 얻고, 최근의 부동산시장 동향에 대해서도 꾸준한 관심을 가져야 한다.

여기에 더해, 부동산의 어느 한 분야에 전문가가 되어야 한다. 부동산의 종별도 워낙 많기 때문이다. 이를테면 상가 전문이라든지, 오피스텔 전문, 아파트형공장 전문, 창고 전문, 숙박업소 전문 등을 들 수 있다. 당신이 만약 임야에 관한 특화된 전문가가 되려고 한다고 가정하자. 그러려면 임야의 개발에 관해 기본이 되는 법령인 산지법은 물론이고 시행령, 시행규칙까지 꼼꼼히 알고 있어야 한다. 법령은 대한민국 시군구청의 담당자도 죄다 숙지하지 못하고 있는 것이 사실이다. 그들도 민원이 들어오면 법령부터 뒤지는 게 현실이다. 나아가 어느 용도지역에 어떤 건물을 건축할 수 있고, 어떤 개발이 가능한지, 어떤 임산물을 파종 수확하는 것이 유리한지, 임야를 개발해 사용하고자 하는 수요자층은 어떤 사람들인지 등등에 관해 훤히 꿰차고 있는 전문가가 된다면 경매라는 할인된 부동산시장에서의 경쟁력에 날개를 다는 격이 된다.

다음은 입찰 전 확인해야 할 기본적인 관련 서류들이다.

◉ 건물 및 토지등기부 등본

등기부 열람은 필수다. 우리나라는 토지와 건물이 별개로 등기되며 그에 따라 토지와 건물의 주인이 다를 수 있다. 이와는 달리 아파트나 빌라 다세대주택 등 집합건물(상가도 집합건물로 등기될 수 있다)은 한 등기부에 1동 전체 건물의 표제부와 전유부분 표제부 갑구 을구로 표시된다. 갑구에는 소유권에 관한 사항이, 을구에는 소유권 이외의 권리에 관한 사항이 표시된다. 소유권 이외라 함은 주로 담보물권이나 용익물권으로 저당권 전세권 등이 이에 해당된다. 저당권 설정일자를 파악해 임차인의 전입일자 그리고 확정일자 등의 순위를 꼼꼼히 비교해야 세입자의 예상배당금액이 산출되며 낙찰자가 인수해야 할 금액이나 명도저항을 예상할 수 있다.

법정지상권 성립 여부를 판단할 때는 폐쇄등기부도 함께 열람해야 하는 경우가 있을 수 있다. 폐쇄등기부는 한 등기부 용지에 이를 다 기록하지 못하는 경우, 일단 폐쇄등기부에 이를 옮기고 난 뒤 법원등기소에서 따로 보관한다. 이미 말소된 옛날 등기를 일일이 다 기재하는 불편을 줄이자는 목적이다. 최근 20년 내에 소유권보존 등기된 아파트나 빌라는 그렇지 않지만 오래된 건물은 소유권 변동 내력이 복잡하다. 이런 물건들은 토지나 건물 갑구 순위번호 1번란 아래에 괄호로 전2, 전5 등의 표시가 있는데 이는 소유권에 관한 2건(5건)의 사항이 폐쇄등기부로 전사되었음을 의미한다. 법정지상권 성립 여부를 따지려면 이처럼 전사된 등기부도 함께 열람해야 하는 경우가 있을 수 있다. 폐쇄등기부는 대법원인터넷등기소에서 열람 가능한 경우도 있지만 대부분 관할 등기소에 직접 찾아가 열람해야 한다. 물론 방문하지 않고 주민센터를 통한 팩스민원도 가능하다.

● 감정평가서

　법원 촉탁에 의해 감정평가사가 작성한다. 감정평가서는 감정일자를 가장 먼저 확인해야 한다. 감정일자보다 입찰일까지의 갭이, 많게는 2년이 넘는 경우도 있다. 2년 전 감정가가 시세를 반영하지 못함은 당연하다. 감정가를 맹신하고 시세 파악을 게을리 하면 낭패를 당하기 쉽다. 보통 감정일자와 1차 매각기일은 6~8개월가량 차이가 나는데 부동산 상승장에서 6개월 전 가격을 시세라 생각하면 입찰에서 떨어지기 일쑤고, 하락장에서는 이 가격을 믿고 높은 금액을 썼다가 낙찰이야 받겠지만 오랜 기간 보유해야 하는 아픔을 겪기도 한다. 부동산 하락장에는 감정금액이 시세보다 높고 상승장에는 감정금액이 시세보다 낮은 것이 일반적이다.

　필자의 첫 입찰 케이스처럼 감정평가서상의 도면 하나도 꼼꼼히 살펴봐야 한다. 잘못된 감정서로 인해 해당 감정평가사가 신뢰를 잃을 순 있지만 내 손해를 책임지지는 않기 때문이다. 그리고 무엇보다 감정평가서는 참조만 할 뿐 맹신해서는 안된다.

● 현황조사서

　감정평가서에는 세입자에 관련한 사항이 없다. 대부분 임대차 미상으로 기재되어 있을 뿐이다. 감정평가서를 통해서는 부동산 자체에 대한 현황만 파악할 수 있다. 세입자와 관련한 사항은 현황조사서에 기재되어 있다. 이는 법원에서 직접 해당 물건지를 방문해 세입자 등에 관한 사항을 기록한 것이기에 이 내용과 사실이 부합하지 않는다면 추후 낙찰이 되었을 때 매각불허가 신청의 유력한 사유가 된다. 특히 유치권이 신고된 물건을 입찰하려 할 때는 현황조사서가 도움이 된다. 유치권의 성립 요건은 유치권자의 적법한 점유가 있어야 하고, 유치권자의 점유가 계속되어야 한다. 그런데 법원 직원이 현황조사를 나갔는데 해당 부동산을 유치권자가 아닌 소유자가 점유하고 있다고 기재되어 있다면 이는 유치권이 성립할 가능성이 낮다. 그런 물건은 낙찰 받고 난 뒤, 유치권 신고자에 대해 경매방해죄나 사기죄 등으로 형사고소가 가능하며, 유치권자는 낙찰자에게 대항하지 못하고 유치권 신고를 철회할 수밖에 없다. 유치권이 신고된 부동산은 입찰자가 적어 시세보다 많게는 50% 이상 싸게 낙찰 받을 수도 있으며, 추후 허위 유치권이라는 사실을 밝혀낼 수 있다면 오히려 명도받기가 쉽다.

● 매각물건명세서

부동산 자체에 관한 현황과 유치권 신고, 법정지상권에 관한 내용이 언급되어 있다. 이외 특별매각조건이 단서로 붙어 있을 수 있으니 꼼꼼히 챙겨봐야 한다.

● 세대열람내역서

현황조사서에 기재는 되어 있지만 세대열람은 꼭 해봐야 한다. 임차인이나 소유자의 전입일, 임차인의 전입 및 확정일자, 동거인의 전입일이 기록되어 있다. 특히 배당요구를 하지 않은 선순위 세입자는 현황조사서에도 나오지 않는 경우가 있다. 해당 동사무소를 직접 방문해야 하며, 대법원경매정보에 들어가 해당 물건의 경매관련 기록을 인쇄해 민원 데스크에 제출해야 열람이 가능하다.

● 문건송달내역

경매 초보자들이 흔히 지나치기 쉬운 문건이다. 경매계로 접수된 이해관계자들의 모든 문건 접수내역과 법원에서 발송한 문건들의 제목과 수령자들을 날짜별로 요약 기록해 놓았다. 낙찰자가 잔금을 납부하면 배당일자가 잡히고 배당순위에 따라 배당을 하는데 0순위 배당은 경매관련비용이다. 그리고 1순위가 바로 주택 및 상가임대차보호법상 소액보증금 중 최우선변제금액, 그리고 근로기준법상의 임금채권 중 일정금액(최종 3개월분의 임금과 최종 3년간의 퇴직금 및 재해보상금)이다. 2순위는 당해세, 즉 해당 부동산에 관련한 국세(재산세, 상속세, 증여세)와 지방세(취득세 등록세)이다.

3순위는 국세, 지방세의 법정기일 전에 설정된 저당권, 전세권, 확정일자 채권 등이다(이후 4순위 5순위 등 순서대로 배당된다).

어쨌든 간과하기 쉬운 것은 임금채권자의 일정금액인데 이는 주택 및 상가건물 임대차보호법상의 최우선변제금액과 동순위라는 사실이다. 만약 사업을 하던 사람의 건물이 경매로 나와 임금을 받지 못한 근로자들이 가압류를 한 경우, 은행 저당권보다 후순위라고 생각해 그냥 흘려버리기 쉽지만 사실 이들은 최우선적으로 변제를 받는다. 그렇게 되면 임차인이 보증금을 다 돌려받지 못할 수도 있어 경우에 따라 선순위 임차인의 배당받지 못한 보증금을 인수해야 하고 후순위 임차인의 명도저항이 있을 수 있다. 이런 임금채권자는 대부분 변호사를 사서 대표자가 배당요구를 하는데 바로 문건접수내역을 자세히 들여다보면 이를 확인할 수 있다.3)

그리고 부동산표시목록에 표시되지 않은 유치권자도 있을 수 있는데 문건접수내역을 꼼꼼히 살펴보면 유치권자에게 관련 서류를 발송한 기록이나 접수받은 기록이 있을 수 있다. 유치권자나 임금채권을 놓치고 경매에 뛰어든다면 낭패를 당할 수 있다. 법원문건접수내역의 숨은 행간의 비밀을 놓치지 말아야 한다.

● 건축물대장, 토지대장

대장과 등기부의 내용이 달랐을 때, 면적이나 건축연도 등 부동산 현황은 대장을 먼저 확인해야 하고, 소유권 등에 관한 사항은 대장보다 등기부를 신뢰해야 한다. 부동산 현황은 대장에 먼저 등기되고 추후 대장을 근거로 등기부에 반영되기 때문이며, 소유권에 변동이 생겼을 때 등기부에 먼저 기재되고 난 다음 대장에 반영되기 때문이다.

무엇보다 건축물대장 열람은 필수인데, 위반건축물 여부를 꼭 확인해야 하기 때문이다. 행정관청(해당 건축과 등)에서 위반건축물로 표시되면 대장에 그 흔적이 남고, 이는 원상회복 명령의 대상이 된다. 만약 낙찰 받은 건물이 불법 증축되어 시정명령을 받은 상태에서 낙찰

---

3) 이 경우 법원 문건접수내역에 '임금채권자 이O호외 12명 권리신고 및 배당요구신청서 제출'이란 접수내역이 있다.

받았다고 가정하자. 낙찰자가 이를 원상회복하지 않는다면 시가표준액의 50%에 해당하는 금액에 위반 면적을 곱하여 이행강제금을 부과받는다. 주택은 5회까지 부과되는데 여기에 버텨낼 장사는 없기 때문이다. 이런 물건은 입찰하지 않는 것이 상책이다.

● 토지이용계획확인서

간과하기 쉬운 문건이다. 공시지가와 토지면적, 지적도, 용도지역, 용도지구, 용도구역이 표시된다. 용도지역에 따라 건폐율 및 용적률의 차이가 있다. 건폐율과 용적률이 높을수록 부동산 가치는 높아지기 때문이다. 비슷한 빌라, 비슷한 금액, 비슷한 조건에서 일반주거지역 빌라보다 준주거지역 빌라가, 준주거지역 빌라보다 상업지역 빌라에 입찰하는 것이 유리하다. 향후 부동산 가치가 상승할 확률이 높기 때문이다.

토지이용계획확인서는 토지이용규제정보서비스(luris.molit.go.kr)에서 전국 어디든 관련 지번으로 조회가 가능하다.

법정지상권

02
법정지상권 건물은
지상권 설정등기 소송부터 진행하라
전북 익산 단독주택

▲ 단돈 400만 원에 낙찰 받은 단독주택

 내가 두 번째로 낙찰에 성공한 부동산은 전북 익산에 소재한 단독주택이었다. 토지는 제외된 건물만의 매각이었다. 물론 법정지상권이 성립하는 건물이었다. 아파트나 빌라 같은 주거용 부동산은 환금성이 뛰어나지만 아줌마 부대들의 극성에 감정가 대비 낙찰가가 너무 높았다. 때문에 위험성은 낮았지만 수익률이 적었다. 그래서 나는 특수물건으로 눈을 돌렸다. 보통 이런 특수물건은 경매 5년차 이상, 이 세계에서 말하는 중병아리 정도는 돼야 입찰이 가능한 물건이다. 이제 막 경매를 시작한 내가 이런 물건에 응찰할 수 있었던 것은 나름대로 믿는 구석이 있었다. 초중고 동창인 30년 지기 친구가 신림동에서 사법시험 민법 강의를 하고 있었는데, 변호사들이 법률적인 자문을 구할 만큼 대단한 실력자였다. 나는 법리 해석에 문제가 생기면 그 친구의 조언을 들었다. 친구를 통해서 특수물건, 예를 들면 법정지상권의 경우 그 성립 여부를 일일이 체크했고, 최종 입찰을 결정하곤 했다. 그 친구와는 현재 〈팟빵〉에서 부동산경매 팟캐스트 방송을 함께 진행하고 있다.

법정지상권은 건물과 토지 소유자가 달라 건물을 소유한 사람이 구조와 용도에 따라 길게는 30년 동안 그 건물을 사용 수익할 수 있으며 건물이 점용하고 있는 부수 토지도 사용이 가능한 법적으로 보장된 권리이다. 물론 건물 소유자는 토지 소유자에게 지료를 지급할 의무가 있다. 그러나 토지 소유자가 지료지급을 청구하기 전에는 지료를 주지 않아도 상관없으며 지료지급 판결 후 2년 미만에 한해 지료를 지급하지 않아도 법정지상권의 효력에는 문제없다. 토지 주인은 지료를 많이 받으려 하고 건물 주인은 적게 주려고 하는 것이 두 이해당사자의 기본 입장이므로 지료에 대한 협의가 이뤄지기 사실상 힘들다. 이 경우 토지 주인의 청구에 따라 관할 법원에서 지료를 책정하는데 통상적으로 시세의 연 5~8% 선에서 정해진다고 보면 된다.

법정지상권의 권리는 막강하다. 법정지상권이 성립하는 면적만큼 즉, 건물이 앉은 면적만큼 향후 건물을 허물고 새로 지어도 되고(신축) 증축도 가능하다. 개축이나 재축도 물론 가능하다. 그리고 법정지상권이 만료되는 시점(견고한 건물의 경우 지상권 성립일로부터 30년)에는 건물주는 토지 주인에게 다시 30년의 법정지상권 갱신을 요구할 수 있다. 토지 주인이 건물주의 이 갱신 요구에 응하지 않는다면 그때 당시의 시세대로 토지 주인은 그 건물을 구입해야만 한다. 이를 지상물매수청구권이라 한다. 이는 청구권이 아닌 형성권으로 법원의 판결 없이도 곧바로 성립되는 권리이다. 토지 주인이 갱신을 원하지 않는다는 의사표시가 발현되는 순간 무조건 그 건물을 매수해야 하는 의무를 부담한다. 따라서 토지 주인이 건물을 매입하지 않으면 그 즉시 건물주에게는 매매대금 청구권이 생긴다. 그러므로 토지 소유자는 지료를 받는 것 외에는 소유자로서의 재산권 행사에 막대한 제약을 받을 수밖에 없다.

 2013년 2월, 내가 낙찰 받은 전북 익산의 단독주택은 방3개 거실 주방 화장실 2층 다락이 있는 건물이었다. 건물 감정가가 9,666,000원이었고, 3회 유찰되어 최저가가 3,315,000원까지 떨어진 상태였다. 4명이 입찰했는데 필자는 4,128,000원(감정가 대비 42.7%)으로 최고가 매수인으로 낙찰 받았다.

 이 물건은 전군가도(전주~군산간 도로)변에 위치해 있다. 전군가도는 일제강점기 호남의 곡창지대에서 수확한 곡물을 군산항으로 실어 나르기 위해 일제가 만든 도로로 전주 군산간 최단거리이자 지금도 교통량이 상당한 도로이다. 이 도로변 좌우는 대부분 농림지역으로, 건축허가가 쉽지 않은 지역이다. 그렇기에 기존 건물이 가지는 가치 또한 높았다. 그러나 결정적인 흠이 하나 있었다. 현장 조사에서는 미처 파악하지 못했는데, 지대가 낮아 5~6년에 한 번 정도는 침수가 된다는 점이었다. 건물과 전군가도변 사이에 넓은 도랑이 있었는데 유속이 빨랐고 갈수기에도 유량이 많았다.

그러나 나는 개의치 않았다. 우선 낙찰가가 400만 원이라는 점이다. 있어도 그만 없어도 되는 돈이다. 그리고 앞마당이 넓어 주택으로 사용하는 것이 아니라 창고 등으로 임대를 놓으면 될 일이었다. 거실을 사무실로 쓰고 방에는 물품보관을 할 수 있으니 그에 맞는 세입자가 있으리라 확신했다. 그리고 무엇보다 2016년 2월에 지상권이 종료되는 시점이니 토지 주인이 지상권을 갱신해주지 않는다면 최소 법원 감정가 966만 원에는 그 건물을 사야 할 것이고 만약 갱신해준다면 그땐 침수가 되지 않게 건물 리모델링을 할 작정이었다. 돈이 부족하다면 리모델링을 해서라도 사용할 매수자를 찾아 제 값 받고 팔면 될 일이다. 게다가 2016년부터 2046년까지 30년간 지상권이 성립되니 토지 주인은 재산권 행사의 막대한 제약 때문에 토지를 헐값으로 나에게 매각할 수도 있는 일이다. 하긴 2046년이면 내가 살아있을지도 알 수 없는 까마득한 훗날의 일이다.

아니나 다를까. 낙찰 후 곧바로 토지 주인의 대리인이라는 사람으로부터 연락이 왔다. 토지 주인은 영농법인이었는데, 입찰에 참여했지만 패찰했다.

"전차 가격을 줄 테니 저희한테 파시죠."

"전차 가격이라뇨?"

"이번 입찰 바로 전 최저매각가 말입니다."

경매초보도 특수물건 한다

"500만 원도 안되는데요?"

"400에 샀으니 500에 팔면 되죠."

"그 동안 이 물건 사려고 사전 현장조사에다, 입찰 보러 서울에서 내려가는 경비는요? 취등록세에 등기하려면 법무사 수수료는요? 원가가 이미 500이 넘었습니다."

"땅도 없는 건물 500이면 됐지 얼마나 더 줘야 합니까?"

"법정지상권이라는 말 들어봤습니까?"

"그게 뭔데요?"

법정지상권에 대한 이해도 없는 사람에게 굳이 구구절절 다른 설명이 필요 없었다. 나도 태도를 바꿔버렸다.

"아무튼 건물 있으면 됐지, 땅 필요 없습니다. 땅 파먹고 살 일 없고, 땅은 그쪽에서 쭉 가지세요."

"토지도 없는 건물 왜 샀는지 모르겠네." 그쪽도 비아냥거리기 시작했다.

"그건 내 소관이고, 아무튼 감정가에서 한 푼도 안 빼고 다 준다 해도 내가 팔지 말지는 고민을 해봐야 됩니다."

이야기가 길어지자 나는 감정가에 살 생각이 있으면 연락하고 아니면 앞으로 연락을 하지 말라고 딱 잘라버렸다. 아무튼 내가 너무 강경한 어조로 말했는지 그쪽에서는 이후 구매 의사를 타진해오지 않았다.

그리고 알게 모르게 그들의 저항이 시작됐다.

이 물건의 결정적인 흠은 한 가지 더 있었다. 입찰 전 출입문이 잠겨 있어 안을 제대로 확인할 순 없었는데 거실에는 가재도구가 남아 있었다. 나중에 안 사실이지만 안방에는 침대와 장롱이, 그리고 장롱 안에는 입던 옷가지들이 그대로 남아 있었다. 또, 작은 방 2개와 다락에도 쓰레기와 잡동사니가 쌓여 있었다. 2~3년 이상 그 상태 그대로 방치된 것처럼 보였다. 이 경우 낙찰자라고 해서 그냥 문을 따고 들어가면 문제가 발생한다. 원칙대로라면 법원의 강제집행 허가를 받아 성인 2명의 입회하에 짐을 들어내고 그 짐을 법원이 지정한 보관 장소에 보관한 다음, 발생한 보관료 채권을 근거로 유체동산 경매를 신청해야 한다. 이 경우 값나가는 물건이 없는 경우에는 유찰만 될 뿐 아무도 입찰하지 않을 것이다. 매각에 드는 경비는 올라가고 보관료는 누적되므로 어쩔 수 없이 낙찰자가 사서 그 물건을 폐기 처리해야 한다. 강제집행비 보관비 유체동산 구입비에 폐기 처리에 드는 비용까지 삼중고를 겪는 건 물론이다. 나는 고심했다. 그냥 물건을 들어낸 다음, 일정한 장소에 보관하다가 폐기해버릴까도 생각했지만, 토지 주인과 유체동산 소유자인 전 건물주는 밀접한 관련이 있는 사람이었다. 만약 물건을 그냥 들어내게 되면, 그 물건의 주인이 귀중품이 없어졌다고 절도죄로 형사고소를 하거나, 물건을 변상하라고 떼를 쓰면 곤란해진다. 가뜩이나 토지 주인과 보이지 않는 신경전을 벌이고 있는데, 책잡힐 일이 생기면 안될 일이었다.

나는 원칙대로 수순을 밟았다. 일단 전 소유자에게 내용증명을 보냈다. 집안에 있는 잡동사니를 처리하지 않으면 강제집행을 할 것이고, 강제집행에 드는 비용 일체를 청구하겠으며, 비용을 지급하지 않을 시

경매초보도 특수물건 한다

그 비용에 관련된 채권으로 재산에 압류 후 경매를 진행하겠다는 으름장이었다. 그러나 전 소유자는 답변이 없었고, 예정대로 강제집행에 들어갔다. 말이 집행이지 3년간 방치된 쓰레기를 청소하는 작업이었다. 법원 집행관과 함께 나온 열쇠수리공은 출입문을 열어주는 대가로 15만 원을 요구했다. 어이가 없었다. 2~3만 원이면 될 일을 15만 원씩? 그 세계에도 먹이사슬의 고리는 존재했다. 아무튼 비싼 비용을 치르고 나자, 독기가 올랐다. 토지 주인에 대한 독기였다. 이젠 토지 주인이 감정가에 그 물건을 사겠다고 해도 팔 생각이 없었다. 감정이 상했고, 법정지상권의 막강한 권리를 저들에게 보여주리라 마음먹었다.

나는 서울에서 익산의 현수막 제작 회사에 전화를 걸어 그 건물을 임대, 매매한다는 내용의 현수막을 주문했다. 현수막을 건물에 부착하고 난 뒤 사진을 찍어 보내면 바로 5만 원을 입금하기로 했다. 그리고 생활정보지에도 임대와 매매를 내용으로 하는 광고를 게재했다. 그날 오후에 현수막을 부착하러 간 업자에게서 전화가 걸려왔다.

"토지 주인이 현수막을 못 달게 합니다."

"왜요?"

"허락도 없이 왜 남의 땅에 들어왔냐고 하는데요?"

"바꿔줘 보세요."

내가 법정지상권자는 건물을 사용 수익하기 위한 범위 내에서 토지를 사용할 권리가 있다고 차근차근 말하자,

"그라믄 토지 주인은 눈 뻔히 뜨고 이 꼴을 봐야 된단 말이여?"

"예, 토지 주인은 지료 받을 권리밖에는 없습니다, 그것도 청구해서

법원이 판결나기 전에는 안줘도 됩니다."

수화기 저쪽에서 욕설이 흘러나왔다.

나는 전화를 끊고 112로 전화를 걸었다. 업무방해죄로 현행범 긴급체포를 해달라고. 경찰이 출동했지만 현행범으로 체포되는 일은 벌어지지 않았다. 출동한 경찰은 어차피 그 지역 사람이었고, 현수막을 설치하는 업자 또한 그 지역민이었기 때문에 멀리서 전화로 주문하는 내 입장을 곧이곧대로 들어줄 리가 없었다. 이후 현수막을 달아놓기만 하면 며칠 안가 사라졌다. 누가 한 짓인지는 안 봐도 알 수 있는 일이었다. 그렇게 숨바꼭질이 계속되자 나는 토지 주인에게 내용증명을 보냈다.

앞으로 재산권 행사를 방해한다면 재산권 방해배제청구권을 행사하겠다. 그게 받아들여지면 당신은 방해배제에 대한 재산적 담보를 제공해야 한다. 그리고 민법 279조에 따르면 지상권자는 건물 사용에 필요한 범위 내에서 토지를 사용 수익할 수 있다고 명시되어 있다. 이는 토지 주인의 승낙이 필요 없는 권리다. 그리고 당신네들은 이미 토지를 구입할 당시에 건물을 제외한 토지만을 구입했다. 이는 건물이 있음으로 인한 토지가치의 하락분을 매입한 것이다. 건물을 제외한 반쪽짜리 부동산을 매입하고 온전한 부동산 주인 행세를 하려는 것은 어불성설이다. 당신들이 매수한 부동산은 건물 값어치가 제외되었다, 라는 요지의 내용증명이었다.

그리고 나는 다음과 같이 지상권자의 권리를 알기 쉽게 설명해 주었다.

지상권에 관한 권리

1. **지상권 존속기간**

   지상물 구조와 종류에 따라 다르지만 콘크리트 등 기타 견고한 건물의 경우 지상권 성립일로부터 30년이다.

2. **지상권 갱신요구청구권 및 지상물 매수청구권**

   지상권자는 지상권 존속기간이 만료되면 토지 주인에게 지상권 갱신을 청구할 수 있다. 만약 토지 주인이 지상권 갱신을 해주지 않는다면 토지 주인은 건물의 시세대로 건물을 매수해야만 한다. 이는 청구권이 아니라 형성권이다. 즉, 갱신 거절시 무조건 매입해야 하며, 법적으로 청구할 필요 없이 즉, 분쟁 여지가 없이 당연히 생기는 권리라는 뜻이다. 만약 토지 주인이 갱신을 거절하고도 건물을 매수하지 않는다면 지상권자는 건물에 대한 매매대금을 청구할 수 있는 권리가 생긴다. 매매대금 청구에 관한 권리로 토지에 가압류 후, 토지 경매를 실시할 수도 있다.

3. **기타권리**

   지상권자는 구건물이 존재하던 범위 내에서 건물을 신축, 증축, 재축, 개축할 수 있다. 이는 건물이 화재로 소실되거나 기타 사유로 멸실되어 사라져도 마찬가지다. 신축 재축 증축 개축시 토지 주인의 승낙 여부는 필요 없다. 또한, 지상권자가 매각한 건물을 이후 다시 취득한 취득자 또한, 원지상권자의 권리를 그대로 승계 취득한다.

내용증명이 효력이 있었는지, 아니면 토지 주인 측에서도 이 문제를 해결하려고 법무사 등에게 법적인 권리관계 등을 알아보았는지 그 이후로는 별다른 시비를 걸어오지 않았다. 그렇더라도 나는 확실히 못을 박아야 했다. 그래서 지상권 설정등기 소송을 진행했다. 지상권 설정

등기는 토지 주인이 지상권자에게 부담하는 의무이기도 하지만 약정 지상권이 아닌 다음에야 토지 주인 측에서 순순히 협조하지 않을 것은 자명하다. 승소하게 되면 토지 등기부에 지상권 설정이 표시된다. 이후 해당 토지를 사려는 사람이 등기부를 확인하면 등기부상에 나타난 지상권 설정 사실을 확인하게 되고 그에 대한 부담을 안고 사야 되기 때문에 토지 매수를 꺼릴 수밖에 없다. 반면 내가 건물만을 매각할 때, 토지에 지상권이 설정되어 있으면 매수할 사람에게 양수인의 권리를 인식시키고 팔 수 있어 유리하다. 소송은 법무사를 통해 실비로 진행했는데 토지 주인의 대응이 없어 법원에 가지 않고 곧바로 승소할 수 있었다. 승소 이후 지상권 설정등기를 마쳤고, 지금도 토지등기부를 확인하면 이 지번 상에는 지상권이 설정되어 있다.

그러는 한편 건물 처분에 나섰다. 임대든 매매든 상관없었다. 건물은 사람이 살지 않으면 금방 허물어지게 마련이다. 다행히 소유권 취득 후 4개월, 강제집행 후 2개월 만에 세입자를 찾았고, 2018년 2월 현재 월세 10만원의 세입자가 그 건물을 관리하고 있다. 세입자는 당초 예상대로 사무실 겸 창고로 그 건물을 사용하고 있다.

| 법정지상권 |

03
단돈 400만 원으로 100% 수익, 경매는 큰돈이 필요 없다!
경남 합천 저온창고

    돈이 없어서 경매를 못한다는 말을 자주 듣는다. 나 또한 경매에 뛰어들기 전에는 경매란 돈 있는 사람들만 하는 〈머니게임〉 정도로 생각했다. 그러나 돈은 부족하면 부족한대로 그에 맞는 물건을 찾으면 된다. 심지어 단돈 100만 원으로 1000평의 임야를 살 수도 있는 것이 경매다. 아직도 경북 북부지역의 산골 임야나 강원도, 혹은 전라도 쪽의 임야나 전답은 적은 돈으로 구입할 수 있다. 2014년 3월 전남 완도군 청산도에 있는 밭 100평이 최저입찰가 85,000원에도 나와 있기도 했다. 물론 거기까지 현장 조사하러 가는 경비가 더 들 테지만 말이다. 모자라면 모자라는 대로 더디 가면 되는 것이다. 나 또한 늘 돈이 부족했다. 아파트나 빌라를 사고 싶었지만 그럴 여력이 없었다. 가진 돈에 맞춰 물건을 찾으면 된다.

    법정지상권에 자신이 생기자 나는 또 다른 지상권 물건을 찾아 나섰다. 지상권 물건의 매력은 적은 돈으로 건물을 가질 수 있다는 장점이 있다. 물론 토지가 제외되긴 하지만 어차피 부속 토지는 건물을 사용하기 위해 필요한 것이지 땅 자체가 필요한 건 아니다. 땅 속에서 금덩어리가 나오지 않는 한 말이다.

예를 들어 여기 토지 가치 7억에 건물 가치 3억인 시세 10억의 부동산이 있다고 가정하자(감정평가서를 보면 대부분 건물과 토지의 가치를 각각 평가해 합산한다. 보통 아파트는 건물과 토지의 가치비율이 7:3의 비율이고 빌라는 6:4 정도이다). 이 부동산을 시세대로 일반 시장에서 사려면 10억 정도이지만 할인된 경매시장에서는 80%, 즉 8억 정도면 살 수 있다. 그러나 토지 따로 건물 따로 시차를 달리해서 경매로 나온다면 어떻게 될까?

토지 따로 건물 따로 경매에 들어간 시세 10억 원(건물과 토지의 가치 비율이 7:3이라고 가정하고)의 부동산이 만약 토지의 감정가가 3억이라면 보통 그 감정가의 80%, 2억4000만 원 정도에 낙찰되어야 하지만 현실은 그렇지 않다. 지상권이 성립한다면 평균적인 낙찰가에서 더 떨어진 가격에 낙찰될 것이다. 토지 주인은 기껏 지료만 받을 수 있을 뿐이니, 2억4000만 원을 투자해 지료가 연 5%인 1200만 원, 즉 월 100만 원 이상 나오지 않는다면 별다른 매력을 느끼지 못할 것이다. 물론 강남땅이라면 지료가 그 이상은 나올 것이니 얘기가 달라지겠지만 말이다. 그렇다면 현실적으로 토지는 얼마 정도에 낙찰될까? 지상권이 성립하는 토지만의 매각일 경우 감정가의 50% 정도면 충분하다. 그러면 1억5000만 원 선이 될 것이다.

그리고 이후 건물이 경매로 나온다면 어떻게 될까? 이것도 시세(감정가가 시세라고 가정하자)의 80%는 어림없다. 거기다, 만약 지상권이 성립하지 않는, 철거 대상이 되는 건물이라면? 아마 1000만 원에도 사려는 사람이 없을지도 모른다. 지상권이 성립한다 하더라도 감정

경매초보도 특수물건 한다

가의 50% 정도, 즉 토지를 제외한 감정가 7억 원의 건물이 3억5000만 원 정도면 낙찰이 가능하다. 다시 말해 감정가 10억의 부동산을 경매를 통해 시차를 달리해서 각각 낙찰 받는다면 토지 1억5000만 원, 건물 3억5000만 원. 합 5억 원에 사는 꼴이다. 감정가의 50%에 취득한 셈이다. 정리하자면, 일반 중개업소를 통해 토지 및 건물을 매수하려면 시세 그대로인 10억 원이 들지만 할인된 경매시장에서는 시세의 80%인 8억에 구입이 가능하고, 법정지상권이 성립되는 건물이 있는 토지를 각각 시차를 달리해서 매입한다면 시세의 50%인 5억에 구입이 가능하다. 이미 할인된 경매시장보다 한 번 더 할인된 가격으로 구입한다는 의미다. 지상권의 매력은 여기에 있다.

그러나 단점도 있다. 지분이나 유치권이 걸린 특수물건도 그렇지만 법정지상권이 성립하는 건물이라 하더라도 건물에 대해서는 은행에서 대출을 해주지 않는다(반면 건물이 있는 토지만의 경매는 일부 은행에서 대출이 가능하다). 온전히 모두 내가 가진 현금으로 처리하지 않으면 안된다. 즉 레버리지를 활용할 수 없다는 단점이 있다.

한편으론 토지나 건물 중 어느 하나를 먼저 경매로 매입하고 다른 하나를 소유자와 협의해 매수한다면 시세보다는 훨씬 싸게 매입할 수 있다. 앞서 전북 익산의 단독주택의 경우처럼 토지 시세가 2000만 원이라고 가정하면 지상권자는 그 시세대로는 토지를 구입하지 않으려 한다. 받을 수 있는 지료와 재산권 행사의 제약 등을 따져서 시세보다 헐값이 아니면 굳이 매입할 이유가 없다.[4] 합천의 저온창고 같은 본

---

4) 그러나, 땅값이 비싼 지역 예를 들어 강남에 법정지상권이 성립하는 건물이라고 해서 덜컥 구입했다가는 낭패를 볼 수 있다. 비싼 지료를 감당해내지 못하고 오히려 건물을 토지 주인에게 헐값에 넘겨야 할 수도 있다. 법정지상권이 성립하는 건물은 토지의 시세에 따른 지료를 지급하고도 수익을 낼 수 있을 때 고려해볼 만하다.

건 같은 경우, 시세에 50%정도가 되지 않으면 필자는 굳이 땅을 구입할 의사가 없다.

반대의 경우는 어떨까? 지상권이 성립하지 않는 건물이 있는 토지를 매수하면 일단 건물 철거소송과 지료 청구소송을 동시에 진행한다. 건물주는 철거 압박과 지료에 대한 부담 때문에 결국 백기를 들고 항복하게 되어 있다. 건물을 헐값에 그냥 삼키는 것이다. 이 경우 토지는 감정가의 50%까지는 떨어지지 않겠지만 어쨌든 건물이 있는 토지만의 입찰은 입찰률이 적어 낙찰가율이 상대적으로 떨어진다.

경매초보도 특수물건 한다

본건

2013년 초에 경남 합천군에 있는 저온창고 겸 축사가 경매로 나왔다. 감정가 28,824,900원에 총 10회나 유찰되어 11회차 입찰을 앞두고 최저가격이 3,098,000원으로 감정가의 11%로 떨어진 상태였다. 2월22일 거창법원에서 실시한 경매에서 나는 4,027,000원을 써넣었고 결과는 단독입찰이었다.

어느 경매 고수의 말처럼 초보자는 입찰자가 대거 몰린 물건에 높은 가격으로 1등을 해 웃으며 법정을 나오는 반면, 고수는 단독입찰에 웃는다고 했다. 첫 낙찰 후 2달도 안 돼 나는 어느새 단독입찰 물건에 응찰해 낙찰 받게 된 것이다. 그것도 감정가의 11%밖에 안되는 금액으로. 이 물건은 사실 현장을 가보지 않고 대리 입찰을 통해 낙찰 받았다. 내가 입찰에 참조한 것은 경매 관련 참고서류와 현장 위성사진,

그리고 지상권 성립 여부 확인에 필요한 등기부등본 등이 전부였다. 그리고 대리인에게 거창법원에서 입찰을 하고, 낙찰을 받게 되면 현장을 가보라고 했다.

이 물건은 퇴비사로 같이 쓰는 축사가 72㎡(21.78평) 그 축사 아래에 콘크리트로 지은 과일 보관용 저온창고가 66.17㎡(20평)으로 전체 41평이었다. 해당 건물이 소재한 토지는 581㎡(175평)이었다. 야트막한 구릉에 위치해 있었는데 저온창고 뒤편은 사과 과수원이었다. 과수원에서 수확한 과일을 저온창고에서 보관했다가 적당한 시기를 맞춰 출하를 하는 용도로 쓰고 있었다.

이 부동산에 지상권이 성립된 이유는 다음과 같다. 원래 토지와 건물 주인이 동일인이었는데, 보증을 잘못서서 금융권으로부터 압류가 들어올 것을 직감한 소유자가 토지를 제3자 명의로 이전 등기를 하고 건물은 그대로 놔둔 상태였다. 이 경우 건물에 대한 철거특약이 없다면 토지를 매수한 매수자는 건물 명의자에게 지상권을 용인한 것으로 본다. 이를 관습상의 지상권이라고 한다. 이 지상권은 매매로 인한 건물 양수인이나 경매 등으로 인해 낙찰 받은 낙찰자에게도 승계취득되므로 낙찰자도 당연히 지상권자로서의 지위를 가지게 된다.

낙찰을 받게 되자 곧바로 나는 임대를 알리는 플랜카드를 창고에 걸었다. 토지 소유자를 압박하기 위해서였다. 그러자 곧바로 토지 소유자로부터 연락이 왔다. 나는 토지 소유자에게 건물을 팔 의사도 있고, 임대를 놓을 수도 있다. 그리고 해당 토지를 구입할 의사가 있다고 했다. 이후 토지 소유자는 건물을 팔아라, 라고만 할 뿐 토지를 매각할 의사도 건물을 임대차 계약할 생각도 없었다. 자기 건물인데 그걸 뭐하러 샀느냐, 왜 샀느냐, 라는 항변만 되풀이했다. 시골에서 농사만

경매초보도 특수물건 한다

지어 경매나 법률지식이 전혀 없는 사람이었다. 이후 근처에 가는 길이 있어 겸사겸사 두어 차례 방문했고, 여러 차례 전화통화를 했지만 토지 소유자는 같은 입장만 반복할 뿐이었다.

나 또한 농사꾼의 아들이어서 해당 토지 소유자에게 적당한 가격에 넘겨야겠단 생각을 하고 있었는데, 대낮부터 술이 취한 목소리로 핀잔만 늘어놓으니 기분이 썩 좋지 않았다. 내가 제시한 매각금액은 감정가 2800만 원의 절반 1400만 원이었고, 임대의 경우는 월 20만 원이었다. 그리고 토지를 팔 생각이 있다면 그 토지를 공시지가의 2배 가격에 구입하겠다고 했다. 사실 그 토지만 사들인다면 저온창고를 허물고 전원주택을 짓기엔 안성맞춤인 부지였다.

토지 주인은 막무가내였다.

"400만 원에 사놓고 1400만 원에 판다고?"

"내가 산 가격이 중요한 게 아니라 시세가 중요하지 않습니까? 저온창고 지으려면 2000만 원으로 가능하겠습니까?"

"에이 그까짓 거, 뭐 있어도 되고, 없어도 그만이고."

"내가 길거리에서 그냥 주웠다면 그냥 달라고 하실 겁니까?"

"내가 사려고 준비하고 있었는데, 왜 남의 건물을 사서 속 시끄럽게 만들어?"

"2800만 원에서 300만 원까지 떨어질 때까지 뭐했습니까? 열 번이나 유찰되었는데."

"아무튼 내 꺼니까 넘겨주쇼."

"그러니까, 감정가 절반 가격 1400만 원에 팔겠다고 하잖아요."

"완전 도둑이네."

"그러면 토지를 파시죠. 공시지가의 2배로 쳐 드릴 테니."

"됐구마, 전화 끊어 이 양반아."

뭐 그런 식이었다. 그렇게 줄다리기는 6개월 동안 계속되었다. 하루는 동네 이장이라는 사람에게서 전화가 왔다. 앞뒤가 꽉 막힌 사람이지만 아직 결혼도 안한 노총각이고 순박한 사람이니 협의 매각을 하라는 것이었다. 나는 미안하기도 하고 안돼 보이기도 해서 200만 원을 깎아서 1200에 팔겠다고 했다. 이장은 그렇게 전하겠다고만 하고 전화를 끊었지만 이후 토지 소유자에게서 연락은 오지 않았다.

추석이 며칠 지난 10월 어느 날 토지 소유자와 친구이자 친척이라며 전화가 왔다. 집성촌인 그 마을에 토지 소유자 때문에 추석 명절 중에 난리가 났다고 했다. 토지 소유자가 보증을 서준 5촌 당숙 집에 찾아가 건물을 내놓으라며 욕을 하고 행패를 부렸다는 것이다. 마을 전체가 보증 때문에 여기 저기 경매에 들어갔고, 마을 인심이 흉흉해졌다며 고향 마을이 이래선 안되겠다는 생각에 본인이 나선 것이라고 했다. 그 사람은 자기도 어릴 때 그 집의 도움을 받은 마음의 빚도 있기에, 그 건물을 자기가 살 테니 가격을 좀 더 내려달라고 했다. 나는 다시 200만 원을 깎아 1000만 원을 제시했고 그는 흔쾌히 수락했다.

감정가에 비해 턱없이 낮은 가격이었지만 나는 그 정도에 만족했다.

오히려 미안한 마음도 들었다. 그러나 내가 낙찰 받지 않고 다른 사람이 낙찰을 받았더라도 토지 소유자는 그런 홍역을 한 번은 치렀을 것이다. 나중에 알고 보니 토지 소유자는 100만 원 이하로 떨어지면 그때 입찰할 생각이었다고 한다.

400만 원에 샀지만 각종 경비와 세금 등을 제하니 약 400여만 원 정도 순수익이 남았다. 100%가 넘는 수익률이었다. 은평구 갈현동 빌라의 경우처럼 1억이 넘는 빌라를 사서 600만 원 수익을 올리는 것보다 400만 원으로 400만 원의 수익을 올리는 것이 훨씬 경제적이었다. 마음이 좀 짠하긴 했지만 말이다.

자금이 부족하면 부족한대로 경매에 대응하면 된다. 경매물건은 넘쳐난다. 그에 맞는 물건을 골라 수익을 내면 되는 것이다. 자금이 부족해 경매를 못한다는 말은 변명에 불과하다.

04
10평이 안되는 토지라도 허투루 넘기지 마라
경북 경산 토지

자금이 부족했던 내가 찾아낸 것은 경북 경산에 있는 토지였다. 투자할 돈도 없으면서 밤낮 경매 물건만 뒤적이다 보니 전국적인 부동산 시세가 어느 정도 눈에 들어오기 시작할 무렵이었다. 토지는 환금성이 약해 자금 여유가 있는 투자자가 아니면 접근하기 힘들다. 일단 돈이 묶인다고 보면 정확하다. 그래서 경매 초보자는 다들 주거용 건물로 눈을 돌린다. 대출도 잘 되고 임대나 매매로 빠른 회전율을 보이기 때문이다. 하지만 나는 그럴 자금조차 없었다. 그래서 500만 원 이하로 살 수 있는 부동산에 포커스를 맞춰놓고 검색하다가 눈에 띄는 물건을 하나 발견했다. 보자마자 바로 현금화할 수 있다는 자신이 섰다.

이 물건은 토지 27㎡(8.18평)로 10평이 채 되지 않는 지목상 전(田)인 토지였다. 형태가 마름모꼴로 현황은 공장 마당 안에 편입되어 있는 토지였다. 공장에서 개인 사유지를 무단 점용하고 있던 형국이었다. 그래서 이 물건을 살 사람은 오직 한 사람. 그 공장 주인이 아니면 아무도 사지 않을 것이고, 또 살 수밖에 없다고 판단했다.

경매초보도 특수물건 한다

　사진을 보면 알겠지만 해당 토지는 지적도상 도로에 접해 있긴 했지만 현황은 공장 안쪽에 위치해 있었다. 도로와 공장은 공장의 담벼락으로 경계가 나누어져, 담벼락은 공장 본체 건물의 지붕과 연결되어 있었다. 담벼락과 공장의 지붕 아래에 위치한 해당 토지는 공장 본 건물로 차량이 진입하는 통로에 위치해 있었다. 공장에서 8평의 타인 소유 토지를 무단 점용하고 있기 때문에 담벼락을 뒤로 물려 달라는 소송을 청구하게 되면 공장 주인은 담벼락을 보수하는 비용과 토지 구입 비용을 놓고 비교 검토해 볼 것이다. 이 경우 누구라도 토지를 구입하는 쪽으로 방향을 선회할 것이다. 섣불리 감정을 건드려, 오기만 부리지 않게 한다면 말이다. 게다가 담벼락을 뒤로 물리게 되면 통로가 좁아져 공장 본 건물 안으로 트럭이 진입할 수 없을 정도로 좁아지게 된다. 그렇게 되면 공장 건물 앞쪽을 허물어 출입문을 별도로 내야 하는 번거로움이 생길 수밖에 없다.

　내가 이 토지를 낙찰 받고 되팔고 난 뒤, 주변 지인들에게 이 토지에 대해 얘기했더니 대부분 한결같이 이런 반응을 보였다. 왜 그 공장 주인은 낙찰을 받지 않았을까, 하고. 답은 간단하다. 경매는 본인이 급하지 않으면 절대 참여하지 않는다. 소유자를 포함한 이해관계자 대부분은 정작 발등에 불이 떨어져야 허둥지둥 대책을 찾는다. 공장 주인 또한 해당 토지가 경매에 들어간다는 사실을 알고 있었을 것이다. 법원에서 현황 조사도 나왔을 것이고, 감정평가사가 현장을 방문해 감정서를 작성하려면 공장 안으로 들어오지 않고는 불가능하기 때문이다. 그러나 누가 저 물건을 낙찰 받겠는가, 하는 안이한 생각. 그리고 타인이 낙찰 받는다 한들 별 수 있겠는가, 고작 8평 땅 때문에? 하고 생각하고 만다. 그리고는 그냥 잊어버리고 산다. 나는 공장 주인이 입찰에 참여하지 않을 것이라고 확신했다. 다만 물건을 보자마자 나와 비슷한 생각을 가진 다른 경쟁자가 있을지도 모른다는 생각은 했다. 그래서 입찰가를 좀 올려잡았다.

입찰가 산정에 있어서 초보자는 대부분 얼마나 싸게 사는가에 맞춰져 있다. 2등과의 차이가 적으면 적을수록 뿌듯해한다. 그러나 고수는 얼마나 남길 수 있는가에 따라 입찰가를 산정한다(그렇다고 내가 고수라는 얘기는 아니다. 고수가 가는 길을 따라가야 하고 고수가 되고자 노력할 뿐이다). 담벼락을 뒤로 물리는 비용을 대충 산정해 보니 대략 1000만 원 정도의 계산이 나왔다. 그렇다면 5~600만 원 정도로 매수 타진을 하면 협의 매각이 가능할 것이라는 판단이 섰다. 철거소송에 드는 비용을 100만 원 정도 계산한다면 입찰가는 200만 원을 넘지 않는 범위 내에서 잡았다.

이 물건 감정가는 226만 원으로 2회 유찰되어 최저가가 111만 원(감정가의 49%)이었다. 나는 전차 가격인 155만 원을 넘긴 162만 원(감정가의 71.6%)에 응찰했다. 111만 원이나 162만 원 거기서 거기 같지만 전혀 그렇지 않다. 최저가 1억1100만 원짜리를 1억6200만 원에 써넣었다고 생각하면 된다. 그것도 전차 가격이 1억5500만 원인 물건을 말이다. 어쨌든 결과는 단독입찰이었다. 농지라서 농취증 발급을 신청했더니 영농불합리 농지로 농취증 발급이 반려되었다. 반려사유로서 토지가 영농여건불합리라는 사유라면 법원은 매각을 허가해 주게 되어 있다. 오히려 잘된 일이다. 그곳에다가 농사를 지으라고 하면 골치 아픈 일만 생길 테니 말이다.

낙찰 후 2주 만에 잔금기일이 잡혔고 곧바로 잔금을 납부하고 경산시청 지적과를 찾았다. 지적측량을 신청하기 위해서였다. 측량 신청을 해놓고 바로 공장을 방문했다. 사전에 알고는 있었지만 다행히 공장 주인이 바로 토지 소유자였다. 공장을 누군가가 임차해서 쓰고 있었다면 상황은 좀 복잡해질 테니 말이다. 공장 주인은 토지를 낙찰 받았다는 말에 난감한 기색이 역력했다. 그리고 찾아온 의도를 한눈에 파악하고 있었다.

"이 공장이나 좀 사 가시죠."

그렇게 쓸데없는 돈이 많으면 자기 공장을 비싼 값에 사가는 게 어떠냐는 말이었다. 그리고 8평의 토지로 왜 분쟁거리를 만드느냐는 뜻도 담겨 있었다. 여러 가지 뜻이 포함된 말이었다. 나도 기 싸움에서 밀릴 수 없었다.

"지적과에 측량신청을 해놓고 오는 길입니다. 뭐 어쨌든 사유지를 무단 점용하고 있는 꼴입니다."

"얼마면 되겠어요?"

공장 주인은 화통한 사람이었다.

"담벼락을 뒤로 물리려면 얼마나 들겠습니까? 대충 계산해도 1000만 원은 넘어 보이는데 600만 원 정도는 받아야겠습니다."

"400만 원에 8평 인수하죠. 평당 50만 원에."

400만 원이면 낙찰 받고 3주도 안 돼 100% 수익이다.

"500만 원으로 하시죠." 내가 말했다. 곧바로 수락하면 400만 원에서 마음이 변할지도 몰라서였다. "일단 등기치고 연락하겠습니다."

결국 등기까지 치는데 낙찰로부터 한 달이 채 걸리지 않았고 나는 400만 원에 토지 이전서류를 넘겼다.

▲ 흰색 승용차가 주차되어 있는 담벼락 안쪽에 해당 부동산이 소재해 있다.

▲ 경매로 나온 토지, 점선 부분

경매초보도 특수물건 한다

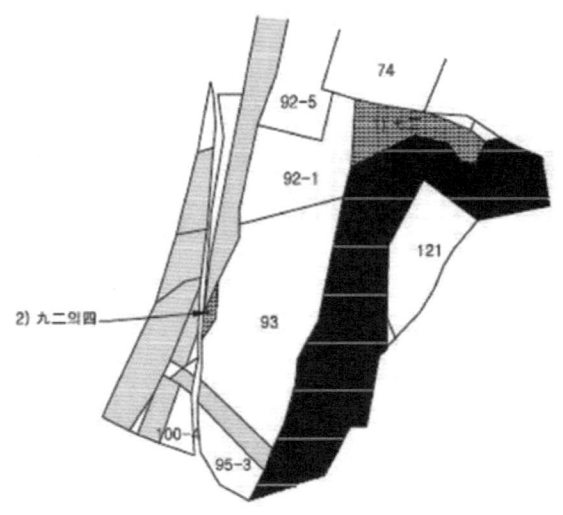

▲ 연회색이 도로이고 마름모가 해당토지이다.

05
금융기관의 대출상품을 꼼꼼히 확인하라
인천 불로동 아파트

　법원 경매에서 낙찰을 받고 의기양양하게 법정을 나서면 한 무리의 사람들이 달려든다. 명함을 내밀며 대출을 알선하겠다는 사람들이다. 이들은 1금융권은 물론이고 신협이나 저축은행 새마을금고 등 2금융권과 연계해 대출을 알선하고 수수료를 챙기는 자영업자들이다. 대부분 법무사나 변호사 사무실에 적을 두고 있으며, 등기이전 대행도 병행한다. 최근에는 로스쿨 출신의 법조인의 대량 배출 탓인지 변호사가 직접 경매 법정 현장에 나와서 명함을 돌리는 일도 자주 있다. 법원에서는 이들이 드러내놓고 공공연히 영업하지만 않는다면 적극적으로 통제하지 않는다. 이들이 있어야 대출이 되고, 대출 없이 순전히 맞돈으로 경매에 참여해야 한다면 입찰률이 낮아질 수밖에 없다. 그래서 법원은 알아도 모른 척 하는 게 관례다.

　경매 고수들도 이들을 무시하진 못한다. 대부분 그 지역 경매 법정에 오랜 시간 출입했기 때문에 경매 외적인 사항을 꿰뚫고 있다. 그 날의 분위기는 이들을 통해 확인하면 된다. 예를 들어 당일 전체 경매 물건에 비해 입찰자들이 많다든지 아니면 평소보다 한산하다든지, 사

경매초보도 특수물건 한다

람은 많지만 절반 이상이 경매 학원에서 입찰을 참관하러 와서 실제 입찰자 수는 눈에 보이는 것보다 적다든지 등등의 정보를 입수할 수 있다. 따라서 이들과 안면을 트고 인사를 나누는 사람이 많다는 얘기는 경매 차수가 오래되었다는 뜻이기도 하다. 특히 이들 중에는 전문적인 법률적인 지식을 갖춘 사람들도 상당해, 이론에서 알 수 없는 실전 사례들을 많이 주워들을 수 있다. 또, 단순 대출이나 등기 이전대행 등에 그치지 않고 본인들이 괜찮다고 생각하는 물건에 직접 입찰하는 사람들도 있다.

아무튼 법원경매에 참여하는 사람들이라면 이들을 적극 활용해야 한다. 경매에 참여하는 대부분의 사람들은 적은 돈으로 최대의 효과를 노린다. 경제의 대원칙이 그러하기도 하다. 그러나 빚을 내는 것 자체를 극도로 꺼리는 사람들이 있다. 그런 사람들은 남의 돈 한 번 빌려 쓴 적 없는 부잣집 도련님이거나 새가슴이거나 둘 중 하나다.

"아니 아무리 경매라도 그 많은 돈을 빌려서 잔금을 친다고?"

"장사는 내 건물에다가 해야지, 임대료가 얼만데? 그리고 장사가 잘 돼서 집 주인이 나가라고 하면?"

세상 물정 모르는 하는 소리다. 대한민국 자영업자가 600만 명이 넘는다. 이들이 전부 자기 건물을 가지고 자기 점포에서 장사를 운영하는 사람들이 얼마나 되겠는가? 아마 5%도 안될 것이다. 나머지 95%는 남의 건물에 세 들어 사는 영세자영업자들이다. −하긴 자기 건물에서 장사를 하면 이미 영세업자가 아니다− 600만이나 되는 이

들 영세자영업자들이라고 좋아서 남의 건물에 세 들어 장사를 하겠는가? 호구지책으로 그렇게라도 먹고 살아야 하기 때문에 어쩔 수 없이 울며 겨자 먹기로 남의 건물에 세 들어 장사를 한다. 저런 소리를 아무렇지도 않게 내뱉는 사람은 없이 살아가는 사람들의 사정을 이해하지 못하거나 서민의 고통에 대한 공감 능력이 떨어지는 사람이다.[5]

하긴 대출 필요 없이 부동산을 구매하겠다는 사람은 경매 법정에선 별로 찾아볼 수 없다. 사실 그런 사람들은 경매에 뛰어들지도 않는다. 경매 법정을 찾는 대부분의 사람들은 은행대출을 레버리지 삼아 적은 돈으로 부동산을 매수하고자 한다. 레버리지는 저금리시대일수록 더 큰 효과를 발휘한다. 은행 예금금리가 1%대인 요즘은 더욱 그렇다. 이들 대출알선업자들과 친해지면 더 낮은 금리로 대출받을 수 있도록 유도해준다.

통상 아파트의 경우, 낙찰가의 80%[6]로 대출이 가능한데 일반 매매에서 KB시세의 70%를 대출해주는 것보다 경매를 통해 사면 더 적은 돈으로 집을 구입할 수 있다.[7] 특히 생애 처음 주택구매자나 기존 주택이 있는 1가구1주택자라도 3년 안에 새로 구입한 주택을 처분하는 조건으로 국가에서 운영하는 저금리 상품에 주목할 필요가 있다. 디딤돌대출[8] 같은 것이 대표적이다. 2.6%부터 시작하는 초저금리로 구입

---

[5] 타인의 고통에 대한 공감 능력이 현저히 떨어지는 사람을 우리는 사이코패스나 소시오패스라 부른다.
[6] 물론 무조건 낙찰가의 80%가 아니다. KB시세의 70%와 낙찰가의 80% 중에서 적은 금액을 대출해준다. 예를 들어 KB시세 1억짜리 아파트를 일반매매로 사면 3000만 원(7000만 원 대출)으로 사지만, 경매로 감정가 1억짜리 집을 8000만 원에 낙찰 받았다면 1600만 원(6400만 원 대출)으로 집을 사는 것이다.
[7] 그러나 8.2 대책이후에는 대출 조건이 까다로워졌다.
[8] 그러나 디딤돌대출은 MCI나 MCG를 못쓰기 때문에 대출금액이 적다. 대출금액을

할 수 있는 대출상품이다. 주택금융공사 홈피에 들어가면 상세 내용을 알 수 있다. 여기에 1가구2주택이라 하더라도 서울보증보험에서 운영하는 MCI(모기지신용보험)과 주택보증보험에서는 운영하는 MCG(모기지신용보증)를 잘 활용하면 방공제 없는 대출을 할 수 있다.

MCI(Mortgage Credit Insurance) 즉 모기지신용보험이란 은행에서 차후 채무자가 변제를 못해 경매에 들어가는 상황을 상정해, 은행 저당권보다 최우선적으로 배당받아 가는 최우선변제금액을 차감하고 대출한다.[9] 그러나 MCI에 가입하면 이에 대한 공제가 필요 없어 더 많은 금액을 대출받을 수 있다. MCG도 이와 비슷한 상품이다. 차이가 있다면 MCI는 보증료를 납입하지 않아도 되지만 MCG는 보증료를 납입해야 하는 정도이다. MCI, MCG는 1인당 두 건씩 합 네 번을 쓸 수 있다. 이런 상품들은 경매 경락자금을 대출받는 데에도 그대로 적용된다. 입찰 법정에 있는 대출알선업자들과 친해지면 내 일처럼 도와준다.

그 외 대출을 할 때 원금과 이자를 동시에 갚아나가는 원리금균등상환을 선택하면 0.1%의 이자가 할인된다. 여기에 변동금리를 적용하면 다시 0.1% 할인되고 두 가지 모두를 선택하면 0.2%의 이자 할인 효과가 있다. 또한 맞돈을 다주고 하는 것이 아니라 어차피 대출을 끼고 경매부동산을 매입하려면 신용등급에도 평소 세심한 주의를 기울여야 한다. 대출시 신용 등급이 1등급이면 0.1%의 이자를 추가로 할인받을 수 있다. 신용 1등급을 유지하기 위해서가 아니라 신용등급이 내려가

많이 받으려는 사람에게는 맞지 않다.
9) 예를 들어 2016년 3월31일 이후 설정된 근저당에 한해 서울의 경우 보증금 1억 이하 소액임차인에 대해서는 경매 시 3400만 원을 최우선적으로 변제받기 때문에 은행은 대출시 이 금액을 공제하고 대출한다.

면 같은 상품이라도 신용등급에 따라 상환해야 할 이자율이 달라지기 때문이다. 따라서 신용등급 관리를 위해서는 자신의 국세 지방세 등의 세금체납여부와 통신료나 공과금, 신용카드 연체 등에도 신경을 써야 한다.

▲ 인천 서구 불로동의 월드메르디앙 아파트

2013년 5월에 나는 인천 서구 불로동에 있는 아파트를 낙찰 받았다. 98년도에 신축된 대단지 아파트로 분양면적 기준 24평짜리였다. 감정가는 1억2500만 원에 1회 유찰로 최저매각가는 8750만 원이었다. 시세는 1억2000만 원 정도였다. 나는 1억328만 원을 써넣었다. 감정가의 82.6%였다. 입찰자는 나를 포함해 7명이었다. 나는 이 아파트에 대해 MCI를 적용해 연3.5%의 이자로 제1금융권인 신한은행에서 보금자리론의 우대를 받아 연3.4%로 8700만 원(낙찰가의 84%)을 대

경매초보도 특수물건 한다

출받았다. 이자는 월 25만 원 정도였다. 대출을 받고 보니 나머지 잔금 1600만 원에 소유권이전 등기에 소요된 취등록세와 법무비용 그리고 세입자 이사비 수리비 등을 합쳐 400만 원이 들어 실제 들어간 현금은 2000만 원이었다. 이후 한 달 만에 세입자를 찾아 보증금 2000만 원에 월 40만 원으로 임대차계약을 체결했다. 투입된 현금 2000만 원은 한 달이 안되어 보증금으로 회수했고, 대출이자 25만 원은 월세 40만 원에서 받아 지급했으니 내 돈 한 푼 안들이고 집을 샀고, 추가로 월 15만 원씩 순수익을 내게 된 것이다.

게다가 이 아파트는 1년에 1천만 원씩 가격이 상승해 3년 만인 2016년 7월에는 감정가 1억2500만 원에서 1억6000만 원에 호가가 형성됐다. 나는 기존 세입자에게 1억5000만 원에 되팔았다. 비용을 제외하고 3년 만에 4000만 원이 넘는 양도차액을 남겼다. 시세보다 조금 낮은 가격이긴 했지만 돈이 필요한 시점에 바로 팔 수 있어서 나로서도 섭섭함은 없었다. 아파트의 환금성을 내 눈으로 직접 확인할 수 있었던 순간이었다.

지분

06
지분 물건을 눈여겨보라
경북 칠곡 토지

　부동산을 소유하는 형태는 여러 가지가 있다. 가장 일반적인 형태가 한 명이 소유하는 단독소유이다. 그러나 하나의 부동산을 2명 이상이 소유하는 경우도 있을 수 있다. 이런 소유형태를 공동소유라고 한다. 공동소유에는 하나의 물건을 같이 소유하고 있다는 점 외에는 다른 어떤 목적을 가지고 있지 않는 〈공유〉와, 동업을 위한 경우처럼 어떤 목적의 달성을 위해서 2명 이상이 물건을 소유하는 〈합유〉, 법이 정한 절차에 따라 법인설립을 하지 않은 단체가 소유하는 〈총유〉가 있다. 총유재산은 주로 문중이나 교회 등의 재산이 여기에 해당하며, 구성원 전체 소유로 되어 있다. 이 총유재산을 매매하려면 사원총회나 문중의 총회에서 정식으로 결의한 서류가 첨부되어야 한다. 간혹 종중의 대표자나 교회 목사 한 사람의 말만 믿고 부동산 매매계약을 체결하는 경우가 있는데 총회결의서를 간과해 매수자가 낭패를 보기도 한다.

　공유는 지분을 중심으로 독립된 소유권이며, 총유는 비법인사단의 소유형태로서 지분이라는 개념이 인정되지 아니하며, 합유는 합유자의 지분은 인정되나 지분의 처분 등에 일정한 제한을 받는다.

법원 경매에서 흔히 말하는 지분 경매란 〈총유〉 및 〈합유〉 재산을 제외하고 〈공유〉의 형태로 가지고 있던 공동소유의 부동산 지분이 경매로 나온 경우를 말한다. 경매에서 흔히 볼 수 있는 공유지분 물건은 상속된 재산으로 피상속인 명의의 공동소유나, 2인 이상이 투자 목적 등으로 공동명의로 구입한 경우 등이 대부분을 차지한다.

공유의 경우, 각 공유자는 언제든지 공유물의 분할을 청구할 수 있고 또 지분을 자유로이 처분할 수 있다. 공유물의 관리에 관한 사항은 공유자 지분의 과반수로 결정하고 보존행위는 단독으로 할 수 있다. 그러나 공유물의 처분, 변경은 공유자 전원의 동의가 필요하다. 각 공유자는 지분 비율에 따라 관리비용, 기타 의무를 부담하고 1년 이상 의무이행 지체시 상당한 가액으로 지분매수를 청구할 수 있다.

또, 자기 지분에 해당하는 만큼의 건축행위를 하고자 할 경우 이는 공유물의 변경행위에 해당되어 공유자 전원의 동의가 필요하다. 공유물의 변경이란 건축물의 신축, 지목변경, 용도변경 등 공유물에 사실상의 물리적 변화를 가하는 것이다.

흔히 공유지분이 경매가 나오면 대부분의 입찰자들은 그냥 흘려버리기 쉽다. 지분을 담보로 대출을 받을 수도 없고, 지분권자 혼자서 그 물건을 팔 수도 없기 때문에 재산권 행사에 현실적인 제약을 받는다. 그러나 이러한 단점은 뒤집어보면 훌륭한 장점이 되기도 한다. 만약 내가 1/2의 지분을 가지고 있어 부동산의 처분을 독자적으로 하지 못한다면 나머지 지분권자 또한 사정은 마찬가지다. 그들도 나의 동의를 받아야 부동산을 처분할 수 있기 때문이다. 즉, 반값에 매수한 지분으로 전체 물건의 매각에 관여할 수 있다는 뜻이다. 게다가 지분 경매 물건은 통상적인 낙찰가보다 훨씬 떨어진다.

예를 들어 감정가 1억의 수도권의 주거용 부동산 1/2지분이 경매로 나온다고 가정하자. 최근 주거용 건물의 경우 평균 낙찰가가 80% 정도이니 단독소유의 물건이라면 8000만 원 정도에 낙찰된다. 1/2지분이 경매로 나오면 감정가는 5000만 원이다. 그러면 감정가의 80%인 4000만 원에 낙찰되어야 하겠지만 실전에서는 그 이하로 떨어진다. 즉, 지분 경매는 일반적인 물건보다 낙찰가가 낮아 더 싸게 살 수 있다는 장점이 있다.

처분의 어려움이 있긴 하지만 그것도 사실상 크게 문제가 되지 않는다. 협의가 되면 상대방의 지분을 인수할 수도 있고, 내 지분을 더 나은 가격에 상대방에게 되팔 수도 있다. 만약 부부 공동 명의 아파트가 경매로 나온다면 대부분은 부부 중 일방에게 되팔 수 있다고 보면 된다. 물론 이 경우 공유자 우선매수청구권에 제약이 있거나, 공유자가 우선매수청구권을 행사하지 않는다는 전제하에서 가능하다.

대출에 대한 제약도 뒤집어보면 오히려 득이 될 수도 있다. 예를 들어 장사가 잘되는 감정가 10억 원의 상가건물 지분 1/10이 경매로 나왔다고 가정하자(나머지 지분권자의 지분은 9/10라고 가정). 1/10의 지분이므로 감정가는 1억이다. 지분 경매이므로 낙찰가는 통상 낙찰가보다 더 떨어질 가능성이 많다. 만약 50% 즉 5000만 원에 이 지분을 낙찰 받아 소유권을 취득한다면 이후 나머지 지분권자가 이 상가건물을 팔려고 하면 1/10 지분권자인 낙찰자의 동의를 받지 않고는 처분이 불가능하다. 게다가 건물을 담보로 대출을 받으려고 해도 은행에서는 나머지 지분권자의 동의를 요구한다. 사실상 거의 전부를 소유하고 있는 9/10 지분권자라 하더라도 1/10 지분권자의 지분을 인수하지 않고서는 재산권 행사에 제약이 따른다.

지분 경매의 매력은 여기에 있다. 지분을 싸게 매입해, 나머지 지분권자에게 되팔 수도 있고 나머지 지분권자의 지분을 저렴하게 매입해서 시세대로 매각할 수도 있는 것이다.

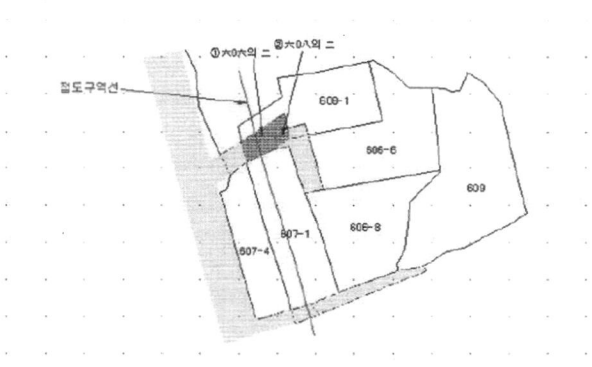

▲ 경매로 나온 토지. 큰 사각형 안의 2필지 토지, 각각 1/2 지분이 경매로 나왔다

2013년 8월에 경북 칠곡군 동명면에 있는 토지 2필지가 경매로 나왔다. 동명면은 1950년 한국전쟁 때 낙동강 방어선의 최후 보루로서 사생결단 남북한이 치열하게 싸웠던 이름도 유명한 다부동 전투가 벌어졌던 곳이다. 대구에서 군위로 가는 5번 국도변에 다부동 전투를 기

리는 기념탑이 인근에 위치해 있다. 내가 낙찰 받은 물건은 4차선 도로변을 끼고 있어서 전체 토지 면적이 40평에 불과했지만 나머지 지분을 취득해서 임대를 놓을 경우, 카센터나 화물회사 사무실 등이 입점하기 좋은 위치였다. 전체 면적 134㎡(40.5평) 중 경매로 나온 면적은 1/2지분인 67㎡(20.26평)였다.

감정가는 5,791,000원으로 2회 유찰되어 최저가가 2,838,000원으로 떨어진 상태였다. 나는 전차 가격을 넘긴 4,128,000원(감정가의 71%)에 입찰해 3,028,000원을 써넣은 2등을 제치고 낙찰 받았다. 입찰자는 전 토지 소유자의 대리인이었는데, 왜 공유자 우선매수청구권을 행사하지 않았는지 지금도 이해가 가지 않는다(공유자 우선매수청구권은 다음 장에서 다루기로 한다).

이 물건은 4차선 국도변에서 모텔과 식품공장으로 통하는 입구이며 도로 역할을 하는 땅이었다. 이 도로를 막는다고 해서 통행을 못하는 건 아니었지만 도로 폭이 좁아져 승용차 한 대가 겨우 지나갈 수밖에 없는 상황이었다. 어쨌든 제3자가 낙찰 받아 도로를 점용하게 되면 정면으로 보이는 모텔은 들어가는 입구가 좁아져 영업에 지장을 초래할 수 있고, 식품 공장은 대형화물차의 통행이 안되어 뒷길로 돌아가야 하는 불편함을 안고 있었다. 만약 출입구가 유일하게 이 길밖에 없었다면 주위토지통행권이라는 민법상 보장된 권리 때문에 낙찰을 받는다 하더라도 통행료만 받을 수 있을 뿐 도로로 내줄 수밖에 없어 재산권 행사가 사실상 불가능했다. 그러나 이 토지를 낙찰 받아 임대를 하더라도 통행은 가능해 근처 모텔이나 식품회사에서 주위토지통행권을 주장할 수도 없는 상황이었다. 그렇다면 내가 나머지 지분을 인수해 임대차를 하기보단 필요한 쪽에서 매수할 수밖에 없다는 판단이 섰다.

그 쪽에서 인수를 하지 않는다면 제3자에 임대를 하면 그만이란 생각이었다.

이 물건은 모텔 측에서 1/2, 식품회사에서 1/2의 지분을 가지고 있었는데 모텔 측의 지분이 경매로 나왔다. 물건을 낙찰 받자마자 곧바로 나머지 지분권자의 대리인으로부터 연락이 왔다. 그 사람은 아주 불쾌하다는 듯이 그 땅을 왜 낙찰 받았느냐며 쏘아대기 시작했다.

"도로로 쓰는 쓸모도 없는 땅을 왜 낙찰 받았느냐?"

내 대답은 간단했다.

"더 비싸게 팔려고 낙찰 받았다."

그러자 그쪽의 답변은

"단돈 50만 원에도 인수할 수 없다."

부동산중개업소를 운영한다는 대리인은 1등을 놓쳐 분한 마음에 그렇게 험담을 해대긴 했지만 그의 분노에서 나는 나머지 지분권자가 그 토지가 꼭 필요하다는 의사를 읽을 수 있었다. 그래서 나머지 지분권자와 직접 협상을 시도했다. 내가 제시한 금액은 그들이 이 지분을 매수했던 당초 금액이었다. 3년 전 이 지분을 매수한 등기부상 매매금액은 900만 원이었다. 그러나 식품회사의 나머지 지분권자는 이 금액이 너무 과하다며 차일피일 결정을 미루고 있었다.

내가 충분한 시간을 주었는데도 불구하고 연락이 없자, 나머지 지분권자를 상대로 공유물분할 청구소송을 진행했다. 법원의 공유물분할

경매초보도 특수물건 한다

청구가 받아들여지자마자 나머지 지분권자에게서 다급하게 연락이 왔다. 공유물분할청구라는 제도를 몰랐던 그는 자기 지분도 경매에 들어간다는 사실을 뒤늦게 알고는 황당해했다.

"아니 그럼 지분을 갖고 있는 사람이 소송하면 전부 경매에 들어간단 말인가요?"

"예, 거의 그렇다고 보면 됩니다."

"조금만 남기고 넘기시죠."

"시세가 있는데 어떻게 그럴 수 있습니까? 전에 사고팔았던 거래가격도 있구요."

"얼마면 됩니까?"

"전에도 말씀드렸다시피 그 전에 거래되었던 가격인 900만 원은 되어야 합니다."

"700에 넘기세요, 분할 청구소송 취하하는 조건으로."

흥정 끝에 난 750만 원에 이 물건을 넘겼다. 공유물분할 청구소송의 막강한 힘이었다.

지분

07
지분은 공유물분할 청구소송으로
경북 경산 단독주택

　지분을 소유한 사람이 나머지 지분권자에게 공유물을 분할하자고 요구했으나, 상대방이 분할에 응하지 않을 경우 법원에 정식으로 분할 청구를 할 수 있다. 이를 공유물분할 청구소송이라 하는데 청구권이 아닌 형성권이다. 이는 지분권자가 공유물분할을 원할 경우, 애당초 당사자 사이에 공유물분할 금지특약 등 특별한 제한 사유가 없다면 법원의 판결이 없어도 분할할 수 있는 권리를 가지게 된다는 의미다. 다만 분할의 방법에 대해 법원이 내리는 판결은 크게 두 가지다. 현물분할과 대금분할의 방법이 그것이다(그 외 가격배상에 의한 분할이 있지만 여기선 논외로 한다). 현물분할은 부동산을 쪼갠다고 보면 된다. 그러나 현실적으로 건물을 나누기란 불가능에 가깝고, 토지는 측량을 통해 각 지분별로 나누면 되긴 하지만 이마저도 지분권자들끼리 합의가 쉽지 않다. 서로 길 쪽으로 나 있는 땅을 차지하려고 하기 때문이다. 그렇기 때문에 법원에서는 공유물분할 청구소송이 들어오면 대부분 해당 물건 전체를 경매에 부쳐 낙찰된 대금으로 법원 매각비용을 제한 뒤 지분별로 나누어 주는 대금분할의 방식을 선호한다. 이를 형식적경매라고 하는데 은행저당권 실행에 의한 임의경매나 집행권원에 의한 강제경매인 실질적경매와 구별된다.

　공유물분할 청구소송을 통한 형식적경매에는 공유자 우선매수청구권이 인정되지 않는다. 공유자 우선매수청구권이란 민사집행법 제140조에 제도적 취지를 두고 있다. 공유자는 공유물 전체를 이용 관리하는데 있어서 다른 공유자와 협의하여야 하고, 인적인 유대관계를 유지할 필요가 있기 때문에 공유지분의 매각으로 인해 새로운 사람이 공유자로 구성되는 것보다 기존의 공유자에게 우선권을 부여하여 부동산을 사용 수익하는 것이 효율적이라는 판단 하에 공유지분을 우선 매수할 수 있는 기회를 주는 것이다.

　공유자가 우선 매수를 청구하려면 담당 경매계에 공유자 우선매수신청을 하고 경매기일에 최저금액의 10%에 해당하는 보증금을 준비해 입찰 당일 법원에 출석하면 된다. 입찰법정에서 최고가 매수신고인이 있으면 집행관이 공유자 우선매수신청인에게 최고가 매수신고인이 써낸 그 금액으로 매수의사가 있는지 물어보는데 보통 3초 안에 대답이 없으면 집행관은 가령 "2018타경1234호 이 물건의 사건을 종결합니다"라는 선언을 하게 된다. 이 선언을 하기 전에 공유자는 우선매수신청 의사를 피력해야 한다. 그렇지 않으면 최고가 매수신고인에게 낙찰된다. 그리고 응찰자가 없었다면 최저매각가격으로 매수하면 된다. 법원에 따라 우선매수신청 횟수에 신경을 쓰지 않는 법원도 간혹 있지만 공유자 우선매수신청은 1회에 한해 허용되는 게 일반적이다. 다음 회차에서는 공유자도 일반 입찰자와 똑같이 응찰해야 하기 때문에 유찰 회수를 잘 봐가면서 신청해야 실수가 없다.

　인천법원에서 내가 경험한 공유자 우선매수신청 사건이다. 집행관

이 입찰에 참여한 사람들의 이름과 함께 최고가 매수금액과 최고가 매수신청인의 이름을 부르고 난 뒤,

"공유자 우선매수신청 하시겠습니까?"라고 말했다. 곧이어

"예."라고 하면서 공유자 중 한 명이 법대 앞으로 나갔다.

"입찰보증금 10%를 지급하세요."

"지금 없는데요. 은행에서 찾아서 드리면 안될까요?"

그러자 집행관은 〈즉시보증제공〉이라는 민사집행법의 근거를 들어 공유자 우선매수신청을 받아들이지 않았고, 최고가 매수신청인에게 해당 부동산을 낙찰해버렸다.

공유자 우선매수청구권이 있다고 해서 공유자들이 경매물건을 모두 낙찰 받지는 않는다. 가장 큰 이유는 아이러니하게도 공유자들이 이런 권리가 있다는 사실 자체를 모른다. 앞서 칠곡군 동명면 토지의 경우처럼 공유자 우선매수신청 제도를 미리 알았다면 입찰자의 대리인이 입찰에 참여하지 않고 필자가 매수한 금액으로 우선매수신청을 했을 것이고 필자가 써낸 금액으로 나머지 지분을 인수할 수 있었을 것이다. 그러나 경매에 참여해보지 않은 일반인들은 이런 제도가 있는지도 모를 뿐더러 실제 어떻게 운용되는지도 모른다.

다만, 공유자라고 해서 모두 공유자 우선매수신청을 할 수 있는 것은 아니다. 여기에도 일정한 제한이 있다. 우선 공유물분할 청구소송에서는 공유자들이 우선매수권을 행사할 수 없다. 이는 공유자들의 물

건 전체를 경매에 부쳐 낙찰대금으로 나누어 주는, 공유물분할을 목적으로 하는 제도적 취지에도 어긋나기 때문이다.

또 토지와 건물이 일괄 경매되는 경우에 있어, 토지나 건물 중의 일부를 공유하고 있는 공유자도 우선매수신청을 할 수 없다. 그 외 구분소유적 공유관계일 경우, 그리고 경매개시 기입등기 이후와 압류 이후에 공유지분을 취득한 자도 우선매수신청 대상에서 제외된다.

무엇보다 공유자 우선매수권 제도를 이용해, 채무자의 지분을 저가에 매수하기 위해 수차례에 걸쳐 우선매수신고만 함으로써 일반 입찰자들이 매수신청을 꺼리도록 하는 편법을 방지하고 있다. 즉, 다른 매수신고인이 없으면 매수신청 보증금을 납부하지 않는 방법으로 유찰이 되게 하였다가 최저매각가격이 수차례 저감된 매각기일에 다른 매수신고인이 나타나면 비로소 매수신청 보증금을 납부하는 방법으로 입찰하는 공유자에 대해 대법원은 매각의 적정한 실시를 방해한 사람에 해당된다고 보아 매각불허가사유라고 판단하고 있다.

이러한 제한 사유가 있기 때문에 공유자 우선매수신청권이 있다고 해서 지분 물건을 꺼려할 필요는 없다. 특히나 지분 물건의 매력은 뭐니 뭐니 해도 남들이 눈여겨보지 않는다는 점에 있다. 남들이 입찰하지 않는 물건은 어찌됐든 입찰경쟁률이 낮다. 경쟁률이 낮다는 의미는 그만큼 유찰 횟수가 많고, 유찰 횟수가 많을수록 낙찰가는 떨어질 것이고 그만큼 수익률은 높아진다.

 지분 물건을 눈여겨보던 나는 2013년 7월에 경북 경산시 용성면의 단독주택을 발견했다. 전체 토지 228㎡(68.9평)의 1/2인 114㎡(34.4평)와 건물 전체 면적 118.74㎡(35.9평) 중 지분 2/3인 83.5㎡(25.5평)이었다. 형제 2명이 공유자였는데 형의 지분이 경매로 나온 것이었다.

 감정가는 25,319,240원이었고, 3회 유찰되어 최저가는 8,685,000원(감정가의 34%)이었다. 2명이 응찰했는데, 나는 10,180,000(감정가의 40.2%)원에 응찰해 낙찰 받았다. 차순위자의 금액은 878만 원이었다.

 이 물건은 사연이 좀 복잡한 물건이었다. 경매상 채무자의 지분이 경매로 나오게 경위는 채무자의 이혼한 전처가 아들의 양육비 지급청구소송을 통해 승소했고, 그 판결로 강제경매를 실시하게 되었던 것.

◢◣ **경매초보도 특수물건 한다**

    법원의 경매는 집행권원의 차이에 따라 실질적경매인 강제경매와 임의경매 그리고 형식적경매로 나뉜다. 임의경매는 은행 등 저당권자가 실시하는 경매로 채무 변제를 하지 않아 실시하는 경우이며, 강제경매는 판결문, 화해조서, 확정된 지급명령, 확정된 이행권고결정, 공정증서 등 법원이 판결 발부한 집행권원에 의해 실시하는 경매를 말한다. 그 외 형식적 경매란 앞서 말한 공유물분할 청구에 의한 경매 등이 이에 해당한다.

    강제경매든 임의경매든 다 같은 부동산경매이지만 차이점이 있다. 법률적인 의미나 효력은 논외로 하고, 입찰자들이 알아야 할 중요한 차이 한 가지는 바로 경매를 취하하고자 할 때이다. 즉, 매각기일에서 낙찰이 되고 난 이후 경매를 취하하고자 할 때, 임의경매의 경우는 저당권자의 신청에 의해 경매가 취하되고, 경매상 채무자가 취하하고자 할 때는 해당 경매계에 채권자가 발행한 변제증서를 가지고 가서 경매개시결정에 대한 이의신청을 통해 경매를 취하시킬 수 있는 반면10) 강제경매의 경우에는 최고가 매수신고인의 동의를 받거나 별도로 청구이의 소송을 제기해 승소해야 가능하다. 즉 강제경매의 경우, 소송을 제기해 승소하지 않는 한 현실적으로는 낙찰자의 동의 없이 취하가

---

10) 이 경우, 최고가 매수신고인이 매각잔대금을 납부하기 전까지 유효하다. 매각기일에서 최고가 매수신고인이 정해지면 일주일 뒤에 매각허가결정이 나고 허가결정 후 일주일간은 매각허가결정에 대한 항고기간을 거친다. 그 기간 동안 이해관계자(경매상 채무자, 채권자, 최고가 매수인) 등이 법원의 매각허가결정에 대해 이의를 제기하지 않으면 매각확정이 된다. 따라서 저당권 실행에 의한 임의경매의 경우, 이 기간(낙찰 후 2주) 안에 채무자든 채권자든 경매를 취하할 수 있다. 이 기간이 지나면 법원이 최고가 매수신청인에게 잔대금납부기한을 정해 대금납부 통지서를 보내는데 법원에 따라 다르지만 통상 한달 간의 기간을 준다. 잔대금 납부기간 중에는 최고가 매수신고인이 잔금을 납부하기 직전까지 증빙서류를 구비해 경매를 취하하면 된다.

불가능하다는 얘기다.

내가 낙찰 받고 난 뒤 채무자의 전처이자 채권자(=경매신청인)로부터 전화 연락이 왔다. 경매를 취하하려고 하는데 동의서를 써줄 수 없느냐는 것이었다. 그녀의 요지는 이거였다.

"홧김에 경매를 넣었다. 실제로 경매로 들어갈지 몰랐고, 누군가 지분 물건을 낙찰 받으리라고는 생각 못했다. 그리고 언제든 취하하면 된다고 생각했다."

경매신청인은 경매라는 제도를 활용해 전 남편에게 심리적 압박을 주려고 했던 모양이다. 채권자인 전처는 그렇다 치고 채무자인 남편은 이 건 경매에 대해 어떻게 생각하고 있었기에 이렇게 되었을까? 채무자인 남편은 전처가 낸 아들 양육비 지급청구 소송에서 패소해 양육비 지급 의무를 부담하게 되자, 해당 부동산을 아들에게 증여해둔 상태였다. 남편은 자기 할 도리는 다 했으니 이후 경매 절차에 대해 신경을 쓰지 않았던 것이다. 그러나 경매가 개시되고 난 다음에 증여를 했기 때문에 효력이 없었다. 경매개시결정기입등기 이후의 소유권 변동은 경매로 소유권을 취득한 제3자에게 대항할 수 없다. 그 점을 아마 몰랐던 것 같다.

"경매가 장난도 아니고 입찰을 위해 현장조사차 서울에서 내려간 경비에, 등기비용에 그리고 포기에 드는 기회비용까지 500만 원은 주셔야겠습니다."

그러나 경매신청인은 합의금으로 끝내 100만 원을 고수했다. 이후 협상은 지지부진해졌고, 내가 잔금을 납부하고 소유권이전등기까지 마치게 되자, 상대방은 알아서 하라는 식으로 나왔다. 나는 일단 집안 가재도구 등을 정리해달라는 요지의 내용증명을 발송했고, 이후 법원에 인도명령을 신청했다. 인도명령이 나왔지만 나는 집행은 하지 않았다. 집행에 드는 비용도 문제였지만, 집행을 하고 난 뒤 돌이킬 수 없는 감정싸움으로 해당 부동산을 협의 처분하기가 쉽지 않을 거란 현실적인 판단에서였다. 협의 처분도 실패하자 대신 공유물분할 청구소송을 냈다. 소장을 받았는지 나머지 1/2지분권자인 동생에게서 연락이 왔다. 나머지 지분권자와의 매각협상은 순조롭게 진행됐다. 밀고 당기는 씨름 끝에 2150만 원에 내 지분을 넘겨주는 것으로 합의했다. 그러나 이전 서류를 넘기기로 한 당일에 문제가 발생했다.

"저희 법무사가 왜 그렇게 비싼 가격으로 매수하느냐고 합니다."

아마 법무사 쪽에서 이 금액으로 매수하는 것에 대해 탐탁지 않게 생각한 모양이었다. 법무사의 훈수로 지분 매각은 무산되었다. 하지만 다음해인 2014년 3월 나는 법원 결정문을 받아들었다. 해당 부동산 전체를 경매로 매각해 지분별로 매각대금을 분배하라는 판결이었다. 법원 결정문을 토대로 지분이 아니라 건물 및 토지 전체에 대한 경매를 신청했고, 경매개시결정이 떨어지자 경매대금을 예납했다. 감정가는 내가 예상한 5000만 원에 조금 못 미치는 4741만 원이었다. 매각은 한번 유찰되어 그해 12월 2회차 매각기일에서 최저가격가 3319만 원일 때 3520만 원을 써넣은 최고가 매수인에게 낙찰되었다. 이후 배당에서 나는 2119만 원의 배당금을 수령하게 된다.

정리하자면 최초 지분 경매에서 1018만 원에 낙찰 받아, 공유물분할 청구소송에 따른 승소판결, 그리고 이어진 전체 부동산경매에서 약 2배에 달하는 2119만 원의 배당금을 받았으니, 결과는 대성공이었다. 그러나 그건 결과가 그렇지 과정은 순탄치 않았다. 아래 경매일지를 보면 최초 입찰에서 공유물분할 청구소송을 거쳐 공유물 전체에 대한 경매로 매각, 배당을 받기까지 1년6개월이란 시간이 소요되었음을 알 수 있다. 지분 경매란 인내의 시간을 감내해야 하는 경매의 특수물건이다. 다시 말해 시간적 지루함에 대한 인내를 감당할 수 없고 법적절차를 즐길 생각이 없다면 애당초 지분 경매에 참여할 생각을 버리는 게 낫다.

사건일지

2013/07/03 낙찰 〈감정가2531만, 낙찰가1018만〉

2013/08/23 잔금납부, 등기이전

2013/09/01 지분매각 협상시작, 이후 협상결렬,
　　　　　　내용증명 발송 등 공유물분할요구

2013/11/13 법무사에 공유물분할 청구소송 의뢰

2014/03/28 승소, 이후 즉시 경매 신청

2014/07/24 법원의 경매개시결정

2014/09/01 경매비용예납

2014/11/05 1차 매각기일, 유찰

2014/12/04 2차 매각기일, 낙찰 〈2014타경12911 낙찰가3520만 원(감정가
　　　　　　의 74.2%)〉

2015/01/16 배당, 배당금 21,195,225원

> 법정지상권

08
입찰에 실패해도 길은 있다
대구 두류동 파출소건물

　재산은 소유 주체에 따라 국유재산과 사유재산으로 나뉜다. 그리고 국유재산은 다시 행정재산과 일반재산으로 나뉜다. 예를 들어 청와대나 서울시청 건물은 국유재산 중 행정재산이라 일반인에게 매각을 할 수 없고, 저당권 등 사권 설정의 대상이 되지 못한다. 즉, 행정재산을 매각하거나 금융기관에 담보로 제공하고 돈을 대출받을 수 없다는 얘기다. 이에 반해 행정재산에서 제외되거나 용도폐기되어 일반인에게 매각할 수 있는 재산을 일반재산이라 한다.

　이 일반재산은 대부분 한국자산관리공사에서 관리한다. 한국자산관리공사는 국세 지방세 체납 등의 사유로 개인재산에 압류한 부동산의 공개 매각을 대행하는 공공기관이기도 하지만 용도 폐기된 국유재산을 일반인에게 대부하거나 매각하는 업무도 담당하고 있다. 특히 일반재산은 인접지 부동산 소유자가 시세보다는 싸게[11] 우선 매수할 수 있는 권한이 있으므로 이를 적극 활용하면 재산 증식에 도움이 된다. 그

---

11) 싸게? 이렇게 표현하는 게 더 정확할 것 같다. 감정평가사가 시세를 반영한 가격이므로 "시세보다 비싸지 않은 가격으로"

렇다고 해서 무조건 싸게 파는 것이 아니라 국유 일반재산에 대한 개인의 매수 신청이 접수되면 한국자산관리공사는 감정평가사 2곳 이상에 감정평가를 의뢰해 산술평균한 가격으로 매각한다.

 2013년 7월 대구시 달서구 두류동에 있는 구 파출소 건물이 경매로 나왔다. 토지는 제외된 건물만의 경매였다. 토지는 국가(재정경제부, 現기획재정부) 소유였다. 원래 파출소로 운영되다가 파출소가 대로변으로 옮겨감에 따라 대구시가 소유하고 있던 해당 건물을 개인에게 매각하였고, 개인이 매수하는 과정에서 건물을 담보로 대출을 받았는데 이자를 납부하지 않아 은행에서 경매신청을 하였던 것.

경매초보도 특수물건 한다

　달서구 두류1동 주택가 사거리 코너에 위치해 있는 이곳은 2종 일반 주거지역으로 주변은 원룸 건물들이 들어서고 있었다. 토지 169㎡(51.1평)에 건물 1층 20평은 점포로, 2층 15평은 주택으로 개조해서 쓰고 있었다. 토지는 국유지이므로 당연히 대부료를 내야 했다. 국유지의 지료는 용도에 따라 가격이 결정되는데 농지로 쓰느냐 주택이냐 상가냐에 따라 그 금액이 조금씩 다르다. 해당 부동산은 1층이 상가점포로 활용되고 있었기 때문에 재산가액의 연 2% 정도의 지료가 책정되어 있었다. 해당 건물의 지료는 월 20여만 원 정도였다. 감정가가 20,583,660원이었지만 여러 차례 기일이 변경(연기)되어 사람들의 주목을 많이 받고 있었으므로 나는 유찰을 기다리지 않고 첫 매각기일에 바로 입찰에 들어갔다. 나는 새벽밥을 먹고 KTX를 타고 대구로 내려갔다. 내가 써낸 금액은 3228만 원. 감정가의 156%에 해당하는 높은 금액이었다. 수차례의 유사한 경험으로 나는 3000만 원 이하로는 낙찰을 받지 못할 거라는 예감이 들었기 때문이다.

　일단 월세는 1층과 2층 합해 50만 원 정도는 충분히 나올 것이었고, 보증금을 감안하면 3000만 원을 투자해 월 50만 원의 수익이 나오는데 여기에 지료 20만 원을 제한다면 적어도 연 12%의 수익이 발생하는 것이다. 건물에 대한 임대수익은 그렇게 크지 않았지만 낙찰을 받는다면 국가로부터 토지를 우선 매수할 수 있는 지위를 얻게 된다는 점에서 충분한 매력이 있었다. 토지 시세를 확인해본 결과 평당 500만 원, 즉 2억5000만 원이었다. 토지를 얼마에 불하받느냐가 관건이었다. 만약 건물을 낙찰 받고 난 뒤, 한국자산관리공사에 의뢰해 이 토지를 공매에 부치게 되면 토지만의 입찰이라 건물이 존재하는 싼 가격에 낙찰 받을 수 있을 거라 기대했다. 즉, 토지만의 입찰에 들어올 사람은 없을 테고, 그렇게 되면 감정가의 50% 이하로도 토지를 취득할 수 있다는 나름대로의 계산이 섰던 것이다. 나는 기대에 부풀어 있었다.

그런데 막상 뚜껑을 열어 보니 입찰자는 무려 24명이었다. 3월이 최초매각기일로 잡혀 있었는데, 채무자와 채권자인 은행 사이에 밀고 당기는 지루한 줄다리기가 있었는지 2차례 기일이 연기되어 7월에 첫 매각이 실시되었던 것. 그 사이 이 물건에 대한 조회 건수가 상당히 올라가 있었다. 입찰결과를 기다리던 짧은 순간, 나는 그래도 희망을 버리지 않았다. 유찰도 안된 첫 매각기일에다 감정가의 156%나 되는 금액을 써넣었으니 말이다. 그러나 예상대로였다. 1등이 4180만 원, 2등이 4000만 원이었다. 내가 써넣은 3228만 원은 10위권 안에도 들지 못하는 가격이었다. 나는 아쉬운 마음으로 발길을 돌려야했다.

그런데 이대로 포기하려니 약이 올랐다. 서울로 돌아오는 KTX 열차 안에서 곰곰이 생각했다. 건물만 선점할 수 있다면 토지에 대한 우선매수신청을 할 수 있고, 토지와 건물을 일체로 원룸업자에게 통째 매각한다면 기대 이상의 이익이 생길 수 있는데 말이다. 나는 가능성은 희박하지만, 마지막 수단을 써보기로 작정했다. 그렇다고 불법적인 방법이 아니라 어디까지나 법적인 테두리 내에서 말이다. 매각확정이 나고 잔금기일이 잡히려면 아직 2주의 시간이 있다. 그 사이, 은행과 채무자를 설득하고 경매를 취하한다면 불가능할 것도 없었다. 해보는 데까지 해보는 거다.

다음날 나는 저당 은행에 전화를 걸어 실채권금액을 확인했다. 3000만 원이 조금 넘는 금액이었다. 이 금액이라면 가능성이 있을 법했다.

경매초보도 특수물건 한다

게다가 채권자라고는 경매신청자이자 근저당권자인 은행밖에 없었다. 만약 압류 가압류 등 후순위 채권자가 줄줄이 붙어있었다면 엄두도 내지 못했겠지만 말이다. 그래서 나는 채무자에게 장문의 편지를 썼다. 편지에서 내가 경매상 채무자에게 제안한 요지를 정리하자면 다음과 같다.

1. 내가 은행채무를 대신 변제한다.
2. 은행에서 경매를 취하한다.
3. 채무자 명의의 건물에 내가 공유지분 1/2을 등기한다.
4. 두 사람이 자산관리공사를 상대로 토지매수를 추진한다.
5. 공매를 통해 토지를 싸게 매수한다.
6. 토지와 건물을 일체로 해서 매수자를 찾아 매각한다.
7. 경비를 제외하고 매매수익금의 절반을 서로 나눠가진다.

편지를 보낸 며칠 후 필자는 의정부지원에 입찰 때문에 들렀는데 거기에서 채무자의 전화를 받게 되었다.

"나이도 들었고, 골치도 아프니 차라리 낙찰 받은 금액에 김사장이 200만 원만 더 주고 가져가는 건 어떻소?"

나는 흔쾌히 응했다. 채무자는 일흔이 넘은 고령이라 토지를 매수해 다시 매각하기에는 시간이 필요했고, 거기다 타 금융권에서 이 건물에 압류가 들어올지도 모르는 상황이라는 것이었다. 또한 기존 낙찰자가 매각대금 4180만 원을 납부하는 식으로 정상적으로 절차가 진행되면 금융권에서 신청한 1순위 채권청구금액인 3000만 원을 제외하면 자신에게 배당되는 1000여만 원은 받을 순 있을 것이다. 그러나 나의 제안대로 근저당된 금액을 변제하고 경매를 취하하면 경매당했다는 불명예를 씻을 수 있고, 경매를 통한 매각보다 200만 원이라는 추가적인 수입이 생기게 되니 마다할 이유가 없었다.

나는 모든 준비를 마치고 대구로 내려갔다. 은행에서는 이미 채무자와 법무사 등이 미리 와서 등기 이전과 근저당설정 해지를 위한 준비와 서류 검토를 끝내놓고 있는 상황이었다. 내가 돈만 지급하면 모든 게 정리되는 순간이었다. 나는 은행에 채무자의 채무를 모두 변제했고, 약속한 금액 200만 원을 채무자에 건넸다. 즉, 내가 지급한 총액은 최초 낙찰 금액 4180만 원에 200만 원이 추가된 4380만 원이었다. 은행 측에서는 당일 오후에 경매취하서를 법원에 접수시키기로 했으며, 참석한 법무사에게는 다음 날 등기이전을 부탁했다. 일사천리로 진행된 가로채기였다. 법적으로도 전혀 하자 없었다. 아마 낙찰 받은 당사자는 황당했겠지만 어차피 소유권은 잔금을 지급하는 동시에 취득하는 것이지 낙찰을 받았다고 취득할 수 있는 것은 아니다[12]. 끝까지 안심할 수 없는 것이 이 바닥이다.

등기 후 곧바로 2층 주택 임차인과는 동일한 가격으로 재계약을 했고, 1층 점포는 기존 무상임차인이 거주하고 있었는데 두 달여의 줄다리기 끝에 이사비를 지급하고 점유를 이전받았다. 이후 곧바로 새로운 임차인을 찾아 2018년 1월 현재 1층은 보증금 500만 원에 월 30만 원

---

[12] 앞서 설명했듯이 강제경매와 임의경매의 차이다. 저당권 실행에 의한 임의경매는 경매신청인이 취하하려고 할 때 최고가 매수신고인(=낙찰자)의 동의를 받지 않아도 된다. 그러나 강제경매의 경우에는 낙찰자의 동의가 필요하다.

경매초보도 특수물건 한다

의 임대료를 받고 있다. 등기비용까지 총5000만 원 정도가 들었고, 보증금으로 800만 원, 그리고 1,2층 월 임대료 합계가 50만 원이므로, 임대료 수익률은 대부료를 제하고도 연8.5%로 그렇게 나쁘지 않다. 매매를 하지 않고 이대로 계속 임대차를 한다면 임대수익률에 만족할 수도 있지만 국유지에 대해 우선매수청구권이 있으므로 언젠가는 토지를 매입한 후 건물과 함께 동시에 매각한다면 더 높은 매매 차익을 실현할 수 있을 것으로 믿는다.

> **Tip**
>
> **두 가지 실수**
>
> 이 부동산에 대해 입찰 전 분석단계에서 내가 미처 파악하지 못한 실수가 두 가지 있었다.
>
> **1. 법정지상권 성립여부**
>
> 첫째는 건물만에 대한 취득이라 법정지상권 성립여부를 두고 판단의 오류가 있었다. 본 건 부동산에 대한 건물등기부와 토지등기부 등본을 정리하면 다음과 같다.
>
> | 날짜 | 토지등기부 | 건물등기부 |
> |---|---|---|
> | 1981.3.11 | | 소유권보존, 대구시 |
> | 1989.6.2 | 소유권이전, 國, 매매 | |
> | 2005.11.17 | 용도폐기, 인계인수, 재정경제부 | |
> | 2009.7.15 | | 매매, 이○○ |
> | 2009.7.15 | | 근저당설정, ㅁㅁ신협 |
> | 2012.9.28 | | 근저당권자 ㅁㅁ신협, 임의경매결정 |
> | 2013.7.15 | | 소유권이전, 매매, 필자 |

법정지상권이 성립하려면 어느 한 시점에 건물과 토지의 소유자가 동일하여야 하고, 이후 경매나 기타 원인에 의해 건물과 토지의 소유자가 달라져야 한다. 등기부등본상 1981년 3월11일에 건물(파출소)이 보존등기되었고, 89년 6월 2일에 토지의 소유권이 국가로 넘어갔다. 그렇다면 89년 6월2일부터 토지 및 건물의 소유자가 동일하였고, 건물만을 개인에게 매각하는 2009년 7월15일자로 건물과 토지의 소유자가 달라졌으므로 2009년 7월15일에 관습상의 법정지상권이 성립되었다는 게 당시의 내 판단이었다. 그러나 그것은 명백한 오류였다. 건물의 소유자인 대구시와 토지 소유자인 국가는 엄연히 다른 주체이다. 재정경제부가 관할하는 국가와 지방자치단체인 대구시를 동일한 주체로 파악한 것이 나의 실수였다. 이후, 한국자산관리공사에 법정지상권 성립여부에 대한 질의 회신을 기다렸지만 답변은 예상대로였다.

그렇다고 낙담할 일은 아니었다. 어차피 법정지상권이란 건물의 소유 관리에 대한 배타적이고 독립적인 소유권을 보장받고자 함이다. 이 부동산(파출소 건물)은 최초 대구시가 소유하다가 용도폐지되어 개인에게 매각 불하하였다. 그러고나서 법정지상권이 성립하지 않는다고 건물을 철거하라고 한다면 이는 신의칙에 반하는 일이다. 토지 소유자인 국가가 건물을 철거하라는 요청이 없을 것이니 법정지상권이 성립하지 않는다고 불안해 할 일은 아니다. 오히려 토지가 국가 소유여서 다행일 수도 있다. 만약 법정지상권이 성립하긴 하지만 그 토지가 사유지라면, 지료에 대한 분쟁이 생길 수 있다. 물론 국유지라고 해서 지료를 내지 않는 것은 아니지만 국가 소유 토지의 지료는 매뉴얼이 정해져 있다. 통상 주거지역 내 사유지의 지료는 토지 소유자와 건물 소유자간 합의가 안돼 당사자의 지료판정 청구를 통해 법원이 통상적으로 결정하는 지료는 시세[13]의 연5~8% 선이다. 반면 해당 부동산의 지료는 재산가액[14]의 2%에 불과했다. 요율도 낮지만 재산가액이 시세보다 낮아 지료면에서 사유지보다 더 큰 혜택을 받고 있는 셈이다.

2. 토지에 대한 공매가능 여부

국유재산이 용도폐기되어 매각가능한 일반재산으로 분류되면 대개 한국자산관리공사에서 매각이나 대부 등의 관리를 담당한다. 또한 매각가능한 재산은 매수희망자[15]의 신청에 의해 공개매각의 절차를 거친다. 이때 공개매각은 온비드(www.onbid.co.kr)라는 인터넷 사이트를 통해 온라인으로 진행된다. 다만 본건처럼 매각대상 토지 위에 건물이 있는 경우, 건물 소유자나 인접지 토지 소유자가 우선 매수청구권을 행사할 수 있다.

경매에서 본건 건물을 취득할 당시 내 판단은 건물을 우선 매수하고, 토지를 공개매각으로 사려는 계획이었다. 누가 가르쳐 준 것도 아니고, 그런 전례가 있었다는 사실을 들어본 적도 없었지만 단지 이론상 가능하다는 나름대로의 판단이 있었기 때문이다.

나는 공개매각에 앞서 한국자산관리공사에 토지에 대해 우선매수를 신청했다. 자산관리공사는 이를 받아들여 감정평가사에게 감정을 맡겼고, 감정결과 해당토지 151㎡에 1억6000만 원이란 금액이 책정되었다. 이 금액에 인수를 하든 안하든 결정은 내몫이다. 그러나 1억6000만 원이란 가격은 내가 받아들일 수 없는 금액이었다. 비싸다는 뜻이 아니다. 오히려 당시 시세보다는 싸다는 평가가 있었다. 더 싸게 살 수 있는 방법이 있을 것 같았다. 나는 감정평가사의 감정을 문제 삼아 한국자산관리공사에게 공문을 보냈다. 내 주장은 이렇다. 국가 소유의 토지상에 존재하던 건물에 대해 토지를 제외하고 개인에게 1차로 매각하였다. 차후 토지에 대한 매각은 건물이 존재함으로써 발생하는 토지가치의 하락분을 반영한 감정금액이 나와야 한다는 것이 내 생각이다. 토지가치의 하락분이 반영되지 않고 건물이 존재함에도 불구하고 나대지 상태로 가정하고 감정해서 토지가치를 산정하면 국가가 개인을 상대로 부당한 가격으로 부동산을 매각한다는 것이 내 주장이었다. 그러나 공문서를 통한 나의 이러한 주장은 자산관리공사에서 받아들여지지 않았다. 공사의 회신서류에서, 정당한 감정이라는 통보였다. 나는 할 수만 있다면 행정소송을 진행해보려고도 마음을 먹었지만 설령 승소해서 감정가가 떨어지더라도 당장 토지 매수자가 나타나지 않는 한, 토지를 현 시점에서 사들여 굳이 보유할 필요가 없었다. 토지 매수자가 나타난 이후에 매입을 해도 무방하기 때문이다. 게다가 매수희망자는 건물이 존재하는 한 토지만을 매수해봤자 토지에 대한 재산권 행사가 용이하지도 않다. 이대로 월세나 따박따박 받는 것도 나쁘지 않다는 판단이 섰다. 그렇더라도 나는 언젠가 토지 매수희망자가 나선다면 행정소송도 불사해 감정가격을 최대한 낮추어서 매입할 계획이다.

아무튼 당시 나의 주장이 받아들여지지 않자 토지에 대한 우선매수권을 포기하고 자산관리공사에 공개매각을 요청했다. 공개매각은 나로서도 일종의 모험이었다. 법정지상권이 성립된다면야 토지를 낙찰 받겠다는 희망자가 없을 터이고, 최대한 유찰된 가격에 건물 소유자인 내가 토지를 매수한다면 금상첨화일 것이다. 그러나 법정지상권이 성립하지 않음을 알고 누군가가 건물을 철거하겠다는 소송전을 불사하고 토지를 비싼 값에라도 낙찰 받겠다고 나서면 나로서도 난감한 일이다. 그렇더라도 감정가를 다 치르고 토지를 매수할 순 없는 노릇이어서 공개매각에 대한 공사의 입장을 타진했다. 국유재산법에 보면 국유재산 매각의 기본원칙은 경쟁입찰을 통한 공개매각이며, 수의계약은 인접지 소유자 등에게 부여하는 일종의 특혜이다. 나는 특혜를 받을 생각이 전혀 없다. 시장에 내놓고 검증을 받을 수 있는 경쟁입찰을 시켜달라는 주장을 폈다. 2~3차례 유찰되어 감정가의 20~30% 정도만 차감된 가격에 매입할 수 있다면 그것만으로도 이득이었기 때문이다. 그러나 공사의 답변은 공개매각은 불가능하고, 단지 이해관계자이자 당사자인 내가 더하거나 빼지 않고 감정된 금액 그대로 수의계약으로만 매각이 가능하다는 입장을 피력하고 있다. 공개매각이 불가능하다면 굳이 서둘러 토지를 매입을 할 이유도 내겐 없다.

지금은 월세를 받는 한편 이 곳에다 원룸을 지을 업자를 찾고 있다. 원룸건설업자가 평당가 500만 원에 인수하겠다는 의사를 밝히면 그때 가서 토지를 매수해 넘기려는 계획이다. 물론 토지가치 하락분에 대한 감정을 요구하는 행정소송을 거친 다음에 말이다.

아무튼 이 물건은 현재진행형이다. 입찰에 실패했다고 길이 없는 건 아니다. 포기하지 않고 길을 찾으면 된다.

13) 감정평가사가 감정평가한 금액
14) 여기서 말하는 재산가액이란 세법상 상속세나 증여세, 재산세 등을 부과하기 위해 국가가 정한 가액을 말한다. 실제 시세보다는 낮은 금액으로 보면 된다.
15) 건물 소유자, 인접지 토지 소유자 등 이해관계자가 아니어도 무방하다. 용도폐기되어 매각 가능한 자산으로 분류되어 한국자산관리공사에서 그 재산을 관리하고 있다면 누구든지 매수 신청을 할 수 있다.

법정지상권   공매

09
공매는 틈새시장이다
충북 제천 창고

    공매와 경매의 차이점은 무엇일까? 경매는 민사집행법에 의해 법원에서 금전채권의 회수를 목적으로 진행하지만 공매는 국세징수법에 근거해 국세나 지방세가 체납된 개인이나 법인의 재산에 세무서나 지방자치단체가 압류 후 한국자산관리공사라는 공공기관에 위탁해 매각을 진행한다.

    이의에도 차이점이 많다. 우선 매각예정가격이 법원 경매의 경우 1회 유찰시마다 20~30%씩 저감이 되지만 공매는 10%씩 저감된다. 법원 경매는 무잉여가 될 때까지 최저매각가격이 감정가의 1%까지도 떨어질 수 있지만, 공매는 최초 매각예정가격(감정가)의 50%에도 매각이 되지 않는 경우에는 위임관서와 협의 후 새로운 매각예정가격을 결정한다.

    그리고 경매는 유찰이 되면 다음 회차가 약 4~5주 후에 진행되지만 공매는 1주일 후 다음 회차가 진행된다. 또, 경매는 기일입찰이 대부분이라 입찰당일 약 1시간 반 동안 진행되지만 공매는 입찰기간이 보통 3일이다. 대금납부에 있어서도 경매는 매각허가결정 확정일로부터 통상 1개월 내로 잔금기한이 잡히지만 공매는 낙찰금액이 3천만 원 미만인 경우 7일 이내, 그리고 3천만 원 이상인 경우 30일 이내에 납부해야 한다.

그 외 경매는 차순위매수신고인 제도가 있는 반면 공매는 이러한 제도가 없다.[16] 차순위매수신고란 자신의 매수신고금액과 입찰보증금을 합한 금액이 최고가 매수신고금액을 초과한 사람에 한해 차순위자 신고를 받은 다음, 최고가 매수신고인이 잔금을 내지 않으면 차순위매수신고인이 낙찰자의 지위를 승계하는 것을 말한다. 그리고 경매는 낙찰대금과 채권과의 상계처리가 가능한 반면 공매는 상계처리가 불가능하다든가, 또, 대금을 납부하지 않은 전 낙찰자가 경매에서는 다시 참여할 수 없지만 공매에서는 이에 대한 제한규정이 없어 입찰참여가 가능하다는 점 등의 차이가 있다.

또, 경매는 법정에 직접 찾아가 입찰해야 하지만(물론 대리인을 통한 대리입찰도 가능하다) 공매는 〈온비드〉라는 한국자산관리공사의 홈페이지를 통해 온라인상에서 입찰기간 3일 동안 24시간 입찰 참여가 가능하다. 그렇기에 주중에 법정을 방문할 수 없는 직장인들이 공매를 선호하기도 한다.

그러나 무엇보다 입찰자가 현실적으로 체감하는 경매와 공매의 가장 큰 차이는 바로 인도명령 제도이다. 경매에는 인도명령 제도가 있지만 공매에는 인도명령 제도가 없어, 세입자나 점유자, 그리고 부동산 소유자에게 해당 부동산의 점유를 넘겨받기 위해서는 인도소송을

---

[16] 2016년부터 국세징수법이 개정되어 공매에도 차순위매수신고 제도가 도입되었다.

해야 한다는 점이다. 때문에 인도명령 제도가 없다는 점이 바로 공매를 기피하는 가장 큰 이유가 되기도 한다. 인도명령이란 경매상 채무자나 대항력 없는 세입자 등이 매수인에게 부동산에 대한 점유를 넘겨주지 않을 경우, 매수인 또는 채권자의 신청에 의하여 매각허가 결정 후 매수인이 인도를 받을 때까지 그 부동산을 법원이 지정하는 관리인에게 인도하도록 명하는 것이다. 세입자가 인도명령에 불응하면 집행관에게 강제집행을 할 수도 있다. 따라서 법원경매에서의 낙찰자는 대항력 없는 세입자를 물리적으로 내보낼 수 있는 강력한 집행권원을 갖게 되지만 공매에서는 별도의 인도소송이라는 재판 절차를 거쳐야 한다는 현실적인 어려움이 있다. 공매는 경매와는 달리 기판력이 없기 때문이다. 인도소송에 소요되는 시간이 미니멈 6개월 정도임을 감안하다면 낙찰 받은 부동산을 배타적인 지배하에 두는 점유에 이르기까지의 시간과 비용이 많이 들어 공매를 꺼리게 되는 이유가 되기도 한다.17)

그러나 이러한 단점은 뒤집어 생각하면 입찰자들의 경쟁률을 낮추고, 낮은 경쟁률은 바로 낙찰가를 떨어뜨리는 장점도 되기도 한다. 실례로 공매와 경매가 동시에 진행되는 사건을 종종 볼 수 있는데 통계적으로 경매보다는 공매의 낙찰가율이 낮다. 그리고 명도의 어려움이 없는, 말하자면 대항력 있는 선순위 세입자나 소액보증금을 전액 변제받는 소액임차인의 경우에는 굳이 인도소송 없이 부동산의 점유를 이전받을 가능성이 많기 때문에 굳이 공매를 꺼릴 이유가 없다. 더욱이

---

17) 그러나 세입자나 전 주인이 낙찰자에게 명도를 거부하고 버티는 경우에만 명도소송을 할 수밖에 없다는 뜻이고, 상황에 따라 세입자가 보증금을 전액 변제받을 경우에는 명도저항을 우려할 필요는 없다. 또한 일정한 금액의 이사비 지급을 약정하고 명도에 합의가 된다면 별도의 명도소송을 걱정할 필요는 없다.

경매초보도 특수물건 한다

법원 경매 입찰법정은 40~50대가 주축을 이루고 있는데 이들은 인터넷을 통한 공매 입찰에는 익숙하지 않다. 게다가 인터넷 사용이 자유로운 20~30대는 아직 부동산을 매수할 현실적인 여력이 없다. 이러한 점 때문에 공매는 틈새시장이라 할 수 있다.

내가 제천에 있는 창고를 주목한 것은 2013년 10월 초였다. 토지를 제외한 건물만의 경매였는데, 등기부등본 확인 결과 관습상 법정지상권이 성립하는 물건이었다.

임의경매에 의한 법정지상권이 성립하려면 몇 가지 조건을 충족해야 한다. 첫째, 저당권 설정 당시에 지상에 건물이 존재해야 한다. 이때의 건물은 무허가 건물이든 미등기 건물이든 상관없다. 또한 굳이 완성된 건물일 필요도 없다. 외관상 건물의 형태를 갖추고 있으면 족하다. 무허가 건물이나 미등기건물의 경우, 저당권 설정 당시에 건물이 존재했는지 여부를 확인할 길이 없다. 공부상에 나와 있지 않으므로 이를 알기란 사실상 불가능하다. 그러나 길은 있다. 해당 자치단체 건축계에 건축허가나 건축신고 날짜를 확인하거나 현장 탐문으로도 확인할 길이 없다면 수원에 있는 국토지리정보원을 방문해 해당연도의 위성사진을 확인하면 당시 건물이 존재했는지 여부를 알 수 있다.

둘째, 저당권 설정 당시 건물과 토지 모두 동일인 소유에 속해야 한다. 이는 저당권자가 만약 토지에만 저당권을 설정했다면 건물이 있음으로 인한 토지가치의 하락분을 예상하고 돈을 빌려주었다는 얘기다. 법정지상권 성립여부는 저당권자의 예측하지 못한 손해를 보전한다는 측면도 있기 때문에 저당권자가 건물이 있는 토지임을 알고 있었다면 손해를 보전할 필요가 없다는 것이 사법부의 판단이다.

마지막으로, 경매로 인해 토지 및 건물의 소유자가 달라져야 한다. 주의할 점은 관습상 법정지상권은 임의경매에 의한 법정지상권, 즉 민법 366조가 정하고 있는 법정지상권 이외의 지상권을 말한다. 관습상의 법정지상권이 저당권실행에 의한 법정지상권과 다른 점이 있다면 저당권 설정 당시가 아니라 처분 당시에 토지와 건물이 존재해야 하고, 동일인 소유에 속해야 한다는 점이다. 그리고 처분(매매 증여 등) 등으로 인해 토지 소유자와 건물 소유자가 달라지면 관습법상의 법정지상권이 성립하는데 이때 당사자 사이에 철거특약이 없어야 한다는 조건이 붙는다. 철거특약이 있는지 여부는 공부상으로 확인할 길이 없다. 정황으로 파악할 수밖에 없으며, 철거특약이 존재하다는 사실을 만약 뒤늦게 알았다면 매각불허가 신청을 하면 재판부가 받아들일 가능성이 높다. 왜냐하면 애초부터 철거대상인 건물을 법원이나 공공기관(공매의 경우, 한국자산관리공사)에서 팔려고 내놓았고, 매수인은 이에 대한 정보를 확인할 길이 없었기 때문이다. 당초 하자 있는 물건을 고지 없이 매각한다는 것은 매각당사자(법원)의 실수라고 볼 수 있기 때문이다.

충북 제천의 공매로 나온 해당 부동산의 경우, 2006년 2월23일 영농법인이 토지와 건물을 모두 소유하고 있다가 2007년 11월7일 토지만 개인에게 매매 이전했다. 그렇게 되면 2007년 11월7일자로 토지 소유자는 건물 소유자에게 관습상 법정지상권을 인정한 것으로 본다. 즉, 토지취득자는 나대지 상태로서의 완전한 부동산을 취득한 것이 아니라 건물이 있음으로 인한 토지가치 하락분을 감안해 매수했다고 본다. 따라서 건물만의 부동산공매였던 해당 부동산은 영농법인이 법정지상권을 가지고 있었고, 이 건물이 세금 체납으로 공매로 나왔기 때문에 낙찰자는 전 소유자의 권리인 법정지상권을 승계 취득하는 것이다.

해당 부동산은 토지 495㎡(150평)가 제외된 창고 건물 165㎡(50평)만의 공매로, 감정가는 3960만 원이었다. 내가 입찰을 결심한 시기는 해당 부동산이 10회 정도 유찰되어 최저입찰가가 1988만 원이 되는 시기였다. 나는 1300만 원대로 떨어지는 3주후까지 기다렸다. 가장 큰 문제는 세입자였는데 재산명세서(법원 경매에서의 매각물건명세서와 비슷하다)를 열람한 결과 세입자가 창고 내에 2000만 원을 들여 별도의 주거용 시설을 갖춰놓았고, 각종 기계 기구를 들여놓고 운영 중이었다. 만약 재계약에 실패하고 내보내야 할 경우, 명도저항이 예상되었다. 그러나 검토 결과 인도소송까지 가더라도 임차인이 설치한 시설은 철거 대상이지 낙찰자가 보전해 줄 필요가 없는 시설이었다. 필요비나 유익비에 해당하지 않았기 때문에 비용상환청구권도 인정되지 않는 시설이란 것을 파악한 뒤 나는 1412만 원에 입찰했다. 결과는 단독입찰이었다. 1000만 원 이하로 떨어질 때까지 더 기다릴 걸, 하는 아쉬움이 들긴 했지만 그 가격에 내가 잡을 수 있다는 보장이 없었고, 무엇보다 감정가의 35%에 낙찰 받았기 때문에 그런 아쉬움은 곧 잊혀졌다. 경매가 아닌 공매였기 때문에 더 낮은 가격에 낙찰 받았고, 거기에 더해 지상권이 성립하는 건물만의 입찰이었기 때문에 감정가의 절반에도 미치지 못하는 가격에 낙찰을 받을 수 있었던 것이다.

낙찰 후 매각허가결정이 나자 나는 곧바로 잔금을 납부하고 세입자를 만나러 충북 제천으로 달려갔다. 세입자는 당시까지 연 100만 원의

임차료를 내고 있었는데 보증금 300에 월 20만 원을 요구하자 이에 응할 수 없다며 마음대로 하라고 버텼다. 그러나 세입자는 며칠 뒤 내가 보낸 내용증명 한통으로 간단하게 백기를 들었다. 임대료는 당초 제시한 금액으로 계약했다. 세입자는 공매 전 토지 주인과 임대차계약을 체결하고 그쪽에다 임차료를 지불하고 있었는데 이중으로 지불할 수 없어 그렇게 말했다며 뒤늦게 사과했다. 임차인도 여기저기 확인한 결과 건물 주인에게만 임차료를 내면 된다는 사실을 알게 되었다는 것이다. 물론 지상권자인 나는 토지 주인에게 지료를 지불해야 하는 부담을 안고 있다. 그러나 땅값이 비싸지 않은 지역의 경우 대부분 감정가의 5~8% 지료만 부담하면 되고, 이마저도 토지 소유자의 청구로 법원의 지료확정 판결이 있어야만 청구가 가능하다. 대충 계산해본 결과 지료는 월 7만 원 가량 예상되었지만 토지 주인이 지료를 10만 원 요구해와 그대로 수용했다.

아무튼 1500만 원의 투자로 보증금 300만 원을 회수했으니 내가 투자한 돈은 실제로는 1200만 원이다. 2018년 초 현재 임대료로 월 25만 원을 받고 있다. 실투자금액 1100원을 투입해 연 수익 300만 원이므로 연 27%의 임대수익률을 내고 있다. 또한 낙찰 받은 지 4년이 지나는 2018년이 올해는 실제 투자한 돈을 모두 회수하는 셈이고, 창고 건물 하나가 온전한 소유로 남는다. 법정지상권이 완료되는 시점인 2037년에 토지 주인이 지상권 갱신을 거절하면 건물을 그때 당시의 시세대로 매각할 수 있으므로 이래저래 손해 볼 일 없는 장사라고 생각한다.

법정지상권 　농취증

10
소송을 두려워 하지마라
충남 아산 토지

경매로 부동산을 낙찰 받으면 부동산 중개업소를 통해 부동산을 구입하는 것보다 얼마나 싸게 살까? 정말로 싸게 살 수 있는가? 그리고 만약 진짜로 싸게 살 수 있다면 또 다른 비용을 치르지는 않을까? 이런 의문은 경매를 하고자 하는 사람들에게는 당연하다.

자, 두 가지 질문에 필자의 생각을 차례로 답을 해보고자 한다. 우선 첫 번째 질문, 경매로 싸게 살 수 있는가에 대한 대답은, "당연히, 그렇다"이다. 이는 법원 경매 낙찰가율이란 통계 자료를 보면 단박에 알 수 있다.

구 분	2017			2016		증감률	
	2월	1월	1~2월	2월	1~2월	전월 비	전년 동월 비
진행건수	8,942	9,397	18,339	10,070	21,792	△455	△1,128
낙찰건수	3,728	3,840	7,568	4,108	8,557	△112	△380
낙찰률	41.7%	40.9%	41.3%	40.8%	39.3%	0.8%p	0.9%p
낙찰가율	72.1%	71.7%	71.9%	70.9%	68.8%	0.4%p	1.2%p
평균응찰자수	4.1	3.9	4.0	4.0	3.8	0.2	0.1

경매초보도 특수물건 한다

위의 도표에서처럼 2017년 2월 현재 전국 법원에 나온 경매물건 8942건 가운데 3728건이 낙찰돼 낙찰률은 41.7%를 보이고 있다. 낙찰률이 50% 이하인 이유는 경매로 나온 매물들이 법원의 기각이나 각하 그리고 취하[18]가 되는 경우 등 경매가 취소된 수치까지 포함되어 낙찰률이 낮아졌다고 보면 된다. 입찰자들이 정작 관심을 기울여야 하는 것은 낙찰가율이다. 낙찰가율은 감정가 대비 평균 얼마 정도에 낙찰되느냐, 하는 것이다. 2017년 2월 전국 법원에서 나온 경매물건의 평균 낙찰가율은 72.1%이다. 단순하게 설명하자면 감정가가 1억 아파트가 평균 7210만 원에 낙찰되었다는 얘기다. 시세 1억의 아파트를 7210만 원에 살 수 있다? 아파트를 시세보다 이 정도까지 싸게 살 수 있다면 경매를 하지 않을 이유가 없다.

사정이 이렇다면 부동산중개업소를 통해 부동산을 구입하는 것은 멍청한 짓이라는 생각이 든다. 과연 그 정도인가? 그러나 여기에는 함정이 있다. 실제 서울지역 아파트 낙찰가율은 ▲2016년 11월 95.7% ▲2016년 12월 95.6% ▲2017년 1월 93.3% ▲2017년 2월에는 97.0%에 육박한다. 아파트의 경우, 낙찰가는 감정가 대비 90% 이상이라는 얘기다. 실제 직접 아파트를 입찰하려고 법원에 가보면 감정가(감정가가 시세라고 가정을 한다) 1억 아파트는 9000만 원 이하를 써놓고 낙찰을 기대하는 건 순진한 생각이다. 90% 이하는 명함도 못 내민다. 유치권이나 지분 대지권미등기 등 특수권리가 붙어있지 않는 한

---

[18] 각하는 경매신청인이 경매를 신청했지만 경매의 소송요건을 결여해 법원이 이를 취소한 경우이고, 기각은 경매신청인의 주장에 흠결이 있어 법원이 이에 대한 시정을 요구하는 경우, 취하는 경매신청인이 여러 가지 사유로 예를 들면 채무를 변제 받았다든지 아니면 경매로 인한 매각에 실익이 없어 경매 자체를 포기하는 경우에 해당한다.

그렇다.

2008년에는 미국발 금융위기인 리먼사태로 부동산 침체기가 시작되었다. 그 여파로 2012년까지는 아파트 평균 낙찰가율이 감정가 대비 80% 이하에서도 아파트를 낙찰 받던 시절이 있긴 했다. 그러나 2013년도에 들어서자 낙찰가율이 80%를 넘기더니 2015년부터는 90% 이하로 떨어지는 일은 없어졌다. 그렇다면 앞서 살펴본 평균 낙찰가율인 72.1%와는 상당한 괴리가 있다. 어떻게 된 일일까? 이유는 이 수치가 아파트를 포함한 부동산 종별 전체의 낙찰가율이기 때문이다. 즉, 아파트 이외의 부동산이 평균 낙찰가율을 모두 까먹고 있다는 반증이다. 따라서 아파트는 환금성 측면에서의 장점을 제외한다면 수익률 면에서는 그다지 권장하고 싶지 않은 부동산이다.

다시 처음의 질문으로 돌아가 보자. 부동산경매를 통해 시세보다 과연 싸게 살 수 있는가? 필자의 대답은 "여전히, 그렇다. 그러나 아파트는 그렇지 않다."라고 말하고 싶다. 아파트는 단지 환금성이라는 장점에다 장기적으로 보면 물가 상승률 이상의 가격 상승률을 기대할 순 있다. 즉 안전 자산이긴 하지만 적어도 경매로 싸게 구입하기는 어렵다. 그렇다면 경매를 통해 부동산을 구입하려면 아파트 이외의 부동산에 주목해야 한다는 결론에 도달한다. 예컨대 토지는 원하는 시기에 매각해 현금화할 수 없는 단점이 있긴 하지만 싸게 사서 2배 이상의 수익을 올릴 수도 있을 거라는 기대 수익은 충분히 가능하다. 문제는 환금성의 단점을 어떻게 보완할 수 있는가에 달려 있다 -도로에 접한 토지는 그렇지 않은 토지보다 환금성의 리스크를 줄여준다- 아파트의 평균 낙찰가가 97%이고, 부동산 전체의 낙찰가가 72%라면 편차를 이렇게 크게 만든 부동산 종별은 토지라는 결론이 도출된다. 토지는 감

경매초보도 특수물건 한다

정가의 50% 이하에도 낙찰 받을 수 있다. 물론 그 중에는 강원도 오지 임야도 포함된다. 다만 토지도 나름대로 옥석을 가려 수익률이 좋은 토지를 찾아내야 한다. 그러려면 현장을 직접 조사하고 시세변동 추이와 국토 개발 현황을 파악하는 등 입찰자가 각자 발품을 팔아야 한다. 아파트보다는 토지에 주목해야 한다. 이것이 필자가 내리는 결론이다. 물론, 리스크를 부담하겠다는 적극적인 투자자에 한해서 그렇다. 펀드투자에 비유하자면 아파트가 채권형이라면 토지는 주식형에 해당된다.

자, 이제 두 번째 질문에 답을 한다. 경매를 통해 시세보다 싸게 살 수 있다면 또 다른 비용을 치르지는 않을까? 토지의 경우, 2배 이상의 수익률을 기대한다면 왜 사람들은 경매라는 방법으로 구매하지 않는가? 경매를 통해 그렇게 싸게 사는 것이 가능하다면 아무런 비용도 치르지 않고 벌어들이는 불로소득이 아닌가? 이런 의문들이다.

혹자는 경매를 통해 싸게 사서 2배 이상의 수익을 냈다고 하면 거저먹는 거라고 오해할지도 모르겠다. 그러나 실상은 전혀 그렇지 않다, 2배 이상의 수익을 낸다는 얘기는 뒤집어 얘기하면, 시세의 절반에 구입해야 한다. 경매에서 시세의 절반에 구입할 수 있으려면 권리 관계가 단순해서는 안된다. 50% 이하로 사려면 권리관계는 더 복잡해야 가능하다. 권리관계가 복잡한 물건? 그렇다. 권리관계가 복잡한 대신에 그 하자는 치유가 가능해야 한다. 하자의 치유가 불가능한 물건은 아무리 싸게 낙찰 받는다 하더라도 쓸모가 없다. 따라서 권리분석 단계에서부터 남들보다 정보를 앞서 취득해야 한다. 이런 것들이 비용이다. 대가 없이 그냥 얻는 건 없다. 이외 우리가 치러야 할 비용은 더 있다. 그 복잡한 권리관계를 맺고 있는 이해관계자와의 충돌이다. 낙찰을 받으려는 부동산과 이해관계를 맺고 있는 사람들은 해당 부동산을 낙찰 받았다고 해서 순순히 물러나지 않는다. 그렇다고 멱살을 잡고 물리적인 힘을 행사하라는 것이 아니다. 그렇다면? 소송이다. 싸우긴 싸우되 서류로 싸우는 것이다. 소송을 두려워한다면 애당초 경매를 할 필요가 없다. 우리가 돈을 벌기 위해 치르는 비용은 다름 아닌 이해관계자와의 갈등이고, 그 갈등을 해결하는 길은 타협과 설득이며, 이것이 여의치 않으면 최후의 길은 소송 밖에 없다. 운동선수는 훈련이라는 비용을 치르고, 목수는 나무를 깎는 노동력이라는 비용을 치르지만 경매에 참가하는 입찰자들은 소송이라는 비용을 치러야 한다. 물론 소송 없이 경매를 할 수도 있다. 그러나 돈은 안된다. 수월하게 돈 버는 일은 이 세상에 없다는 건 경매에도 예외 없이 적용된다. 범은 무섭고 가죽만 탐나고, 라는 속담처럼 가죽이 탐이 나면 숙명처럼 범은 피할 수 없다.

따라서 수익을 내려고 마음먹으면 권리관계가 복잡한 물건에 투자를 해야 하고 그 복잡한 권리관계를 해결하려면 소송은 피할 수 없다. 소송을 즐기겠다는 마음의 준비부터 하는 게 경매를 접하는 초보자의 자세다. 어차피 소송은 서류로 싸우는 일이다. 상대방과 멱살잡이를 하는 것이 아니다. 골치 아픈 서류는 법무사에 맡기면 법무사가 알아서 해준다. 다만, 내용증명이나 민사소송에 필요한 소장 양식을 익혀 두면 간단한 소송, 예를 들면 명도소송 같은 쟁점이 없는 소송은 법무사에 맡기지 않고 혼자서도 진행할 수 있다. 필자도 매번 소송을 즐기겠다는 생각을 갖고 전투에 임하지만, 때로는 피하고 싶은 생각이 드는 때가 있다. 그 순간들을 견뎌내야 한다.

다음은 유일하게 실패한 경매 사례를 소개한다. 아마도 소송을 불사

경매초보도 특수물건 한다

했더라면 결론이 달라졌을 수도 있는 물건이었다. 또한, 농지 위에 불법건축물이 있는 토지만의 물건은 조심해야 한다는 나름의 시행착오를 겪었던 사건이다. 독자 여러분들의 주의가 요구된다.

충남 아산시에 소재한 이 물건은 면적 264㎡(79.8평)의 토지였다. 지목은 답이었지만 현황은 일단의 창고용지였다. 지상에 70평 크기의 단층 창고가 있었는데 등기되지 않은 무허가건물이라 매각에서 제외되었다. 건물은 제외된 토지만의 매각이었다. 건축물대장도 없어 법정지상권 성립 여부를 확인할 길이 없었다. 그러나 근저당이 2011년도에 설정되었으므로 근저당이 설정될 당시 건물이 이미 존재하고 있었을 것이란 판단이 섰다. 왜냐하면 창고는 건축된 지 최소한 10년 이상은 되어 보였기 때문이다. 그렇다면 법정지상권은 성립될 가능성이 많았다. 무허가 건물이라고 법정지상권이 성립되지 않는 것은 아니다. 근저당설정 당시 건물이 존재했기 때문이다. 다만 또 다른 필수조건, 근저당설정 당시 토지와 건물 주인이 동일해야 법정지상권이 성립하지만 동일인 여부를 확인할 길이 없었다. 건물이 무허가라서 등기부도 대장도 존재하지 않았기 때문이다.

나는 법정지상권이 성립하더라도 상관없다고 판단했다. 일단 지료청구소송을 통해 건물주에게 압박을 가한다면 건물을 싸게 매입하든지 아니면 토지를 내가 산 가격 이상으로 팔 수 있다는 자신이 있었다. 건물은 소재지 바로 옆 공장에서 사용 중이라는 정보를 현장조사 당일 확인했기 때문에 가치는 충분했다.

감정가는 42,768,000원이었지만 지상에 창고 건물이 존재하는 점을 감안해 1차 매각에서는 30% 저감된 가격인 29,832,000원에 잡혔다. 나는 첫 기일에 바로 입찰하기로 마음을 먹었다. 내가 써낸 금액은 3,228만 원이었고 결과는 낙찰이었다. 이 물건에는 한 사람이 더 입찰했는데 100만 원 정도 차이가 나는 금액이었다.

그러나 문제는 취득 단계에서부터 발생했다. 본건 토지는 지목상 답이라 농지취득자격증명이 필요했다. 게다가 농지 위에 불법으로 건축된 건물(창고)이 있었기 때문에 농취증을 발급받으려고 하니 쉽지 않았다. 낙찰 후 곧바로 면사무소에 들러 농취증 발급을 신청했다. 그러나 담당자는 농취증 발급이 불가하다는 답변이었다. 농지 위에 불법건축물이 존재하고 현실적으로 농지로서의 활용이 불가능해 농취증을 발급해 줄 수 없다는 것이 그 이유였다. 농취증 발급에 미리 꼼꼼히 확인하지 못한 명백한 실수였다.

게다가 농취증은 최고가 매수인 선정 일주일 후 매각허가 결정기일까지 법원에 제출해야 한다. 일주일 안에 제출하지 않으면 매각불허가 결정이 내려진다. 농취증을 제출하지 못해 매각불허가결정이 내려지면 입찰보증금을 몰수당한다. 경매에서는 농취증 미제출로 보증금을 몰수당하는 일은 빈번하게 일어난다. 그렇다면 여기서 자연스럽게 드는 의문. 법원은 농취증 발급도 안되는 매각물건을 왜 내놓는가? 그러고도 입찰자들의 보증금을 몰수한다면 국가기관의 안일한 행정으로 개인의 고혈을 쥐어짜는 것과 진배없지 않은가? 적어도 농취증이 발급 안되는 물건은 경매 자체를 진행시켜서는 안되는 것 아닌가? 경매를 진행하고자 한다면 농취증 발급에 대한 조건을 완화하는 조치를 취해야 한다. 그도 저도 아니면 농지 위에 미등기건물이 존재해 농취증 발급에 애로사항이 있을 것이란 공지 정도는 해줘야 하는 것 아닌가. 그러나 법원에 그런 친절함을 기대하기는 어렵다. 농취증을 발급받지 못해 최고가 매수인의 입찰보증금이라도 몰수하지 않는다면 그나마 다행이다.

시간도 낙찰자의 편은 아니다. 농취증 접수 후 시구읍면동에서 민원인에게 농취증 발급의 가부를 처리해줘야 하는 기한은 접수 후 2~4일이다. 농취증이 다행히 이 기간 안에 나오면 되지만 본건처럼 농지 위에 건물이 존재하는 경우, 담당자는 원칙대로 미발급 사유를 적어 농취증 발급신청에 대한 반려증을 발급한다.

농취증 반려 사유에 따른 농지취득 가능여부

반려사유에 따라 법원은 농취증을 취득한 것으로 보기도 한다. 대표적인 사례 몇 가지를 소개한다.

1. "신청대상 농지는 농지법상의 농지가 아닙니다." 이같이 반려되는 경우는 지목은 농지이나 농지전용허가를 받지 않고 주택을 지을 수 있었던 1972년 이전부터 주택 등 다른 용도로 사용이 확인된 사례로서, 농지법 제2조 1항에 따른 농지법에서 정한 농지가 아닌 경우에 해당한다. → 등기가능

2. "신청대상 농지는 농취증을 발급받지 않고 취득할 수 있는 농지입니다." 이같이 반려되는 경우는 농지가 도시지역인 주거, 상업, 공업지역에 있거나 도시지역에서 도시,군계획시설로 결정된 농지이거나 계획관리지역에서 농지전용협의를 거쳐 지구단위계획구역으로 지정된 농지인 경우이다. → 등기가능

3. "신청대상 농지는 취득원인이 농취증을 발급받지 아니하고 취득할 수 있는 농지입니다." 이 같이 반려되는 경우는 상속 등의 원인으로 농취증을 신청하는 경우이다. → 등기가능

그러나 "신청대상 농지는 취득시 농취증을 발급받아야 하는 농지이나 불법으로 형질이 변경되었거나 불법건축물이 있는 부분에 대한 복구가 필요하여 현 상태에서는 농취증을 발급할 수 없습니다." 농지의 현 상태에 불법건축물이 존재하면 이와 같은 사유로 반려증을 발급한다. 이 경우 농취증을 발급받지 못한 것으로 간주해 법원은 매각불허가결정을 내린다.

본건의 경우가 바로 여기에 해당한다. 물론 너무 안일하게 접근한 나의 잘못이다. 필자는 농취증 발급담당자와 실랑이를 벌이다 일단 철

수할 수밖에 없었다. 그러나 이대로 물러설 수 없었다. 보증금을 몰수당하고 매각불허가결정이 떨어지면 재매각에서 필자처럼 보증금을 몰수당할 사람들이 다시 생길 것이다. 짧은 시일동안 나는 해결책을 찾아야 했다. 입찰보증금 300만 원이 문제가 아니라 자존심이 걸린 문제였다. 면사무소 담당자와의 밀고 당기는 씨름이 이어졌다.

"토지가 농지로 원상복구되기 전엔 발급이 안됩니다."

나의 간곡한 요청에도 불구하고 담당자는 일관된 태도였다.

"아니, 내 건물도 아니고 설령 내 건물이라 하더라도 일주일 안에 어떻게 건물을 철거한단 말입니까?"

"그건 제가 판단할 문제가 아닙니다."

"법원에서는 미리 농취증 발급 가능 여부에 대해서 사실조회 신청도 없었나요?"

"거기에 대해선 제가 답변해야 할 의무가 없습니다."

"농취증 발급이 안되면 이런 식으로 보증금 몰수될 사람이 더 있을 텐데 그럼 법원에서 미리 함정 파놓고 입찰자들 보증금 삥뜯겠다는 거 아니요?"

그런 식이었다. 매각기일 후 매각허가결정까지 7일이란 시간 안에 건물을 철거하고 시멘트 바닥까지 걷어내 농사를 지을 수 있는 토지 상태로 만들기란 불가능했다. 서울과 아산을 몇 차례 오간 끝에 나는 해법을 제시했다. 일단 조건부 발급을 해달라는 얘기였다. 빠른 시간

안에 건물을 철거하는 조건으로 말이다. 일단 토지 소유자의 자격이 되면 건물 소유자를 상대로 건물철거소송에서 승소해 건물을 철거하겠다고 했다. 거기까지는 공무원의 재량으로 동의를 받았으나 이번엔 시기가 문제였다. 담당자는 시간을 무한정 줄 수 없다며 3개월 안에 농지로 원상회복하겠다는 각서를 요구했다.

"아니, 잔금내고 배당기일까지 가면 2개월 정도 걸립니다. 거기다 소유자 찾아내서 내용증명 보내고, 건물철거 최고기간도 있고, 소장 접수에, 법원에서 소장 부본을 발송하고 상대방에게 송달까지, 재판기일 잡고, 최종 승소판결까지 받으려면 6개월은 턱도 없이 모자랍니다."

밀고 당기는 싸움 끝에 6개월 안에 건물 철거하고 토지를 원상복구하겠다는 각서를 쓰고 나는 농취증을 받아 쥐었다. 농취증을 발급받는 단계에서부터 진을 뺀 터라 이미 나는 지쳐 있었다. 그러나 앞으로가 더 문제였다.

2차선 도로와 접해 있던 본건은 향후 가격 상승요인 측면에서 그리고 토지 수요 측면에서 가치가 있었다. 버티기만 하면 수익이 날 수 있는 토지였다. 문제는 매각에서 제외된 지상의 건물이었다. 잔금 지급과 동시에 등기를 치고 바로 건물주 확인에 나섰다. 확인 결과 건물 소유자는 바로 옆 공장에서 소유권을 가지고 있었다. 본건 토지는 3년 전에도 경매로 매각된 적이 있었는데, 당시에도 최고가 매수신고인이 농취증을 제출하지 못해 매각불허가결정이 났고, 최고가 매수신고인이 즉시 항고장을 제출, 항고가 받아들여져 보증금을 환급받은 전례가 있었다. 이후 재경매에서 낙찰 받은 최고가 매수신고인은 또다시 농취증 발급 문제에 봉착했고, 농취증을 발급받지 못해 소명서를 제출한 기록이 있었다. 이후 3번째의 재경매에서 현재의 경매상 채무자가 낙찰을 받았다. 그 사람은 추정컨대 원상회복을 조건으로 농취증을 발급받을 수 있었던 것 같다.

다만 이 물건이 다시 경매로 나온 경위에 대해서는 자세히 알 수는 없었다. 서류상으로는 옆 공장의 대표이사 명의로 8,000만 원의 근저당을 설정했고, 저당권 실행으로 경매로 나왔다. 추정컨대, 전 소유자는 건물 철거를 조건으로 토지를 낙찰 받았으니 건물 소유자인 옆 공장과 건물 철거 문제로 갈등을 빚었던 것만은 분명하다. 아마, 적당한 금액에 매매 합의를 하는 대신 근저당설정을 매매가보다 높여서 잡아주고 경매를 진행하는 것에 동의했을 거라고 추정된다. 그렇다면 나도 유리한 상황은 아니었다.

일단 옆 공장과 협상에 들어갔다. 건물에 대한 처리문제가 시급했다. 다행히 근저당설정 당시 건물 주인과 토지 주인이 달랐기에 법정지상권은 성립하지 않았다.[19] 토지 지료지급과 건물 철거를 요구하는 내용증명을 발송했다. 속셈은 토지를 상대방이 매입해야 한다는 무언의 암시였다. 상대방은 토지 측량부터 하라고 버텼다. 이미 예상한 일이라는 듯 담담한 표정이었다. 나중에 알게 된 사실이지만 저들은 나름대로의 시나리오를 갖고 있었다. 전 토지 소유자와 매매로 토지를 충분히 취득할 수 있었는데 왜 굳이 경매라는 방법을 택했을까? 뒤늦

---

19) 2011년 근저당설정 당시 건물 소유자는 옆 공장이었고, 토지 소유자는 전 경매낙찰인이자 현재의 경매상 채무자였다. 옆 공장의 대표이사가 근저당권자였다. 그러므로 소유자 동일 원칙에 위배되므로 법정지상권은 성립하지 않는다.

게 이런 의문을 가진 나는 그 해답을 찾을 수 있었다. 역시 농취증이 문제였던 것이다. 그들은 당초, 매매로 토지를 취득하고자 하더라도 농취증을 발급받아야 가능했을 테고, 면사무소에서는 토지를 원상회복한다는 조건을 달았을 것이다. 그들은 건물이 필요했을 테니 건물을 철거하는 조건의 토지 매입은 상상할 수 없었을 것이다. 따라서 최대한 토지 이전을 늦추면서 건물을 사용하고자 하다가 상황이 여의치 않자 경매로 매각할 수밖에 없었던 것.

나중에 들은 사실인데, 토지를 경매에 부쳤지만 누군가 낙찰을 받더라도 농취증 발급에 애로를 겪을 것이라 예상했다고 한다. 서너 차례 농취증 미발급으로 인해 매각불허가결정이 나고, 농취증 담당자도 어쩔 수 없이 농취증을 발급해줘야 하는 상황으로 명분이 주어지면 입찰에 들어가려고 작정했다고 한다. 저들은 근저당 채권최고액이 감정가의 2배에 달하는 8000만 원이어서 입찰 금액은 문제가 아니었다. 누군가 감정가의 2배의 금액을 써넣지만 않는다면 말이다.

여러모로 나에게 유리한 상황은 아니었다. 일단 토지경계측량을 하고 난 다음 건물철거소송에 들어가겠다고 으름장을 놓았지만 상황은 호락호락하지 않았다. 이미 저들은 상황별로 여러 복안을 가지고 있었다. 게다가 시간은 나의 편이 아니었다. 5개월간의 길고 지루한 줄다리기가 이어졌다. 저들은 낙찰 금액에 넘기라는 것이었고, 나는 감정가대로 토지를 매입하라고 주장했다. 나는 건물철거소송을 고민해야 했다. 건물철거소송에 승소하겠지만, 실제 건물이 철거되지 않기를 원하는 건 필자나 상대방이나 마찬가지 입장이었다. 멀쩡한 건물을 두고 내심으로 바라지 않는 철거를 두고 싸우느니 상대방의 조건을 받아들이자는 방향으로 입장을 정했다. 그리고 낙찰 금액에다 세금 등 비용

경매초보도 특수물건 한다

을 더한 원가에 토지를 상대방에게 넘겼다. 어쩔 수 없는 선택이었지만 소송을 불사했더라면 최소한 이득을 남기지 않았을까, 하는 후회도 들었다.

> 유치권

11
반갑다, 유치권
인천 작전동 아파트

아파트의 경우, 환금성의 측면을 제외하고 수익률만 놓고 본다면 경매에서는 그다지 권하고 싶지 않다는 얘기를 앞 장에서 밝혔다. 이유는 최근 3~4년 동안 아파트의 경우 감정가 대비 90% 이상으로 입찰하지 않으면 낙찰을 기대하기 어렵기 때문이다. 물론 향후 안정적인 가격상승을 기대할 순 있지만 굳이 경매를 통해 아파트를 구입하는 실익이 크지 않다.

그러나 경매를 통해 감정가의 80%선에서만 낙찰 받을 수만 있다면 아파트는 여전히 매력적이다. 언제든지 원하는 시기에 매각해서 금전으로 바꿀 수 있다는 측면과 상가와는 다르게 공실의 염려가 없다는 장점도 무시할 수 없다. 다만 과연 평균낙찰가 이하인 80%선에서 아파트를 낙찰 받을 수 있느냐가 관건이다.

아파트를 평균낙찰가보다 10% 이하로 낙찰 받는 게 가능한가? 결론부터 말하자면 가능하다. 예를 들자면 아파트에 대지권미등기나 유치권 등 특수권리가 더해져 경매로 나왔을 때 그렇다. 단지 이들 특수권리로 인한 하자는 치유될 수 있어야 한다는 전제조건이 붙는다. 치유될 가능성이 없다면 아무리 낮은 금액으로 낙찰 받더라도 관심물건에서조차 삭제해야 한다. 사실 아파트에 신고된 유치권은 성립할 가능성이 극히 낮다. 부동산경매에서는 신고된 유치권의 90% 이상이 성립되지 않거나 허위 유치권이라고 보면 된다. 특히 신축된 지 얼마 지나지 않은 아파트를 제외하고 오래된 아파트는 유치권이 성립할 가능성이 극히 낮다.

우리 민법은 공사대금 등 유익비나 필요비 등 비용상환청구권이라는 피담보채권에 대해서 유치권 성립을 인정하고 있는데 이마저도 특약에 의해 배제되었을 가능성이 높다. 왜냐하면 계약서를 쓸 때 통상 임대차계약 종료 후 원상회복에 대한 문구가 인쇄되어 있는 계약서를 사용하기 때문이다. 이러한 계약서에 서명한 임차인은 특약으로 유치권을 포기한 것으로 간주한다. 따라서 아파트는 신축 후 얼마 지나지 않아, 시공업체에서 공사대금을 받지 못해 신고된 적법한 점유에 의한 유치권이 아니라면 성립 자체가 불투명하다.

유치권은 채권이 아닌 물권이기 때문에, 그 배타적 권리가 가지는 막강한 힘은 경매상 채무자들에게 늘 유혹의 손길을 보낸다. 즉, 경매상 채무자들이 한 푼이라도 더 건져보겠다는 속셈으로 자신의 지인에게 허위 유치권을 신고하게 하고 매각 가격을 떨어뜨려 자신이 낙찰 받거나, 낙찰자와의 점유 이전 협상에서 유리한 고지를 선점하려 한다. 그러나 정작 유치권 성립의 까다로운 조건 때문에 경매 선수를 만나면 백이면 백, 깨지게 되어 있다. 유치권이 성립하는 까다로운 조건을 요약해보면 다음과 같다.

유치권의 성립요건

1. 타인 소유의 부동산이어야 한다. 본인의 부동산에 본인이 신고한 유치권은 성립하지 않는다.

2. 채권이 존재하고 변제기가 도래하여야 한다. 채권이 존재한다는 의미는 소멸시효로 없어지지 않아야 한다는 뜻이 포함된다. 채권의 효력이 소멸되면 유치권도 소멸된다. 설령 유치권이 존재한다 하더라도 상사 채권의 경우, 5년이면 채권도 소멸한다.[20] 또한 아직 변제기가 도래하지 않은 채권은 유치권의 성립대상이 되지 않는다. 변제기 도래 전의 채권에 대해 유치권을 인정하면 변제기 전에 상대방의 채무이행을 강제하는 효과가 있기 때문이다.

3. 해당 부동산에서 발생한 채권이어야 한다. 이를 견련성이라 한다. 주로 공사대금 채권이 이에 해당하는데, 임대차보증금채권이나 대여금채권 등은 이에 해당하지 않는다. 따라서 유치권자는 공사를 한 적이 있다는 사실을 증명해야 한다.

4. 유치권은 점유를 필수조건으로 한다. 또한 그 점유는 적법한 점유여야 하고 계속된 점유여야 한다. 적법한 점유란 소유자의 뜻에 반해 강제로 침탈한 점유가 아니라 소유자의 동의하에 분쟁 없이 점유를 이전받아야 한다는 의미다. 거기다 중간에 점유를 침탈당하지 않은 계속된 점유라야 한다. 중간에 점유를 침탈당하면 유치권은 소멸한 것으로 간주한다.[21]

5. 점유개시는 압류의 효력을 갖는 경매개시결정등기 전부터 시작되어야 한다. 그러므로 경매가 진행되는 도중에 점유가 시작되었다면 유치권은 성립하지 않는다.

6. 앞서 밝힌 것처럼 유치권배제특약이 없어야 한다. 예를 들어 임차인이 임대차 종료 후에 임대차목적물에 대해 원상회복을 하겠다는 조건으로 임대차계약을 체결했다면 임차인이 스스로 유치권을 포기한 것으로 간주한다.

이와 같은 까다로운 유치권의 성립 조건으로 인해, 실제 진성 유치권은 찾아보기 힘들다. 입찰자들은 이 까다로운 유치권 성립 요건 중 하나라도 위배되는 증거를 찾는다면 입찰하려고 하는 부동산에 신고된 유치권을 두려워 할 필요가 없다. 오히려 반가워해야 한다. 그만큼 입찰 경쟁률이 낮아 수익을 올리기 쉽기 때문이다.

　그렇다면 실전에서는 어떨까? 다시 말해 위의 교과서적인 유치권의 성립요건을 실제 경매에서는 어떻게 활용해야 할까? 실전에서는 점유의 적법성이 가장 중요한 문제로 부각된다. 허위 유치권은 대부분 점유자가 소유자이거나 세입자들이 80~90%라고 보면 된다. 유치권이 신고된 부동산에 입찰한다고 가정해 보자. 입찰자들이 가장 먼저 확인해야 하는 것은 해당 부동산에 대한 점유자의 현황이다. 즉, 실질적으로 누가 점유하고 있는지를 알아내야 한다. 이를 확인하기 위한 가장 기초적인 방법은 법원에서 경매결정개시 등기 후 현장을 조사하고 분석한 〈현황조사서〉이다. 현황조사서에는 임대차현황, 점유자, 세입자의 보증금 액수와 전입일 및 대항력 여부, 세입자의 배당신고 여부 등이 기재되어 있다. 만약 입찰하려고 하는 부동산이 주택인데 당시 점유자가 소유자로 적시되어 있다면 이는 유치권이 성립할 가능성이 극히 낮다. 그러나 현황조사서에 나와 있는 정보는 누구나 습득가능한 정보이다 보니, 해당 부동산에 대한 입찰률과 낙찰가율이 떨어질 가능성도 낮다. 그렇다면 남들이 알지 못하는 정보를 취득해야 한다. 나만 알고 있는 정보를 취득하기 위해서는 남들보다 한발 앞선 노력을 기울

---

20) 물론 채권소멸의 중단 사유가 없어야 한다. 우리 민법에서는 규정하고 있는 중단사유의 일정한 요건에 부합해야 채권이 소멸하지 않는다.
21) 불법적인 점유 침탈에 대해서는 법원에 점유회복청구소송을 통해 점유를 회복할 수 있는 길은 있다.

여야 한다. 점유자를 알아내는 특별한 방법? 책상 앞에 앉아서 해결될 일은 없다. 현장으로 달려가라. 현장을 직접 찾아 해당 부동산의 점유자를 확인하는 정공법이 가장 확실한 방법이다. 유치권이 신고된 부동산은 현장에 가보면 대부분 유치권을 알리는 표식이 있다. 대개 큰 건물의 경우에는 플래카드가 걸려 있을 것이고, 아파트라면 현관문에 이를 알리는 고지문이 붙어 있을 것이다. 연락처를 알아내 전화하는 것도 좋은 방법이다. 대화를 하다보면 상대방의 의도를 읽을 수 있다. 허위 유치권자라면 전화를 받지 않거나 상대방의 막말이 쏟아질 가능성이 많다. 반면 진성 유치권자는 오히려 입찰자를 반긴다. 왜냐면 그들은 입찰자와의 협상을 통해 지루한 공방을 끝내고 싶어 한다. 그동안 해당 부동산을 유치하기 위해 비용과 시간을 투자했기 때문이다. 따라서 진성 유치권자는 입찰자에게 담담하게 속내를 털어놓지만 허위 유치권자는 자신의 허위 주장을 떠벌이거나 입찰을 못하도록 엄포를 놓을 것은 자명하다. 이때 통화녹음이 중요하다. 전화통화를 녹음해 두었다가 재생하면서 유치권의 성립 여부를 조용히 다시 체크할 수 있고, 이후 유치권 배제신청이나 허위 유치권자에 대한 형사고소를 할 때 요긴하게 쓰이는 증거이다.

전화 연락이 안되면 메모지를 두고 오거나, 주택이라면 일단 초인종부터 눌러 보자. 초인종을 누르기 전엔 미리 녹음을 준비해야 한다. 점유자와 대면하면 점유자가 누구인지, 어떤 원인으로 점유를 하고 있는지, 소유자와의 관계, 유치권 신고인과의 관계를 파악하는 것이 중요하다. 점유자가 만약 유치권자와는 무관한 세입자이거나 소유자라는 확신이 있어 이후 해당 부동산을 낙찰 받았다면, 무엇부터 해야 할까?

경매초보도 특수물건 한다

　유치권은 대부분 은행에서 대출을 꺼린다. 따라서 잔대금을 전액 납부할 여력이 있다면 모르겠지만 은행대출을 끼고 사려면 시간이 촉박하다. 왜냐면 잔금납부기일 전에 유치권을 해결하면 경락자금 대출을 받는데 유리하기 때문이다. 통상 유치권이 신고된 부동산에 대해 경락자금 대출을 신청하면, 은행권에서는 유치권이 신고된 금액만큼 차감하고 대출을 해주겠다고 답변한다. 만약 일반 물건과 동일한 조건으로 대출을 원한다면 유치권자의 유치권 포기각서를 제출하라고 요구한다. 따라서 잔금 납부일 전에 유치권자의 유치권 포기각서를 받아 제대로 된 은행대출을 받으려면 시간이 빠듯하다. 낙찰 후 잔대금 지급기일 마감인 45일[22] 전에 유치권자의 포기각서를 받아내야 하기 때문이다.

　따라서, 낙찰을 받는 당일부터 발 빠르게 움직여야 한다. 입찰 당일 퇴근 시간에 임박해 경매계에 방문하면 해당 서류가 도착한다. 낙찰자는 사건기록부터 열람해서 유치권자의 신상명세부터 파악해야 한다. 유치권자의 신상명세가 파악되면 통화를 시도한다. 물론 허위 유치권자와의 금전적인 보상은 고려할 필요가 없다. 대신 상대방의 의중을 묻고 최대한 유치권자의 주장을 들어줘야 한다. 이런저런 이유로 당신의 주장은 틀렸고, 유치권이 성립하지 않는다는 얘기는 가급적 하지 않는 것이 좋다. 최대한 유치권자의 주장을 경청해야 한다. 허위 유치권자의 주장 속에는 분명히 유치권이 성립하지 않는 자체적인 논리모순을 안고 있기에 상대방의 대화를 듣고 녹음을 해두면 그 자체가 증

---

[22] 최고가 매수신고인으로 선정되면 매각확정까지 2주, 그리고 잔금지급은 매각확정일로부터 법원마다 다르긴 하지만 통상 1달 정도로 기한을 잡는다. 따라서 낙찰로부터 잔금지급기한까지 2주+1달=45일 정도 소요된다고 보면 된다.

거이다. 물론 상대방의 주장을 들으려면 최대한 많은 이야기를 이끌어 내야 한다. 어떤 이유로 점유를 하게 되었는지? 언제부터 점유했는지? 공사를 했다면 어느 부분을 했고, 계산서나 영수증, 송금내역을 가지고 있는지? 등등. 담담하게 질문할 부분만 질문하고 그 대답에 대한 반박은 할 필요가 없다. 상대방에게 내 패를 먼저 면전에서 꺼내 보일 필요는 없다. 그렇게 되면 상대방에게 대응논리를 준비시켜 주는 우를 범하는 꼴이다. 반박은 나중에 내용증명이나 고소장에 적시하면 될 일이다.

유치권이 성립하지 않는다는 증거나 논리가 준비되었다면 일단 내용증명부터 발송하자[23]. 요지는 간단하다. 유치권자에게 유치권 불성립의 논리적 근거를 대고 유치권 취하서를 법원에 제출하지 않으면 경매방해죄로 고소하겠다, 라고 말이다. 덧붙여 경매방해죄는 채권자와 낙찰자의 권리를 침해하는 형사상 중대한 범죄임을 고지시켜 주면 된다. 열에 아홉은 유치권 취하서를 들고 찾아온다, 유치권 취하서가 법원에 접수되면 열람복사해서 금융권에 제출하면 대출이 실행된다. 그러나 반응이 없다면 시일을 미룰 필요가 없다. 실제로 고소장을 접수시켜야 한다. 고소장 접수증을 금융기관에 제출하면 어느 정도 대출 실행의 가능성은 높아진다.

전화 연락이 안되면 현장을 방문해 유치권자와의 직접적인 대면 접촉을 해야 한다. 입찰예정자의 지위와 최고가 매수인의 지위는 전혀 다르다. 최고가 매수인은 이제 해당 부동산에 이해관계자의 지위를 얻은 셈이다. 유치권을 주장하는 사람도 최고가 매수인을 배척하진 못한

---

[23] 간혹 내용증명이 반송되어 올 수도 있다. 허위 유치권자는 때로는 우편을 통해 법원에 접수하기도 하는데 주소 이름 상호 연락처 자체가 허위, 허무인인 경우이다.

다. 협상을 통해 해결하려고 하되, 허위 유치권자에게 금전적 보상을 할 필요는 없다. 허위 유치권자는 낙찰자가 마음먹기에 따라서 경매방해죄나 사기죄 채무면탈죄 등의 형사상 피의자로 전락할 위치에 있는 사람이다. 겁먹을 필요가 전혀 없다. 채찍과 당근의 선택은 최고가 매수신고인이 쥐고 있다. 그 죄를 사해 주는 조건으로 유치권 취하서를 받아들면 된다. 형사 고소하지 않겠다는 당근을 받아들이지 않으면 실제로 채찍을 써야 한다. 세입자와의 점유이전 협상은 길게 가져가도 되지만 허위 유치권자와의 길고 지루한 협상은 필요 없다. 저들은 실정법을 위반하고 있는 범죄자에 지나지 않는다.

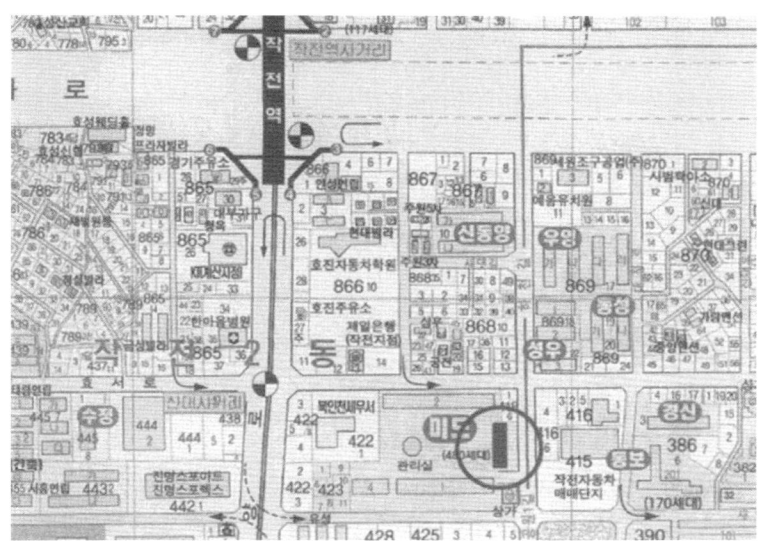

　2013년 9월 인천 작전동에 있는 아파트가 경매로 나왔다. 물론 유치권이 신고되어 있었다. 감정가 1억5500에 1회 유찰되어 감정가 대비 30% 저감된 최저가 1억850만 원이었다. 24평형(전용 18평)으로 방 2개였다. 유치권이 신고되어 있었지만 장기수선충당금 105만 원을 집주인이 지급하지 않아 세입자가 이를 근거로 유치권을 신고한 상태라 신경 쓸 필요가 없었다. 유치권이 성립한다하더라도 105만 원이면 해결되고 세입자는 대항력이 있어 배당신고도 한 상태라 명도저항도 걱정할 필요도 없었다. 배당금을 받아가려면 매수인의 인감증명과 명도확인서가 필요하다. 배당금 수령에 필자의 협조가 없이는 불가능했으므로 유치권은 아무런 문제가 되지 않았다. 다만 유치권 신고 자체가 일반인들에게는 꺼림칙했던 탓인지 입찰자는 8명에 불과했다. 요즘은 더하지만 당시에도 아파트에는 기본 10명 이상이 입찰하던 시기였다. 나는 감정가의 81.8%에 해당하는 1억2688만 원에 낙찰 받았다.

2등과의 금액 차이는 418만 원이었다.

  유치권을 신고했던 임차인도 해당 부동산에 응찰했는데, 낙찰을 받고 당일 해당 부동산을 방문하자 아는 척을 했다. 서로 유치권에 대한 논란은 필요하지 않았다. 필자는 장기수선충당금을 지급하겠다고 약속했다. 재계약협상을 시도했으나 임차인은 그동안 경매에 시달려 배당금을 받는 즉시 이사 가기를 원했다. 임차인과 배당을 받고 집을 비워주는 것으로 당일 합의를 했다. 싱거운 유치권이었다. 유치권 신고 금액이 워낙 소액이라 은행 대출에도 전혀 제약이 없었다. 배당기일 직후 간단한 수리를 거쳐 한 달 만에 보증금 2000만 원에 월 55만 원으로 새로운 임차인과 계약을 체결했다. 은행이자는 월세에서 제하고 매달 25만 원의 수익이 생겼다. 보증금을 받고 나니 실제 현금 투자는 2000만 원이었으므로 현금투자 대비 월 15% 정도의 수익률을 거두고 있다.

법정지상권

12
법정지상권이 성립해도 토지를 사라
인천 송현동 토지

"법정지상권이 성립하면 건물을, 그렇지 않으면 토지를 사라."

법정지상권 경매에서의 기본 원칙이다. 법정지상권이 성립하지 않는 건물은 철거 소송을 당할 염려가 있고, 법정지상권이 성립하는 토지는 최장 30년 동안 토지 사용의 제약을 받기 때문이다. 그러나 그런 등식이 항상 성립하는 것만은 아니다. 바둑에서의 정석은 외우자마자 잊어버려라, 라는 격언이 있는데 이는 경매에서도 유효하다.

법정지상권이 성립하지 않고 철거당할 위험성이 있는 건물은 경매에서 유찰도 여러 차례 진행된다. 토지 지료가 그렇게 높지 않은 도시지역 바깥에 위치한 그 건물은 건물 자체로서의 가치도 상당하다고 가정하자. 토지 주인이 건물 철거소송을 진행할 수도 있고, 정상적인 법절차대로라면 곧 철거를 당할 위험도 있을 것이다. 그러나 냉정히 생각해보자. 토지 주인은 건물 철거를 진심으로 바랄까? 가령 토지의 값어치는 1억인데 비해 건물의 값어치는 10억이라고 가정한다면 토지 주인은 건물 철거소송을 통해 건물주를 압박하는데 목적이 있는 것이지 진심으로 건물이 철거되길 바라지 않을 것이다.

대부분의 토지 주인은 건물철거소송과 동시에 토지지료소송도 병행한다. 토지지료소송에서 승소하면 지료 채권을 가지게 되고 그 채권을 기화로 건물을 경매로 넘겨 건물을 싸게 낙찰 받으려고 하는 것이 토지 주인의 전략이다. 건물철거소송은 등기함으로써 입찰자들에게 입찰의 위험성을 알리는 일종의 경고성 의미가 있다. 건물철거권 보전을 위한 가처분 등기 같은 것들이다. 이 경우 건물주도 토지지료지급 판결을 받았다고 해서 선뜻 지료를 지급하려 하지 않을 것이다. 곧 철거 당할 건물에 대해 지료를 지급할 이유가 없으며, 될 대로 되라는 식으로 버틸 것이 분명하다.

그러나 긍정적인 마인드로 생각해보자. 토지 주인 또한 종국적으로 건물 철거를 원하지 않는다면 토지 주인과 건물 주인이 서로가 상생하는 극적인 합의점은 없을까? 만약 10억의 가치가 있는 건물을 토지 주인에게 헐값인 2억(건물주는 철거당할 건물을 1억에 매수했다고 가정한다)에 매도할 수 있다면 법정지상권이 성립하지 않는 건물을 헐값에 매수해 2배의 이익을 낸 건물 주인으로서는 이득이다. 토지 주인 또한 길고 지루한 철거소송에 드는 비용과 건물이 실제로 철거되었을 때 자신이 취할 수 있었던 기회비용을 생각한다면 철거소송보다는 2억에 매수하는 것이 오히려 바람직하다고 판단할 수도 있다. 그렇게 합의가 될 여지가 있다는 전제하에 낙찰자는 건물철거소송에서 패소가 임박한 건물을 1억에 낙찰 받아 토지 주인에게 2억에 넘길 수 있다면 마다할 이유가 없다.

반대의 경우를 생각해보자. 법정지상권이 성립하는 건물이 소재한 토지를 매수한다고 가정하자. 그 건물이 고가이든 다 썩어내려 앉은 건물이든 상관없다. 만약 그 토지가 강남지역에 위치한, 아니면 중소도시라도 시내 중심상업지역에 입지해 있어 지료청구 시 액수가 엄청나다고 가정한다면 토지를 매수하지 않을 이유가 없다. 예를 들어 토지를 10억에 매수해 건물주로부터 연간 3억 원의 지료를 받을 수 있다면 법정지상권이 아니라 그보다 더한 권리가 있다고 하더라고 매수해야 한다. 이 경우, 만약 지료에 부담을 느낀 건물주(지상권자)가 지료 지급을 해태하면 지료 채권이 발생하게 되고, 지료 채권을 기화로 건물을 압류해 경매에 부칠 수도 있다. 이렇게 되면 법정지상권이 성립하더라도 건물에 입찰하려는 입찰자수가 대폭 줄어들 것이고 건물은 토지 주인이 싼 값으로 낙찰 받을 수 있음은 자명하다.

경매초보도 특수물건 한다

 따라서, 이 글을 읽는 독자는 학원이나 인터넷강의, 그리고 경매 교재에서 배운 법정지상권에 대한 개념 자체를 바꿀 필요가 있다. 돈이 된다면 법정지상권이 성립하든 그렇지 않든 법정지상권 성립여부에 따른 입찰 결정이라는 고정관념에서 벗어나야 한다.

 2013년 10월에 인천 동구 송현동에 위치한 토지가 경매가 나왔다. 토지는 19평으로 지상에는 1959년도에 건축된 낡은 주택이 소재하고 있었다. 건물을 제외한 토지만의 경매라 감정가 1억1780만 원 대비 34%로 떨어져 최저가는 4040만 원이었다. 인근 새마을금고에서 2006년 근저당설정 당시 건물이 소재하고 있었으므로 건물 주인과 토지 주인이 동일할 경우, 법정지상권이 성립되는 건물이었다. 건물은 소유권보존등기가 되지 않아 등기부등본 자체가 없었지만 건축물대장이 존재하는 걸로 보아 무허가 건물은 아니었다. 건축물대장을 확인했더니 역시나 토지 주인과 동일인이었다. 지상의 건물에는 임차인이 샷시문을 제작하는 소규모 점포 겸 주택으로 쓰고 있었다. 임차인은 전세 2000만 원으로 임대차 중이었는데, 보증금 전액에 대해 최우선변제24)를 받을 수 있어, 명도저항도 없을 거라 판단되었다. 법정지상권 성립이 명백해 보였지만 필자는 과감하게 입찰을 결정했다. 우선 재개발지역이라 토지 가치로만 따져 감정가의 절반 값에 살 수 있다면 향후 적지 않은 매매차익을 낼 수 있을 거라 판단했고, 건물 주인에게 재개발이 시작될 때까지 받을 수 있는 지료가 은행이자 이상 가능하리라 생각했다. 또한 건물주는 지료지급을 감수하면서까지 다 쓰러져 가는 주택을 보존하면서 버틸 재량이 없다고 판단했다. 언젠가는 지상의 건물을 필자에게 매각하지 않을 수 없으리란 판단도 작용했다.

필자가 입찰한 가격은 감정가 대비 49.4%인 5828만 원이었고 전체 입찰자는 나를 포함해 2명이었는데, 2등과의 금액 차이는 296만 원이었다. 건물로 인해 은행 대출도 어려울 것 같았는데, 다행히 대출알선업자를 통해 낙찰가의 78%인 4600만 원을 대출받을 수 있었다.

입찰 후 최고가 매수신고인으로 선정되고 곧바로 세입자를 만나 향후 거취문제를 논의하면서 연락처를 주었더니 얼마 지나지 않아 건물주로부터 연락이 왔다. 세입자를 통해 건물주로부터 연락이 오길 바랐던 계산이 적중했다. 건물주는 자신의 건물도 사가라고 했다. 필자는 가격도 묻지 않았다.

"다 쓰러져 가는 건물을 어떻게 돈을 주고 인수하겠습니까? 재개발될 때까지 토지 지료나 받을 생각입니다."

---

24) 토지만의 경매라 하더라도 주택 세입자는 토지 낙찰대금에서 배당을 받을 수 있다.

경매초보도 특수물건 한다

　협상의 여지를 남겨두긴 했지만 일단 거절했다. 건물주와의 밀당이 시작됐다. 건물주는 30대 중반의 남자였는데 법정지상권에 대한 개념이 없었다. 본건의 경우, 토지가 경매로 매각되어 낙찰자가 잔대금을 치르는 순간부터 건물 주인은 건물에 대한 법정지상권을 취득한다. 견고한 건물이면 30년이지만, 건축물대장상 목조주택으로 등재되어 있는 낡은 건물이라 15년의 법정지상권을 주장할 여지는 있었다. 그러나 건물 주인은 그럴 여력이 없어 보였다. 1년 동안 경매로 인해 마음고생이 많았고, 언제 쫓겨날지도 몰라 걱정하던 세입자에게도 시달리고 있었다. 토지를 경매로 날렸는데 그깟 쓰러져가는 건물로 법정지상권 성립 여부를 두고 낙찰자와 다툴 전투력을 이미 상실하고 있었던 셈이다. 요는 얼마에 건물을 매입하느냐는 문제만 남겨두고 있었다.

　최종적으로 건물 주인은 1000만 원을 제시했다. 나는 500만 원 이상으로는 건물을 매입할 수 없다고 맞섰다. 한 달 동안의 협상 끝에 750만 원에 건물을 매입하는 것으로 가닥을 잡고 매매계약을 체결했다. 건물 이전 등기는 배당기일을 며칠 앞둔 시점이었다. 배당기일 직전에 임차인과도 임대차계약을 체결했다. 종전 금액인 전세 2000만 원에 2년 동안 계약을 유지하는 합의였다.

　이 부동산은 2년이 지난 시점에 인근 중개업소에 매물로 내놓았다. 재개발은 지지부진했고, 감정금액인 1억1780만 원은 재개발 열풍이 불던 시점에 감정을 한 금액이라 다소 거품이 있었다. 매입 후 2년 뒤에 투자 목적의 매수인을 만나 9900만 원에 매각했다. 수리비, 금융비용 등 실제 내가 투자한 현금은 3100만 원이었고 세전 매각차액은 2200만 원 정도였다.

가장임차인

13
선순위 세입자는 지렛대다
안양 비산동 빌라

　대박이 난 경우 흔히들 홈런을 친다, 라고 표현한다. 경매에도 이런 물건들이 있다. 우연찮게 입찰했는데 의외의 엄청난 수익을 낸 물건들. 가령, 허름한 아파트나 주택을 낙찰 받았는데 전 주인이 거액을 들여 초호화 인테리어를 해둔 경우다. 경매를 하다보면 예상치 않게 이런 물건을 잡는 수가 간혹 있다.

　그러나 소 뒷걸음치다 쥐 잡는 격이 아닌 실제 로또는 따로 있다. 중급 이상의 경매인들이면 이미 감을 잡았을 수 있다. 그렇다. 가장임차인과 관련한 물건이다. 가장임차인을 설명하려면 우선 대항력과 우선변제권, 배당신청 등에 대한 이해가 전제되어야 한다.

　주거용 건물의 경우 임차인의 대항력[25]은 주택을 인도받고 전입 신고한 익일 0시부터 발생한다. 그러나 이 대항력이라는 게 경매에서는 선순위 저당권보다 후순위라면 아무런 소용이 없다. 대항력은 후순위 권리보다 앞선다는 것뿐이다. 대항력 있는 임차인이 후순위 권리자보

---

[25] 상가의 경우는, 상가건물의 점유와 사업자등록신청을 한 익일 0시부터 대항력이 생긴다.

다 경매에서 우선적으로 배당을 받으려면 확정일자를 받아 두어야 한다. 확정일자를 받지 않았다면 우선변제권은 없고, 다만 대항력만 주장할 수 있을 뿐이어서 경매를 당할 경우, 낙찰자에게 자신의 보증금을 지급받지 못하면 계속 임차인의 지위를 갖고 임대차 목적물을 사용 수익할 수 있을 뿐이다.

대항력	확정일자	배당신고 있음	배당신고 없음
유	유 (말소기준권리 보다 빠른 경우)	배당받고 소멸 (미 배당금 존재 시 낙찰자 인수)	낙찰자 인수
	유 (말소기준권리 보다 늦은 경우)	배당순위에 따라 지급 (미 배당금 존재 시 낙찰자 인수)	낙찰자 인수
	무	배당순위에 따라 지급 (미 배당금 존재 시 낙찰자 인수)	낙찰자 인수
무	유	배당순위에 따라 지급 (최우선변제는 가능)	소멸 (최우선변제는 가능)
	무	배당순위에 따라 지급 (최우선변제는 가능)	소멸 (최우선변제는 가능)

따라서 배당요구를 하지 않은 임차인은 낙찰자가 그 보증금을 떠안아야 한다. 만약 시세(감정가도 동일하다고 가정하자)가 1억인 주택을 경매로 8000만 원 선에 매입하고자 한다고 가정하자. 대항력 있는 임차인의 보증금 7000만 원을 인수해야 된다면 최저가가 1000만 원대로 떨어져서 최저 가격에 낙찰 받아야 8000만 원에 구입하는 효과가 있다는 얘기가 된다. 다시 말해, 1000만 원에 낙찰을 받고 등기 이전

후 세입자가 계약기간이 종료되어 집을 비우는 시점에 보증금 7000만 원을 지급하면 된다.

경매초보자는 이 경우처럼 인수해야 하는 물건을 꺼리는 경향이 있지만 알고 보면 여러 가지 이점이 있다. 일단 경락자금 대출을 위해 이리저리 은행권을 전전할 필요가 없다. 낙찰 받는 순간 이미 기존 세입자와 전세 7000만 원에 임대차계약을 체결한 효과를 누리는 것이다. 계약서 작성도 필요 없고, 부동산중개업자에게 임대차 알선 요청도 필요 없어진다. 그리고 절세의 효과라는 또 다른 이점이 있다. 8000만 원에 낙찰 받으면 8000만 원에 대한 1.1%의 취등록세[26]를 내야 하지만 1000만 원에 낙찰을 받으니 취등록세 또한 1000만 원에 대한 1.1%를 내면 된다는 점이다. 그리고 가장 중요한 한 가지, 만에 하나 임차인이 가장임차인이라면 보증금 7000만 원을 지급하지 않아도 되니, 1억의 빌라를 1000만 원에 사는 로또를 거머쥐는 셈이다.

가장임차인은 어떤 경우에 발생하고, 어떤 부동산이 가장임차인이 의심될까? 가장임차인은 일명 허위 임차인이라고도 한다. 사람 사는 세상의 양태가 워낙 다양하다 보니 별 일이 다 생긴다. 예를 들어보자. A가 살고 있는 주택에 A의 지인이나 가까운 친척 B가 주민등록상 주소지를 A집으로 옮겨놓자고 부탁을 한다. 별일 아니니 대부분 승낙을 하게 될 것이고, 그 지인 B는 전입신고를 한다. 이후 A가 살고 있는 주택이 강제경매든 아니면 은행권에 대출을 받았다가 이자를 갚지 못해 저당권 실행에 의한 임의경매에 들어갔다고 가정하자. 이제 B는

---

[26] 주거용 건물의 취등록세가 일률적으로 1.1%는 아니다. 6억 이하에 85㎡ 이하면 1.1%, 85㎡ 초과는 1.3%이다. 6억 초과 9억 이하에 85㎡ 이하면 2.2%, 85㎡ 초과는 2.4%이다. 또, 9억 초과에 85㎡ 이하면 3.3%, 85㎡ 초과면 3.5%이다.

외관상 대항력 있는 임차인처럼 보이게 된다. A는 그 시점부터 유혹에 시달린다. 그 경매가 저당권 실행에 의한 임의경매가 아니라 강제경매라면 유혹은 더 심하다. 왜냐면 저당권자인 은행은 선순위 전입자에 대한 정보를 어느 정도 파악하고 돈을 빌려줬을 테지만 강제경매로 들어온 일반채권자는 선순위 전입자에 대한 정보가 없을 가능성이 많기 때문이다.

아무튼 이제 경매상 채무자는 딸랑 하나밖에 없는 집을 경매로 날려 집도 절도 없는 신세가 되는 것보다 B를 임차인으로 둔갑해 계약서를 써두고 실제로 거주하게 만든다. 3억 짜리 아파트에 전세 2억5000만 원으로 계약서를 작성하는데 그 시점은 물론 강제경매 기입등기가 된 이전으로 해 두려고 할 것이다. 그렇게 소급해서 계약서를 써야 대항력이 생기게 되기 때문이다. 물론 이 경우 확정일자를 거슬러 올라가 받을 수는 없다. 주민센터에서는 날짜를 소급해서 확정일자를 부여하지 않기 때문이다.

허위로 임대차 계약서를 쓰려고 하다 보니 여러 가지 문제점이 이 단계에서부터 발생한다. 이제 임대차 계약서를 쓰고, 그 지인 B는 임차인 행세를 할 것이다. 물론 B는 A와 이면 합의를 해둘 것이다. 가령, 보증금 2억5000만 원을 받게 되면 반반씩 나누기로 하는 통모 같은 것들이다. 또한 법원에서 현황조사를 위해 현장을 방문하면, 지인 B가 해당 아파트에 거주하며 허위 임대차 계약서를 제출할 것이니 법원에서는 외관상 대항력 있는 임차인 B의 주장을 액면 그대로 받아들여 현황조사서에 기재하게 된다. 경매법원은 사실의 진위여부에 대한 판단은 하지 않기 때문이다.

이럴 경우, 입찰자들은 가장임차인의 배당신청 여부에 따라 입찰 가격을 결정할 것이다. 저당권 실행에 의한 임의경매라면 해당 은행에 선순위 전입자의 무상거주확인서 제출여부에 대한 확인이라도 하면 되지만 강제경매의 경우에는 경매신청자의 인적사항에 대한 정보가 미흡하다. 더군다나 연락이 닿는다하더라도 경매신청자 또한 임대차 현황에 대해 제대로 알 리 만무하다. 따라서 입찰자들은 가장임차인이 배당요구를 신청하지 않았다면 5000만 원 이하에서 낙찰을 받아야 겨우 시세대로 사는 꼴이므로 하염없이 유찰되기를 기다려야 한다. 가장임차인은 이후 임대차 종료시점에 낙찰자에게 자신의 보증금 2억5000만 원을 받아 점유를 이전하면 자신들의 목적을 달성하게 된다.

반면 저당권 실행에 의한 임의경매에서 가장임차인이 배당요구를 신청했다면 어떻게 될까? 감정가 3억에서 시작된 경매가 2억6000만 원에 낙찰되었다고 가정하자. 통상 확정일자가 선순위 저당권보다 늦으므로 우선변제권에서 후순위로 밀린다. 따라서 은행에서 배당받고 난 잉여 금액을 배당받는데, 2억5000만 원을 전액 변제받지 못한다면 잔액에 대해서는 낙찰자가 인수해야 한다. 결국 2억6000만 원의 낙찰자는 3억 아파트를 5억이 넘는 금액에 매수하는 꼴이다. 따라서 가장임차인이라는 사실을 모르는 입찰자는 가장임차인이 받을 배당금액을 따져 자신이 인수해야 하는 금액을 확인한 후에 입찰가를 결정할 것이다. 통상 낙찰가는 5000만 원 이하에서 결정되고 배당받지 못한 임차인의 보증금을 낙찰자가 인수할 것이다.

그러나, 만약 5000만 원 이하에서 낙찰받은 낙찰자가 2억5000만 원이란 금액을 인수하지 않아도 된다면 어떨까? 가장임차인이라는 사실을 밝혀내 전세 보증금을 인수하지 않아도 된다면 그야말로 대박이다.

 경매초보도 특수물건 한다

만약 가장임차인이라는 의심이 드는 물건에 입찰해, 가장임차인이 아닌 진짜 임차인이라서 결국에는 임차인의 보증금을 인수한다 하더라도 손해보지 않을 금액에만 낙찰 받는다면 밑져야 본전이다. 문제는 가장임차인이란 걸 어떻게 밝혀내야 하고 어떤 경우가 가장임차인이라는 의심이 들까? 가장임차인을 의심해 볼 만한 정황의 물건은 어떤 특징을 가지고 있을까?

가장임차인 판별법

계약서

1. 임대인, 임차인이 추후 허위로 작성한 문서이다 보니 대개 임대차계약서에 중개업자의 날인이 없다.
2. 임대차계약 시점을 과거로 소급해서 작성해야 하므로 계약서 양식은 최근의 것일 가능성이 높다. 참고로 중개업자들이 쓰는 계약서는 매년 조금씩 그 양식이 바뀐다.
3. 임대차 계약시점이 10년 전인데 핸드폰 번호는 최근의 것이다.

전입일자

1. 경매개시결정등기나 가압류 시점을 전후해서 전입신고를 한다.
2. 임대차계약서 작성 시점과 전입신고일 사이에 시차가 크다.
3. 법원문건송달내역을 살펴보면 법원에서 임차인에 대해 임대차계약서에 대한 보정명령을 내린 경우가 있다. 이는 임차인이 임대차계약서를 제출하지 않았거나 기 제출된 임대차계약서가 부실했다는 의미다.

확정일자

1. 확정일자가 없다. 왜냐면 당초에는 전입신고가 목적이었기 때문에 보증금이 없고 보증금을 보호하려는 취지의 확정일자를 받을 필요가 없었기 때문이다.
2. 소액보증금으로 허위 계약서를 썼다면 굳이 확정일자를 받을 필요도 없다. 왜냐면 소액보증금은 최우선변제금액으로 배당받으면 되기 때문이다.
3. 확정일자가 있더라도 전입신고일보다 상당한 시차를 두고 부여받거나 경매개시결정등기에 임박해 부여받는다.

현황조사서

1. 현황조사서에 보증금 등이 명확하게 등재되어 있지 않다.
2. 법원 집행관의 현장방문 시 보증금 등 임대차계약서 등 관련 서류를 제출하지 않는다.

보증금

1. 영수증이나 통장내역 등 전세보증금을 송금한 서류를 증빙할 자료가 없다.
2. 보증금이 시세와 큰 차이가 있다.
3. 보증금을 거래관행과 달리 일시불로 지급한 걸로 계약서에 명시되어 있다.
4. 소유자의 채무 초과상태에서 체결한 임대차계약이다. 가령 등기부에 압류 가압류 근저당 등 선순위 권리가 다수 있는 상태에서 임대차 계약이 체결된다. 이 경우는 우선변제를 받는 선순위 임차인의 조건을 갖추지는 못하지만 최우선변제금의 배당금 수령이 목적인 가장임차인이라 보면 된다.

주민등록

1. 대출당시 임차인이 동거인으로 되어 있다.
2. 소유자와 임차인이 해당주택에 동시에 전입되어 있다.

임대차관계

부모와 자식, 장모 집에 사위, 형제간, 동서간, 친인척간, 사장과 종업원, 미성년자로 경제능력이 없는 자가 임차인으로 등재되어 있다.

기타

1. 집행법원에서 발송한 우편물을 수령한 당사자가 누구인지 알아볼 필요가 있다. 소유자가 받았다면 가장임차인일 가능성이 높다
2. 소송이 진행되면 주민등록초본을 통해 전 거주지의 거주기간을 확인하면 정황을 알 수 있다.
3. 아파트의 경우, 관리사무실에서 고지된 관리비의 명의가 소유자인지 임차인인지 확인한다.

가장임차인의 형벌

- 사기죄로 10년 이하의 징역이나 2천만 원 이하의 벌금
- 강제집행 면탈죄로 3년 이하 징역이나 1천만 원 이하의 벌금
- 경매입찰 방해죄로 2년 이하 징역이나 7백만 원 이하의 벌금

가장임차인은 경매상 채무자와 통모해 아무리 서류를 완벽하게 만든다 하더라도 어딘가 허점은 분명히 있게 마련이다. 가장임차인이 의심되는 물건을 고르던 중 필자는 안양시 비산동 소재 반지하 빌라를 주목했다. 확증은 없었지만 충분히 의심이 가는 물건이었다. 법원의 현황조사서에는 보증금 금액과 전입일만 나와 있을 뿐 확정일자가 기재되어 있지 않았다. 확정일자를 받지 않았다는 건지 배당요구를 위한 임대차 서류를 제출하지 않았기에 확정일자를 받았지만 알 수 없다는 건지 그것조차 불투명했다. 아무튼 감정가 1억에 배당요구를 하지 않

은 선순위 전입자의 임대차보증금이 7000만 원, 후순위 근저당으로 4800만 원이 설정되어 있었고, 은행에서 저당권을 실행한 임의경매였다. 외견상으로 임대차보증금 7000만 원을 낙찰자가 인수해야 했기에 무려 9차례나 유찰되어 최저가가 1342만 원까지 떨어졌다.

No Scale

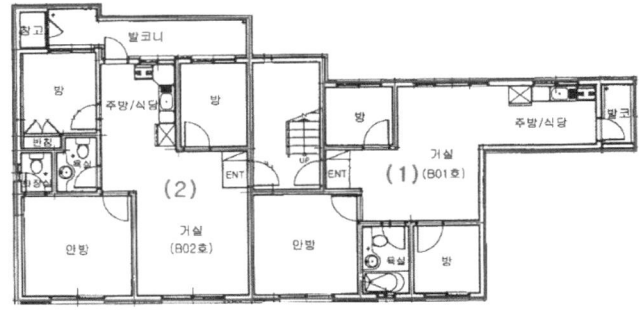

비산동 305-53 지하층 호별배치도 및 내부구조도

나는 일단 입찰에 응하기로 마음을 먹었다. 최저가 근처에서 낙찰받으면 설령 보증금을 인수해야 하는 진짜 임차인이라 하더라도 손해

◢◣ **경매초보도 특수물건 한다**

볼 일은 없다는 판단이 섰다. 해당 빌라는 2003년도에 사용승인된 건물로 대지권30.89㎡에 건물65.62㎡, 방3개와 거실, 화장실이 2개 있는 통상적으로 분양면적 28평정도 되는 빌라였다. 감정가가 1억이었지만 시세를 조사해보니 1억1000만 원 내외였다. 게다가 그 일대는 3종 일반주거지역에다 도시환경정비법에 따른 정비구역으로 지정돼 있었다. 실제 정비사업이 진행되면 개발 호재에 따른 부동산의 가격 상승이 기대되었다.

임차인에 대한 조사에 들어갔다. 먼저 저당권자인 은행이 선순위 전입자가 있는데도 불구하고 4000만 원을 대출[27]한 이유에 대해 알아내야 했다. 7000만 원의 선순위 세입자가 존재하는데 4000만 원을 담보로 빌려준다는 건 이해하기 힘들었다. 담보가치를 넘어서는 대출금액이었다. 문제는 은행에 여러 차례 전화를 했으나 당시 대출 담당자를 찾을 수 없었다. 그리고 무엇보다 경매 담당자의 답변이 가관이었다. 임대차에 관한 사항은 개인정보와 관련되어 있어서 자세한 사항은 알려줄 수 없다는 것이었다.

"선순위 전입자가 진짜 임차인인지, 그렇다면 보증금 7000만 원이 맞는지 그걸 가르쳐 달라는데 그게 무슨 개인정보와 관련이 있다는 겁니까?"

다소 흥분된 나와는 달리 은행 직원의 목소리는 담담했다.

"내부 방침이 그렇다는 겁니다."

"가장임차인일 수도 있는 선순위 세입자 때문에 낙찰가격 하락으로 채권 회수가 통상의 절반도 안돼서 회사에 손해가 된다면 개인정보 운

---

[27] 채권최고가는 4800만 원이었지만 확인 결과 실채권액은 4000만 원이었다.

운하시겠어요? 그 은행 대표이사가 가장임차인이란 사실을 개인정보 때문에 못 가르쳐줘서 채권 회수에 문제가 있다면 그 직원 가만 놔두 겠어요? 당신이 사장이라면 어떡하시겠어요? 그리고 이게 당신이 받을 돈이라고 하더라도 그렇게 말씀하실 겁니까? 내가 편리를 보자는 것도 있지만 당신네 은행도 입 다물면 손해를 보는 거 아닙니까?"

필자가 따지듯 몰아세우자 돌아온 건 은행 직원의 기계적인 대답이었다.

"정보를 공개하는 건 제가 결정하고 말고 할 사항이 아닙니다. 죄송합니다."

은행을 통해 임차인의 정보를 취득하지 못하자 현장을 찾았다. 그러나 이마저도 만만치 않았다. 초인종을 눌렀더니 개소리만 들릴 뿐 인기척이 없었다. 낮 시간대여서 그런지 일을 나간 것 같았다. 주변의 부동산을 방문했지만 임차인에 대한 정보를 파악할 길이 없었다.

달리 방법이 없었다. 투자한 시간이 아까워서더라도 입찰에 참가해야 했다. 대리인을 통해 입찰했는데 결과는 낙찰이었다. 낙찰금액은 전 회차 가격을 넘긴 1789만 원이었다. 입찰자는 2명이었는데, 2등은 1343만 원으로 금액 차이는 446만 원이었다. 낙찰을 받고 은행 대출 서류부터 열람에 들어갔다. 가장임차인 여부를 알아내기 위해서였다. 대출 당시 선순위 전입자로부터 받은 무상거주확인서가 있다면 가장임차인임을 입증할 확실한 증거가 되겠지만 불행히도 그런 서류는 없었다. 그렇다고 진짜 임차인이란 증거도 없었다. 법원 기록에는 임대차 계약서 자체가 없었다. 배당신청을 하지 않았기 때문에 임대차 계약서가 접수 제출될 리도 없었다. 그렇지만 세입자는 왜 법원의 현황

경매초보도 **특수물건 한다**

조사 시 확정일자를 받았는지 여부에 대한 명확한 소명을 하지 않았을까? 의문이 꼬리를 물었다. 법원의 기록을 꼼꼼히 열람했지만 임차인에 대한 정보는 얻을 수 없었다.

어쩔 수 없이 임차인을 직접 만나서 확인할 수밖에 없었다. 두어 차례 현장을 방문했지만 만날 수 없어 쪽지를 남겨두고 전화를 부탁했더니 연락이 왔다. 자기들은 진정한 임차인이며 보증금이 7000만 원에 확정일자까지 받아두었다고 했다. 나는 임대차 계약서를 팩스로 보내줄 것을 요구했다. 며칠 뒤 팩스를 받았는데 아쉽게도 정상적인 계약서로 보였다. 확정일자가 찍힌 뒷면을 받지 못했지만 부동산중개업자의 주소와 직인도 찍혀 있었다. 혹시나 해서 부동산 중개업소도 방문해서 확인해 보았지만 가장임차인이란 증거를 발견할 수 없었다.

이로써 가장임차인을 의심하고 입찰했던 기대는 무너졌다. 그러나 좋은 소식도 있었다. 낙찰 받은 지 얼마 지나지 않아 그 일대의 정비조합이 결성되고 개발 바람이 불면서 부동산 가격이 들썩이기 시작했다. 아무튼 낙찰 이후 6개월간 기존 임차인은 해당 부동산에서 거주했고, 계약 종료 시점에 보증금 7000만 원은 대출을 일으켜 상환했다. 이후 간단한 수리를 거쳐 전세 9000만 원에 임대차를 하다 2년이 지난 시점에 이르러 1억2800만 원에 매도했다.

대지권미등기

14
강제집행은 본인에게도 독이다
화성 병점동 상가

　흔히들 경매의 꽃은 명도라고 한다. 기존 소유자나 세입자로부터 점유를 이전받는 명도는 경매에 있어 가장 까다롭고 힘든 과정이다. 일반인들은 명도가 두려워 경매를 포기하고 일반 부동산중개업소를 찾기도 한다. 그러나 명도 자체를 두려워 할 필요는 없다. 명도가 어려운 물건이라고 입찰자가 없을까? 그럴 일은 없다. 하염없이 유찰되면 명도 저항을 예상하고라도 누군가는 낙찰을 받게 되어 있다. 울어봤자 시집은 가야 한다. 누군가는 경매에서 입찰을 받을 것이고 권리 없는 당사자는 새롭게 권리를 취득한 매수인에게 부동산을 넘겨줘야 한다. 그게 상식이고 이치다. 문제는 얼마나 깔끔하게, 그리고 상대방에게 상처를 주지 않고 점유를 이전받느냐가 관건이다.

　경매를 종합예술이라는 부르는 이유는 명도라는 과정을 거쳐야 하기 때문이다. 명도는 부동산의 권리분석이나 시장분석과는 다른 개념이다. 권리분석은 타인과의 이해관계가 없는 순전히 낙찰자 개인의 영역이지만 명도는 타인과의 이해충돌을 동반한다. 때로는 나의 선택으로 인해 누군가를 막다른 골목으로 이끌게 할 수도 있다. 따라서 명도에 앞서 사람과 사람 사이의 관계를 진지하게 고민해야 하고, 무엇보다 사회적 약자를 배려하는 마인드를 가져야 한다. 그러나 그렇다고 해서 명도 대상자에게 하염없이 끌려다닐 필요도 없다. 가급적이면 강제집행이라는 최후의 수단을 쓰지 않고 협상을 통한 명도를 해야 한다는 의미다.

법원 경매에서는 공매와는 달리 인도명령이라는 제도를 두고 있다. 법원은 인도명령에 불응하는 임차인이나 점유자를 제압할 수 있는 칼자루를 낙찰자에게 쥐어준다. 바로 강제집행이다. 강제집행을 신청하면 집행관들이 권리 없는 점유자를 물리적으로 제압하고 가구 등 살림살이를 들어내고 출입문에 새로운 잠금 장치를 한 뒤 낙찰자에게 점유를 넘겨준다. 그 시점부터 이전 점유자가 허락 없이 해당 부동산에 진입하게 되면 주거침입죄가 성립된다. 강제집행은 이처럼 점유자의 자잘한 사정을 봐주지 않는다. 그렇기에 강제집행은 최후의 수단이다. 조자룡 헌 칼 쓰듯 휘두르면 본인에게도 독이 된다. 자신이 휘두른 칼날이 자신의 마음을 베는 칼날로 돌아온다.

2013년 11월 필자는 경기도 화성에 있는 상가에 주목하고 있었다. 그 상가는 화성시 병점동 번화가에 위치한 9층 상가 건물 중 4층에 위치한 전용면적 20평으로 현황은 사무실로 쓰이고 있었다. 5번 유찰을 거듭해 최저입찰가가 4014만 원으로 감정가 1억6000만 원 대비 25%나 떨어진 가격이었다. 감정가의 1/4로 떨어진 이유에 대해 나름대로 분석해 보니 크게 세 가지를 꼽을 수 있었다. 첫째는 대지권미등기였다. 둘째, 감정가가 실제 시세보다 좀 부풀려져 있었다. 셋째, 명도저항이 예상된다는 점이었다.

그러나 대지권미등기는 그다지 문제는 없어보였다. 대지권이 감정가격에 포함되어 있었다. 그리고 매각물건명세서에는 다음과 같이 기재되어 있었다.

수분양자 김**가 대지 가격을 포함한 분양대금 전부를 납부한 것으로 추정되나(2015.10.5자 화성시동부출장소장의 사실조회회보서 참조), 만약 미납된 분양대금이 있다면 이 사건 매수대금과는 별도로 낙찰인(매수인)이 그 대금납부의무를 수인하여 부담할 가능성이 있음.

사실조회회보서의 정확한 내용은 이해관계자가 아니어서 경매 전에 확인할 길은 없었지만 법원 문건송달내역과 대조해보면, 대충 다음과 같이 추정되었다. 먼저 법원에서 경매상 채무자가 대지권에 대한 권리가 있는지 여부를 알아보는 사실조회회신서를 보냈고, 이에 해당 자치단체에서 최초 수분양자가 분양대금을 완납했다는 회신을 법원에 제출했다, 라는 추측이 가능하다. 그렇지만 법원은 추후 이 회신이 절대적인 팩트가 아닐 수도 있으므로 단서조항을 달아 미분양대금은 매수인의 부담으로 떠넘기고 있다는 점이다. 감정가에 대지권이 포함되어 평가되었고 해당 자치단체도 분양대금을 완납했다는 회신이 있었다는 사실만으로도 대지권을 찾아오는 것은 어렵지 않아 보였다. 설령, 대지권을 찾아오는데 중대한 문제가 발생한다면 경우에 따라서는 매각불허가 신청의 사유가 될 것이고, 이는 충분히 받아들여질 여지가 있었다.

두 번째, 부풀려진 감정가도 크게 문제 되지 않았다. 실제 시세를 조사해본 결과 1억에서 1억2000만 원 정도였다. 감정가가 1억6000만 원이긴 하지만 최저가가 4100만 원대로 떨어져 있어 시세의 50%에만 낙찰 받아도 성공이라는 판단이 들었다. 게다가 임대수익률로만 따져도 그리 나쁘지 않았다. 현재 임차인의 월세가 60만 원이었는데 대출 없이 전액 6000만 원 정도에 매입한다하더라도 연 12%의 수익률을 올릴 수 있다는 판단이 섰다.

세 번째 명도저항이 예상된다는 문제였는데, 복잡한 임대차 관계 때문에 외견상으로는 일견 그렇게 보일 수도 있었다. 임차인이 보증금 100만 원에 월 60만 원으로 임대차계약을 하고 있고, 그 임차인이 소유자의 동의를 얻어 다시 사무실의 1/2을 보증금 50만 원에 월 30만 원으로 전대차를 하고 있는 상황이었다. 임차인이 2명이어서 명도가 까다롭고 복잡할 것 같지만 실상은 모두 인도명령의 대상일 뿐이었다. 그리고 전차인이 3500만 원을 들여 고가의 녹음시설 장치를 해두었다고 현황조사서에 기재되어 있었다. 고가의 시설을 설치했으니 유치권을 주장하거나 명도 저항이 셀 것이라고 판단해서 유찰이 여러 번 됐을 수도 있다. 그러나 필자는 달리 생각했다. 고가의 시설을 설치했다는 점은, 전차인이 낙찰자와 재계약을 하지 않을 수 없는 불리한 위치에 서 있다는 반증이었다.[28]

이런 이유들로 필자는 입찰 결심을 굳혔다. 역설적이게도 임차인이 설치한 고가의 시설이 입찰자를 불러 모으는 것이다. 그러나 필자는 입찰 당일까지 입찰가를 정하지 못하고 있었다. 입찰 당일 수원지방법원에 평소보다 조금 일찍 도착해서 커피를 한잔하며 고심했다. 최저가 4014만 원에 전차 가격이 5734만 원이었기에 상식적이라면 이 두 금액 사이에 입찰가를 정해야 했다. 아무튼 5000만 원은 넘겨야 할 것

---

[28] 물론 추후 유치권 주장이나 비용상환청구권은 받아들여지지 않을 것으로 판단했다. 왜냐면 임대인의 동의를 얻어 전대차계약을 했다는 사실은 통상적인 계약서상 원상회복 단서를 두고 있기에 특약으로 임차인이 유치권은 포기했을 가능성이 크다.

같았다. 그러나 이왕 입찰을 결심한 이상 전차 가격을 넘기는 게 낫겠다는 판단했다. 5100만 원에 낙찰을 받으면 수익을 남길 수 있고 700만 원을 더 써서 5800만 원에 낙찰 받으면 수익이 나지 않을 것 같으면 이 물건은 포기하는 게 옳다. 어차피 시세가 1억이 넘는다고 판단했으면 700만 원을 더 쓰지 못할 이유가 없다. 그런 판단을 하고 내가 써낸 금액은 5879만 원이었다. 결과는 낙찰이었다. 입찰자는 필자를 포함해 6명이었다. 2등은 5752만 원으로 전차 가격을 넘긴 금액이었다. 필자와의 가격 차이는 127만 원이었다. 감정가의 36.7%의 가격에 낙찰 받았으니 대성공이었다. 그러나 그것은 두 가지 문제를 해결해야 제대로 된 성공이라 할 수 있었다. 일단 대지권미등기 문제를 해결해야 했고, 상가이다 보니 공실이 생겨서는 안 될 일이다. 상가는 임대에 성공하지 못하면 아무짝에도 쓸모가 없기 때문이다.

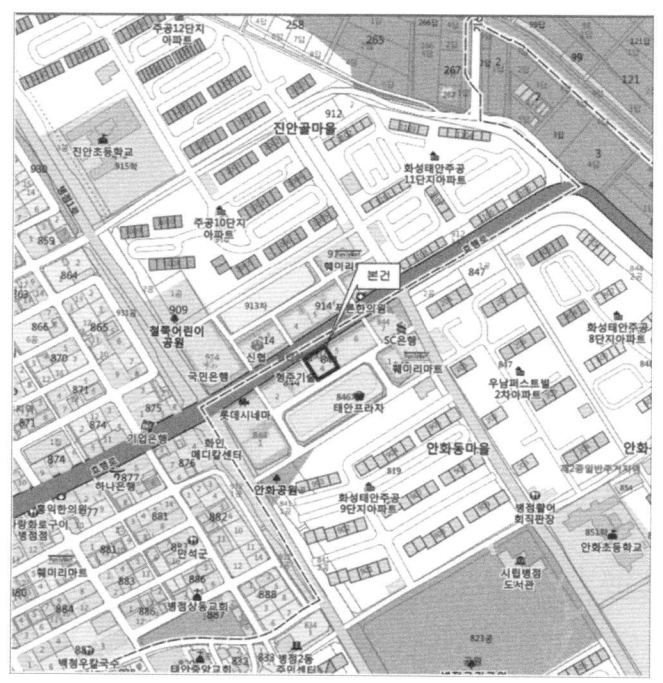

　사건기록열람을 통해 상가건물을 분양한 회사의 연락처를 확인한 다음 접촉에 나섰다. 분양회사는 해당 건물의 관리사무실을 운영하고 있었다. 분양 회사의 입장은 간단했다. 최초 수분양자가 분양 대금은 완납했지만 대지권 등기를 하기까지 시일이 소요되면서 그 동안의 건물 관리비가 연체되었다. 이후 소유자가 두어 차례 바뀌었지만 분양회사는 관리비 납부와 대지권 이전서류를 넘겨주는 것에 대해 동시이행항변권을 주장하면서 대지권미등기인 상태로 지금에 이르렀던 것이다. 최초 수분양자의 관리비 연체 금액은 511만 원이었는데, 200만 원을 주고 대지권을 넘겨오는 것으로 협상을 마무리했다. 전유부분은 전 소유자에게 책임이 있고 공용부분만 부담하는 것이 대법원 판례의 입장이라 그 부분을 고수하면서 밀고 당긴 협상의 결과였다. 아무튼 대지권을 넘겨받는 대가가 200만 원이라면 만족할만한 성과였다.

남은 문제는 임차인과의 협상이었다. 낙찰 잔대금을 납부하기 전에 서둘러 임차인을 만났다. 예상대로 임차인은 해당 점포에 설치했던 시설에 대한 집착이 대단했다. 알고 보니 입찰에도 응했던 사람이었다. 임차인은 입찰가 5100만 원을 쓰고 6명 중 4등을 했다. 임차인은 입찰에 앞서 경매컨설팅 회사를 찾아 자문을 구했다고 한다. 그런데 컨설팅 회사에서 입찰가에 대해 조언하기를, 전차 가격을 넘겨서 입찰하라고 권유했다고 한다. 이에 대해 임차인은,

"아니, 5600만 원에 아무도 응찰을 하지 않아 이제 최저가가 4100만 원이 되었는데 5600만 원을 넘겨서 쓰라고요?"

"예, 시세 대비 최저매각가가 너무 떨어졌습니다. 그 정도는 써야 낙찰될 것으로 보입니다."

"이보쇼, 5000만 원만 넘겨도 낙찰될 것 같은데 컨설팅 제대로 하고 있는 것 맞아요?"

"스프링 효과라고 합니다. 너무 많이 떨어지면 입찰할 사람들이 몰리고, 그렇게 되면 낙찰가는 튀어 오르게 되어 있습니다."

"됐습니다. 컨설팅 의뢰 취소할랍니다."

임차인은 그렇게 전문가의 조언을 무시했다. 컨설팅 회사는 의뢰인이 낙찰을 받아야 수수료를 받을 수 있기 때문에 입찰가를 높게 책정

경매초보도 특수물건 한다

하는 것에 대해 늘 의문을 제기한다. 그동안 경매 컨설팅 회사들이 의뢰인들의 입장과 이익을 대변하지 않고 오로지 낙찰만 받게 해서 수수료를 챙기고 보자는 안이한 생각이 신뢰를 주지 못한 측면이 있기는 하다. 그러나 전문가의 의견을 받아들였어야 했다. 전차 가격에 아무도 입찰하지 않았다고 전차 가격 아래에서 입찰가가 정해지리라는 생각은 너무 순진한 발상이다. 철저히 해당 부동산의 가치를 위주로 판단해야 하고 가치가 있다면 그만큼의 입찰가를 산정해야 하는 것이다. 입찰가 산정 시 가장 중요한 기준은 2등과의 차이를 최소화하는 것이 아니라 입찰가와 실제 가치를 따져야 한다는 점이다. 아래가 아니라 위를 봐야 한다. 해당 부동산의 경우, 차순위매수인도 전차 가격을 넘겼다. 욕심을 부렸다면 패찰했을 수도 있었다.

아무튼 임차인은 재계약을 원하고 있었다. 그러나 임차인과의 재계약 협상은 엉뚱한 곳에서 난관에 부딪혔다. 당시까지 임차인이 미납한 관리비가 200만 원을 넘어서 있었다. 물론 상가관리비가 아파트에 비해 비싼 측면도 있었지만 경매 개시가 된 시점부터 임차인은 관리비 납부에 신경을 쓰지 않고 있었다. 보증금이 100만 원이었는데 이미 미납 관리비를 초과하고 있었다. 나는 임대차 보증금으로 최소 1000만 원을 요구했다. 그러나 임차인은 보증금 100만 원에 월 60만 원인 기존 임대차 수준에서의 재계약을 원하고 있었다. 한 달 관리비가 30만 원 정도인데 월세는 차치하고 서너 달 정도만 관리비를 연체하면 보증금 100만 원은 순식간에 사그라들 것이다. 월세를 깎아주더라도 보증금 100만 원은 나로서는 도저히 수긍할 수 없는 금액이었다. 보증금은 임차인이 뜻하지 않은 임대차목적물의 파손이나 관리비, 월세 체납을 담보하기 위한 최후의 방어수단이기 때문이다. 상대방도 의지를 굽힐 생각이 전혀 없었다.

　나로서는 도저히 이해할 수 없었다. 해당 부동산을 경매로 취득하기 위해 입찰 법정까지 갔다면 보증금 1000만 원이란 돈이 없어서는 아닐 것이다. 이 제안을 받아들이지 않겠다는 것은 뭔가 다른 꿍꿍이가 있는 것처럼 보였다. 경매가 진행되는 1년6개월 동안 월세 한 푼 내지 않고 있다가 이제 월세를 내야 하는 상황을 받아들이기 힘들 수도 있겠거니, 라는 생각도 들었다. 아니면 보증금 100만 원으로 임대차계약만 일단 체결하고 난 뒤 월세를 내지 않고 배 째란 식으로 버티겠다는 심산인가? 별 생각이 다 들었다. 재계약에 실패하는 한이 있더라도 보증금 1000만 원에서 물러설 수 없었다. 그러자

　"보증금은 한 푼도 올려줄 수 없으니, 법대로 하세요."

　이 정도의 막말이면 앞으로 월세라도 제대로 낼지 의심이 가는 상황이었다. 기존 임차인은 재계약을 포기한 듯이 보였다. 나로서도 결심을 할 수밖에 없었다. 경매 고수들이 늘 하는 말이 있다. 월세를 낮춰 받는 한이 있더라도 '새 술은 새 부대에'. 왜 그런지 이유를 알 것 같았다.

　"알겠습니다. 계약할 의사가 없는 것으로 알겠습니다. 밀린 관리비 200만 원은 정산해주시고, 담주 중으로 가게를 비워주셨으면 합니다."

　"관리비는 무슨? 이사비를 줘야 나가지."

　"법대로 하라면서요? 그게 법입니다. 이사비 주라는 법 조항은 어디에도 없습니다."

　"맘대로 하쇼."

부아가 치밀었지만 꾹꾹 눌러 담을 수밖에 없었다. 힘없고 불쌍한 오갈 데 없는 세입자를 내쫓는 일이라는 경매에 관한 편견은 이쯤 되면 재고되어야 한다. 임차인은 경매개시결정 이후 낙찰까지 보증금 100만 원으로 2년 가까이 월세도 내지 않은 듯 보였다. 2년 동안 월세 없이 살다가 관리비를 떠넘기고 거기다 이사비까지 달란다. 누가 갑이고 누가 을인가? 아무튼 임차인은 보증금은 증액할 수 없다, 밀린 관리비도 내지 않겠다, 나가라고 하면 이사비를 달라, 이렇게 요구하고 있었다.

실력 행사를 해주마. 필자는 법원에 곧바로 인도명령을 신청했고 2주 후 인도명령 결정이 내려졌다. 강제집행을 앞두고 필자는 며칠 동안 고심을 할 수밖에 없었다. 과연 강제집행을 해야 하는가, 에 대한 고민이었다. 그래서 마지막 협상 카드를 내밀었다. 관리비는 부담하더라도, 이사비까지는 자존심상 받아들이기 힘들었다. 강제집행 마지막 단계에서 임차인을 설득시켜 이사비 대신 관리비를 필자가 대납하는 걸로 극적인 협상을 마무리했다.

현재 해당 상가는 보증금 1000만 원에 월 50만 원으로 임대 중이다. 5200만 원의 은행 대출을 끼고 매수했으므로 실제 현금투자는 2280만 원이었고 연 수익률은 26.2%로서, 만족할만한 수익률을 올리고 있다.

선순위 전입자

15
현장에 답이 있다
인천 작전동 빌라

해당 부동산에 대한 이해와 그 부동산의 현재 가치는 물론 미래 가치를 판단하기 위해서 선행되어야 하는 조건 중 하나가 현장 답사이다. 이를 임장활동이라 부른다. 부동산경매를 하다보면 때로는 시간이 없어서, 더러는 귀찮아서, 아니면 온라인상으로 웬만한 건 파악할 수 있다는 이유 등등으로 현장 답사를 게을리할 때가 있다. 그러나 부동산경매에 있어 현장 답사는 아무리 강조해도 지나치지 않는다. 전화로 듣거나, 포털사이트의 거리뷰를 보거나, 경매 서류를 통해서는 파악할 수 없는 현장만의 느낌이 있기 때문이다. 가령, 쾌적한 아파트 단지라고 여겼는데 현장을 방문했더니, 인근의 축사나 공장에서 나오는 악취 때문에 현지인들조차 그곳을 떠나려고 하는 경우도 있다.

또, 인천의 북항 인근 대로변에 위치한 2층 상가주택이 경매로 나와 입찰을 하기 전에 미리 현장을 확인한 바 있다. 그러나 그 대로변은 대형 화물차가 주로 이동하는 산업도로로서, 인도로 통행하는 보행자들은 거의 찾아볼 수 없었다. 게다가 대형 차량들이 일으키는 소음으로 인해 창고 용도 외에는 주거지나 상업지로서의 가치가 전혀 없어 입찰을 포기한 사례도 있다. 이처럼 악취나 소음은 온라인상으로 확인할 방법은 없다.

　이런 경우도 있었다. 경기도 가평군 청평면 대성리에 있는 대지 100평가량이 경매로 나온 적이 있었다. 네이버 지도상 위성으로 검색해보니 포장도로에 접해 있고, 북한강변이 내려다보이는 곳이라 풍광도 수려했다. 거기다 가격도 매력적이었다. 필자는 즉시 입찰을 결심했다. 그리고 필요한 제반사항을 두루 조사했다. 단지 현장답사만 제외하고 말이다. 사실 대성리는 여러 차례 다녀온 적이 있어 해당 필지만을 위해 직접 방문해서 조사할 필요를 느끼지 못했다. 그래도 시간이 허락하면 한번은 가봐야겠다는 생각이 들긴 했지만 개인적인 사정이 생겨 차일피일 현장답사를 미루다 입찰일이 코앞으로 닥쳤다. 현장을 가보지 않고도 몇 번 입찰을 한 경험이 있어, 이번에도 별일 없겠지, 딱히 내가 낙찰 받는다는 보장도 없지 않겠는가. 뭐 이런 안이한 생각까지 들었다. 그러다 입찰일이 하루 앞으로 다가왔다. 현장을 갈까 말까 망설이다. 결국 현장을 한번 보긴 해야겠다는 생각에 길을 나섰다.

　현장에 도착해보니 해당 필지는 지목만 대지일 뿐, 대지로서의 가치가 전혀 없는 땅이었다. 경사가 너무 가팔라 토목공사비가 토지 구입비를 능가할 정도였다. 깎아지른 듯한 절개지가 어떻게 지목상 대지로 둔갑되었는지 궁금할 정도였다. 만약 현장을 가보지 않고 입찰을 했다면 낙찰이 되었을 것이고, 이후 현장을 방문했더라면 잔대금을 납부할 가치가 없어 입찰보증금을 포기했을 것은 자명한 이치였다.

　이처럼 현장 답사의 중요성은 아무리 강조해도 지나치지 않다. 아래에 소개하는 인천의 빌라는 현장답사로 인해 중요한 정보를 얻었고, 그래서 안심하고 입찰할 수 있었던 사례이다.

　2013년 11월 인천 작전동에 있는 빌라가 경매에 나왔다. 대지권이 26.72㎡에 건물면적은 35.33㎡으로 1999년에 신축된, 방이 2개인 3층에 위치한 빌라였다. 감정가 8000만 원에 2번 유찰되어 최저가는 3920만 원으로 떨어진 상태였다. 문제는 최선순위 근저당권자보다 앞선 전입자였다. 말소기준권리가 되는 저당권은 2009년 5월에 설정되어 있었는데, 그보다 앞선 선순위 전입자는 1999년 5월로 저당권보다 6년이 앞섰다. 확인해보니 다행히도 선순위 전입자는 전 소유자였다. 그러나 전 소유자라고 하더라도 전입일상 분명히 선순위였고 서류상으로도 대항력이 있어 보였으므로 확인이 필요했다. 현 소유자는 경매로 해당 부동산을 취득한 상태였고, 해당 부동산에 대한 소유권을 취득한 날짜에 근저당이 잡힌 것으로 보아 경매로 취득하면서 대출을 일으켜 잔대금을 납부한 것으로 추정되었다.

그럼에도 불구하고, 전 소유자의 주민등록이 유지되고 있다는 것은 다음 세 가지 경우로 추측되었다. 첫째, 현 소유자가 경매로 해당 부동산을 취득하면서 전 소유자와 임대차 계약을 체결한 경우이다. 이 경우는 크게 문제될 것이 없다. 왜냐하면 전 소유자가 언제 어느 시기에 임대차 계약을 체결하더라도 해당 부동산의 소유자에서 임차인으로 지위가 바뀌려면 현 소유자가 잔금을 납부한 직후라야 가능하다. 따라서 전 소유자의 대항력의 요건인 주택을 인도받은 시기는 현 소유자가 잔금을 납부한 당일이므로 전 소유자의 대항력은 현 소유자의 소유권 취득일 다음 날 0시에 발생한다. 즉 현 소유자의 소유권 취득일에 근저당을 동시에 설정했으므로 저당권자인 은행은 전 소유자보다 배당순위에서 빠르므로 전 소유자는 대항력이 없다. 물론 전 소유자는 2009년에 전입을 하긴 했지만 그 주민등록은 소유자로서의 전입이지 임차인의 지위로 전입한 것이 아니기 때문이다.

둘째, 전 소유자가 경매로 해당 부동산의 소유권을 잃고 타지로 전출했으나 실제로는 주민등록만 그냥 놔두고 있는 상태이다. 이 경우라면 문제될 것은 더더욱 없다.

마지막으로, 어떤 이유인지 모르겠으나 전 소유자가 여전히 해당 부동산을 점유하고 있는 경우이다. 세 번째 경우라고 하더라도 낙찰자가 인수해야 할 권리나 보증금이 없으므로 소유권을 취득하는 데는 별반 문제가 없다. 그러나 명도 저항이 있을 수는 있다. 인도명령의 대상이긴 하지만 명도저항이 강력하다면 낙찰가를 조금 낮춰 잡아야 한다. 또한 현 소유자가 경매로 취득해 대항력이 없는 전 소유자로부터 해당 부동산의 점유를 2013년인 현재까지 넘겨받지 못했다면 전 소유자와 현 소유자간의 분쟁의 불씨가 아직도 이어져 오고 있다는 얘기다. 만약 그렇다면, 전 소유자가 인도명령 대상자임에도 불구하고 최근까지 일방적으로 강짜를 부리고 있는 상황이 아닐까, 생각되었다. 법적으로 아무런 문제가 없음에도 불구하고 법으로도 해결되지 않는 분쟁이라면? 그게 무엇일까? 혹시 전 소유자가 조폭? 별의별 생각이 다 들었다. 게다가 직전 매각기일에서 최고가 매수인으로 선정된 낙찰자가 잔대금을 미납한 사실도 꺼림칙했다. 이전 낙찰자가 잔금을 포기한 이유가 명확치 않아서였다. 만약 전 소유자의 막가파식 명도저항 때문에 잔금을 포기했다면? 그럼에도 내가 낙찰 받는다면 과연 그 문제를 해결할 수 있을까? 하는 의문도 들었다.

이런저런 걱정이 들기도 했지만 일단 현장을 먼저 답사해보기로 마음을 먹었다. 현장에 답이 있다고 하지 않는가. 현장에 도착해서 해당 부동산인 301호까지 올라갔으나 초인종을 누를 용기는 나지 않았다. 추적추적 겨울을 재촉하는 차가운 비를 맞으며 빌라 주변을 서성이고 있을 때였다. 1층에서 50대 중반 쯤으로 보이는 사내가 빌라 건물의 현관 밖으로 나와 추녀 밑에서 담배를 태우고 있었다. 편한 운동복 차림으로 보아 해당 건물에 거주하는 사람임에 분명했다.

"이 빌라에 사시나요?"

용기를 내어 다가가 말을 붙였다.

"그런데요?"

"혹시 301호에 누가 사는지 아시는가 해서요."

"301호 여자? 왜요? 그 여자는 무슨 일로?"

사내의 말투에서 해당 부동산에 거주하고 있다는 여자를 힐난하는 듯한 느낌이 들었다.

"사실은 경매로 나와 있습니다."

"그랬구나, 그래서 법원에서 그렇게 우편물이 많이 왔구만, 그래."

사내와 1시간가량 얘기를 나누면서 필자는 많은 것들을 알아냈다. 사내는 1층에 거주하고 있으면서 빌라 건물의 관리를 책임지고 있었다. 관리비 문제로 해당 부동산에 거주하는 여자와 자주 충돌이 있었고, 이로 인해 해당 부동산의 사정을 잘 알고 있는 사람이었다. 운 좋게도 제대로 된 사람을 만났던 셈이다. 해당 부동산에는 우려했던 전 소유자가 살고 있지 않았다. 전 소유자가 지금까지 점유하고 있다면 낙찰을 받더라도 한판 명도대전을 불사할 각오였는데 그럴 필요가 없어져버렸다. 그렇다면 현 소유자가 거주하고 있지 않은 3층에 산다는 여자는 누구였을까? 301호에 산다는 여자는 1층 사내의 말에 의하면 현 소유자와 임대차계약을 맺은 새로운 임차인이었다. 나중에 알고 보니 그 임차인은 개인 사정상 주민등록 전입신고를 하지 않았고, 전입신고를 하지 않아 배당신청도 못한 상태였다. 전입이 되어 있지 않았기에 모든 경매 기록에서도 실제 임차인인 여자의 이름은 빠져 있었던 것이다.[29]

그리고 1층 사내는 한 가지 팁을 더 알려주었다. 해당 부동산인 301호는 1년 전에 2천만 원을 들여 내부 인테리어를 새로 했다고 말했다. 그렇다면 낙찰가를 좀 올려잡아도 문제없을 것 같았다. 우려했던 서류상 선순위 전입자의 명도 저항 문제가 해결된 데다 부동산의 가치를 제대로 파악하게 되었으니 말이다.

---

[29] 임차인은 나중에 배당에서도 제외되어 최우선변제금도 수령하지 못했다.

나는 감정가 8000만 원 대비 2회 유찰되어 최저가 3920만 원으로 떨어진 해당 빌라 입찰일에 좀 넉넉하다 싶은 금액 5228만 원을 써넣었다. 결과는 낙찰. 입찰자 6명에 2등은 4500만 원이었다. 2등과의 금액 차이가 좀 났지만, 그만한 가치가 있다고 판단되었다. 이후 잔대금을 납부하기 전 해당 빌라를 점유하고 있는 임차인과 연락이 되었다. 확인해보니 임차인은 보증금 500만 원에 월 30만 원으로 임대차계약을 맺고 전입신고 없이 1년 정도 거주하고 있던 중 법원의 경매개시결정이 났다. 경매개시결정 이후부터는 월세를 내지 않아, 보증금 중 일부로 상계처리를 했지만 돌려받지 못한 나머지 300여만 원은 회수할 방법이 없었다. 그렇다고 내가 해결해줄 수도 없었다.

잔대금을 납부하고 나는 점유자와 협상에 들어갔다. 점유자는 계속 거주하길 원했다. 결국 협상 끝에 보증금 300만 원에 월 차임 35만 원으로 임대차계약을 체결했다. 이사비를 주고 내보낼 필요도 없었고, 새로운 임대차계약을 위해 중개업소를 전전할 필요도 없었다. 게다가 1년 전에 전 소유자가 거금을 들여 인테리어를 해놨으므로 임차인 또한 별다른 수리가 필요 없다고 했다. 이래저래 운이 좋았다.

이후 2년 뒤인 2015년에 이 빌라는 제값을 받고 매각했다. 대출금을 제외하면 실제 현금을 투자한 비용이 적었기 때문에 순수현금 투자 대비 수익률은 100% 정도였다. 현장답사를 게을리하지 않아 얻어낸 만족할만한 투자였다.

유치권 | NPL

16
특수물건에 NPL이면 천하무적
은평구 응암동 빌라

　최근 경매 참가자들이 증가함에 따라 낙찰가율도 높아지고 있다. 입찰자들이 많아졌다는 것은 그만큼 다른 분야에서의 돈벌이가 어려워졌고 상대적으로 돈벌이가 쉬운 경매로 사람들이 몰린다는 의미로도 해석될 수 있다. 물이 낮은 곳으로 흐르듯 돈벌이가 쉬운 부동산경매시장으로 자연스럽게 사람들이 몰려들고 있는 것이다. 과거와 다른 점이 있다면 법률적인 지식이 일천한 초보들도 경매에 참여하는 비율이 높아지고 있다는 사실이다. 이렇게 된 배경에는 우후죽순 생겨난 경매 컨설팅 업체와 경매 학원들이 일조하고 있다. 그들은 수수료를 받고 입찰 참여를 희망하는 사람들에게 법률적인 조언을 아끼지 않는다. 게다가 평생 경매라고는 해본 적이 없는 초보들도 전문가들의 코치를 받아, 고수도 풀기 어렵다는 유치권이나 지분, 법정지상권 등의 특수물건의 입찰에 참여하는 사례도 빈번해졌다. 과거 법률전문가들만의 영역이었던 부동산 경매시장의 진입 장벽이 허물어지고 있다.

　부작용도 속출하고 있다. 컨설팅 업체들끼리 의뢰인 끌어오기의 과당 경쟁으로 의뢰인에게 부정확한 정보를 전달하거나 낙찰가율을 턱

없이 높여 잡아 입찰을 권유하고 있는 실정이다. 쓸모도 없는 땅을 낙찰 받게 하는가 하면 특수물건을 낙찰 받게 해놓고 법적 분쟁이 불리하게 돌아가면 나 몰라라 하는 식으로 손을 떼버리고 의뢰인에게 책임을 전가하기도 한다. 의뢰인이 낙찰을 받지 못하면 수수료 자체를 받을 수 없기에 입찰가를 높여 쓰도록 권유한다. 무조건 낙찰부터 받고 보자는 이들 일부 경매 컨설팅 업체들의 부도덕에 애꿎은 소비자들만 피해를 보고 있다. 그럼에도 불구하고 의뢰인들은 낙찰 받게 해준 컨설팅 업체에 수수료를 지급하며 머리 숙여 감사를 표시한다. 절 모르고 시주하는 꼴이다.

　게다가 요즘은 기획부동산도 경매시장에 뛰어들고 있다. 과거 기획부동산은 개발 호재가 있는 지역의 쓸모없는 싼 임야나 전답을 대거 사들이거나, 지주들을 설득해 계약금만 걸어놓고 토지를 바둑판처럼 잘게잘게 분할해 매각했다. 이들은 해당 부동산의 미래가치를 턱없이 과장 홍보해, 매입한 가격의 5배에서 많게는 10배까지 팔아치우고 나중에 문제가 되면 회사를 공중 분해시키는 먹튀 수법으로 소비자들을 울려 왔다. 특히 부업을 원하는 가정주부들과 구직을 원하는 청년들을 끌어들여 그들의 친척이나 친지에게 팔아치우는 수법을 썼다. 조카가 소개해 주는 땅이니까, 이모가 어련히 알아보고 권했겠지. 하는 마음에 현장에 가보지도 않고 돈을 송금하는 사람이 태반이었다. 나중에 피해를 본 당사자들은 친지나 친척이 관련된 기획부동산이기에 사법당국에 고소나 고발을 꺼렸고, 기획부동산은 바로 이런 점을 노렸다. 이후 사법당국의 단속이 이어지고 일반인들의 인식이 나빠져 기획부동산이 자연스럽게 시장에서 외면을 받자 요즘엔 같은 방법으로 부동산을 경매로 싸게 취득해주겠다며 직원들을 대량으로 고용해 무작위

경매초보도 특수물건 한다

전화공세를 퍼붓고 있다. 이처럼 경매시장이 왜곡되고 일부 돈만 좇는 사람들로 인해 선의의 피해자가 속출하고 건전한 재테크를 원했던 다수의 선량한 사람들이 경매시장을 떠나고 있다.

몇 해 전 개인적인 입찰 때문에 수원지방법원에 들렀을 때의 일이다. 거기서 만난 경매컨설팅 회사 소속의 직원과의 만남은 가히 충격적이었다. 30대 중반 정도로 보이는 남자는 아파트를 낙찰 받아 달라는 의뢰인의 입찰대리 신청을 받아 법정에 들른 컨설팅 업체의 직원이었다. 그 남자는 개찰 시간이 되어도 입찰 결과가 궁금하지도 않은 듯 경매 법정 건물 밖에서 콧노래를 부르며 여유를 부리고 있었다. 가 본 사람은 알다시피 수원지방법원의 경매 법정은 너무 협소해 실내로 들어오지 못하는 매수신청자들을 위해 건물 바깥에 스피커를 설치해, 건물 외부에서도 개찰 상황을 어느 정도 파악할 수 있게 해두었다. 그 젊은 친구와 어떡하다 말을 섞게 되었는데 개찰이 시작되자 서로가 입찰한 물건의 정보를 공개하며 예상 낙찰가에 대해 얘기를 나누게 되었다. 그 직원이 입찰한 물건은 33평 아파트로, 감정가 3억에 1회 유찰되어 최저가가 2억4000만 원이었다.

"아파트는 요즘 낙찰 받기 쉽지 않을 텐데요. 워낙 입찰자들이 많아서 말이죠."

"그렇긴 한데, 걱정 안합니다. 무조건 낙찰입니다."

"많이 쓴 모양이죠?"

"2억9500 썼으니까요."

"아니 그렇게 많이 쓰면 의뢰인이 인정해줘요?"

"방법이 있지요." 그 업체 직원은 씽긋 웃으며 손나팔을 만들어 나지막이 이렇게 말했다. "거, 왜, 있잖아요. 바지."

그러니까, 바지를 내세워 입찰을 하는 전형적인 기만 수법을 쓴 것이다. 진행경과는 대충 이렇다. 의뢰인에게서 아파트 경매입찰을 의뢰받은 컨설팅 업체는 우선 안심하고 낙찰 받을 수 있는 넉넉한 가격을 결정한다. 그리고 명도 등의 추후 서비스를 해줄 테니 자신들이 제시한 가격 정도는 써넣어야 낙찰을 받을 수 있다고 의뢰인을 설득한다. 그리고 1등과의 금액 차이가 100만 원 안쪽에서 결정되도록 2등 입찰자인 바지를 내세운다. 2등 입찰자는 패찰되면 곧바로 보증금을 돌려받으니 문제가 될 일이 전혀 없다. 개찰 후 의뢰인에게는 이렇게 허풍을 떤다. 자신들의 혜안으로 극적으로 낙찰 받을 수 있었다, 라고. 이에 의뢰인은 낙찰대금의 1%인 약정수수료 295만 원을 지급한다.

컨설팅 업체의 부도덕성이 여기까지 이르면 과거 기획부동산들처럼 시장에서 퇴출당할 일만 남았다. 영원히 해 처먹는 도둑질은 없다. 경매로 한 푼이라도 싸게 낙찰 받아 부식비라도 벌어 보겠다는 순진한 소비자들을 우롱하는 꼴이다. 아파트 입찰가율이 감정가에 육박한데는 이들 컨설팅 업체들도 일조하고 있는 셈이다. 한마디로 제살 깎아 먹는 꼴이다.

경매에서의 현찰이라고 할 수 있는 아파트의 낙찰가율이 감정가에 육박하다보니 옛날에 경매로 재미를 좀 봤다는 사람들이 자연스럽게 시장을 떠나고, 떠난 자리를 더 많은 초보자들이 메우고 있다. 이 초보자들은 사악한 일부 컨설팅 업체들에 의해 농락을 당하고, 반면 먹을 게 없어진 경매 고수들은 특수물건 쪽으로 눈길을 돌리고 있다. 고수들이 주목하는 부동산은 유치권이 신고된 부동산, 지분 물건, 법정지상권이 성립하지 않는 토지만의 매각, 법정지상권이 성립하는 건물,

경매초보도 특수물건 한다

대지권이 미등기된 집합건물, 토지별도등기된 집합건물 등이다. 그러나 어렵다는 특수물건도 최근에는 컨설팅 업체의 조언을 받은 초보 입찰자들의 입찰률이 높아지고 있다. 따라서 이제 경매시장이 블루오션이란 말은 옛말처럼 되어가고 있다.

그러나 그럼에도 불구하고, 부동산 경매시장에서의 고수들은 좀 더 나은 수익률을 낼 수 있는 분야를 찾아낸다. 맹지를 싼 값에 낙찰 받아 인접 부지를 사들여 맹지에서 탈출한다든지, 송이버섯이 많이 나는 오지의 임야를 싸게 낙찰 받는다든지, 개발 압력을 받는 토지를 미리 선점하는 등, 길은 얼마든지 있다. 부동산의 가치는 이제 단순한 시세 차익을 노리는 시대를 지나 전혀 예상치 못한 분야와 접목해, 그 가치를 만들어가는 융합의 시대를 걷고 있다. 지금도 찬찬히 찾아보면 경매시장에서 흙 속의 진주는 남아 있다. 남들이 주목하지 않아 가격이 떨어지는 부동산 중에서 미래 가치를 찾아내는 것에 경매 고수들은 관심을 가진다.

필자 역시 남들이 꺼리는 특수물건에 집중해 왔다. 유치권 지분 법정지상권 등의 특수한 조건이 붙어있는 물건이다. 그러나 이러한 특수물건은 반드시 하자의 치유가 가능해야 한다. 치유가 불가능한 특수물건은 오히려 독이다. 그렇기에 이러한 특수물건은 사전에 철저한 준비가 필요하다. 그리고 또 하나, 특수물건을 NPL로 매입할 수 있다면 금상첨화다.

여기서 잠깐. 이번 장의 주제, NPL이 무엇인지 간단히 개념을 설명하고 넘어가자. NPL은 Non Performing Loan의 약자로 無收益與信이라 번역된다. 즉 은행에서 돈을 빌려주었는데 수익이 발생하지 않는 경우라 할 수 있다. 더 쉽게 설명하자면 금융기관이 빌려준 돈을 회수할 가능성이 없거나 어렵게 된 부실채권을 의미한다. 금융기관은 부실채권의 보유 비율이 높아지면 신뢰도가 떨어지고 대손충당금을 쌓아야 하는 등 금융감독원 등으로부터 여러 가지 불이익을 받는다. 따라서 은행은 부실채권을 줄여 위험자산(NPL) 대비 자기자본비율 즉 BIS를 일정한 수준으로 유지해야 하므로 부실채권이 생기면 이를 유동화회사에 할인해서 일괄적으로 매각한다. 최종소비자인 경매 입찰자들이 부실채권을 구입하는 곳은 바로 이들 유동화회사를 통해서이다.

그러나 이마저도 2016년 7월25일 대부업법이 개정 시행되면서 개인들이 부실채권을 매입하는 길은 어려워졌다. 개정된 대부업법으로 부실채권을 구입할 수 있는 자격을 가진 자는 대부업 등록을 한 자본금 3억 이상의 법인에 한정되었다. 따라서 개인은 대부업 등록을 한 법인에 투자를 하거나 채무인수나 대위변제 등의 방법으로 부실채권에 투자할 수 있는 길밖에는 거의 없다. 그러나 채무인수는 조건이 까다로워 사실상 부실채권을 통한 개인 투자는 어려워졌다고 보는 것이 옳다.

대부업법이 개정되기 전에는 부실채권을 통한 투자에 수요가 몰리자 유동화회사는 수요자를 입맛대로 골라가며 팔았다. 공급보다 수요가 많다보니 벌어지는 당연한 현상이었다. 그러나 대부업법의 개정으로 수요자가 줄어들다보니, 수요자끼리의 과당경쟁은 없어졌다. 따라서 가격도 많이 떨어졌다고 한다. 그래서 오히려 지금이 부실채권을 통한 투자 적기일 수 있다. 다만 대부업 등록을 한 자본금 3억의 법인을 설립해야 하는 문제가 남는다. 거기다 영농법인을 제외한 법인은 농지를 취득할 수 없으니 농지가 포함된 부동산에 대한 부실채권 매입은 가능은 하지만 직접 경매로 낙찰 받기가 사실상 힘들어졌다는 단점도 있다.

NPL, 부실채권 매입의 방법은 크게 3가지 유형이 있다. 첫째는 채권을 양도받는 론세일 방식이다. 론세일은 가장 일반적인 부실채권 투자방식인데, 1순위 근저당권을 실채권액보다 할인해서 매입하고, 매입한 당사자가 근저당권자의 자격으로 배당을 받든지, 아니면 해당 사건 경매에 입찰해 소유권을 취득하는 방식이다. 가령, 홍길동이란 사람이 채권최고액 10억 원의 근저당이 된 주택을 7억 원의 할인된 가격으로 매입했다고 가정하자. 홍씨는 해당 경매에 입찰, 낙찰을 받고 소유권을 취득할 수도 있다. 아니면 입찰에 참여하지 않고 제3자가 8억 원에 낙찰을 받는다고 하면 1순위 근저당권자인 홍씨에게 전액 8억이 배당되므로 7억 원에 근저당권을 매수한 홍씨는 1억 원의 차액만큼 수익이 발생한다. 물론 이 과정에서 기존 근저당권자로부터 채권양수도 계약서와 관련 서류를 꼼꼼히 챙겨 근저당권 등기이전을 하고 관할 경매법원에도 근저당권자의 변경신고서를 입찰 전에 제출해야 한다. 이처럼 채권양수도 방식의 부실채권 매입은 배당을 받을 수 있는 유일한 방식이다.

한편 직접 입찰에 참가해 소유권을 이전받는 것도 가능하다. 홍씨는 이 물건에 10억 원을 쓰고 입찰에 참여해 잔대금을 납부[30]하면 채권최고액이 10억 원이므로 1순위 근저당권자의 지위를 승계받은 홍씨에게 전액 배당된다. 따라서 이 부동산에 대한 홍씨의 장부상 취득가는 10억 원이지만 7억 원에 유동화회사로부터 근저당을 매입했기 때문에

---

[30] 실무에서는 잔대금을 납부하는 것이 아니라 배당받을 금액이 10억 원이므로 매각확정기일 전까지 법원에 상계신청을 해서 잔대금을 납부하지 않고도 소유권을 취득한다. 이 경우, 배당에서 이의를 제기할 채권자가 있을 수 있다면 법원이 상계신청을 받아들이지 않을 수도 있으니 유의해야 한다.

실제 구입액은 7억 원이다. 따라서 10억 원에 이 부동산을 매각한다면 실제 차액이 3억 원이 생겼지만 취득가 10억 원, 양도가 10억 원이므로 매각차익이 없다. 따라서 양도소득세 과세대상에서 제외된다. 이와 같은 채권양수도(론세일) 방식 이외에도 부실채권 매입방법은 채무인수방식, 사후정산후 계약방식 등이 있다. 내가 구입한 아래 응암동 빌라의 경우는 사후정산부 방식으로 부실채권을 매입한 케이스이다.

특수물건과 연계된 부실채권 인수를 통한 경매 참여를 준비하고 있던 나는 2014년 여름, 은평구 응암동에 있는 빌라를 주목했다. 조사해 보니 유치권이 2건이나 신고되어 있었고, 채권최고액도 감정가 가까이 되어 부실채권 인수를 통한 입찰에 유리한 조건을 갖춘 물건이었다. 무엇보다 채권자가 뒷짐 지고 사갈 테면 사가라, 하는 식으로 뻗댈 상황이 아니었다. 권리상의 하자투성이 -그러나 치유 가능한- 물건은 일단은 채권자가 갑이 될 수 없다. NPL시장 또한 물건을 사는 사람이 큰 소릴 치면서 사야 한다는 것이 내 생각이다. 내 돈 주고 내 물건을 구입하는데 절절 기면서 살 수는 없는 노릇이다. 이처럼 매수자가 갑이 되는 상황을 만들어내려면 매입하고자 하는 부동산이 특수물건이라야 가능하다.

해당 빌라는 대지권 21.78㎡에 건물 면적 41.27㎡로 방 2개짜리의 1994년에 신축된 3층짜리 건물 중 1층이었다. 감정가는 1억1500만 원에 2회 유찰되어 최저가 7360만 원까지 떨어진 상태였다. 채권최고액은 2억9000만 원에 채권청구액은 2억5000만 원이었는데 공동저당된 물건이라 본건만의 채권최고액을 계산해보니 1억2000만 원 정도였다. 문제는 유치권이었다. 매각물건명세서상에는 유치권 금액이 표시되어 있지 않았다. 이런 경우, 내 경험상 유치권 신고인은 우편 접수를 통해서 신고를 했을 가능성이 많고, 우편으로 접수한 대부분은 허위 유치권이라고 보면 된다. 그리고 해당 부동산의 경우 신고된 유치권 2건 가운데 1건은 경매상 채무자이자 현 소유자가 대표이사로 있는 법인회사에서 신고한 유치권이었다. 한마디로 자신의 건물에 자신이 유치권 신고를 한 경우와 비슷하다고 보면 된다. 따라서 유치권이 성립될 가능성은 극히 낮았다. 다만 나머지 한 건은 창호전문 회사에서 신고된 유치권으로서, 의심이 가긴 했으나 불성립 여부를 자신할 수는 없었다.

저당권자인 신협에서 유치권배제신청서를 법원에 제출해둔 상태라 일단 신협과 접촉을 시도했다. 유치권의 진위 여부 파악도 할 겸 부실채권의 매각 여부를 타진하고자 함이었다. 신협의 담당자는 부실채권 매각에 긍정적인 답변을 해왔다. 나는 즉각 면담 날짜를 잡았다. 다른 권리 관계를 확인했지만 유치권 이외에 문제 될만한 특이 사항은 발견할 수 없었다. 신협 담당자와의 첫 면담에서 유치권에 대한 정보와 상대방에서 생각하는 부실채권의 개략적인 매각대금을 파악하는데 집중했다. 저당권자와의 면담에서 파악한 사실은 유치권자에 대해 경매방해죄로 형사고소를 검토하고 있다는 사실, 그리고 채권의 매각방법으로 사후정산부 매각을 원하고 있다는 사실 등이었다. 나는 3일의 여유를 달라고 했다. 물건의 시세를 파악하는데 필요한 시간이라고 핑계를 대었지만 사실은 유치권에 대한 면밀한 조사를 하고 싶었다.

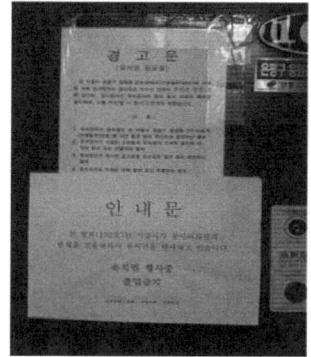

곧바로 현장을 찾았다. 친구와 함께였다. 친구에게는 전 과정을 휴대폰으로 영상녹화를 하게 했고 만일에 대비해 나 또한 녹음을 준비했다. 해당 빌라의 출입문에는 유치권을 알리는 문구가 적힌 종이가 붙어 있었다. 용기를 내 초인종을 눌렀다. 점유자가 누구인지를 파악해야 했다. 유치권의 필수 조건인 점유가 없다면 유치권 자체가 성립하지 않기 때문에 점유자의 확인은 필수불가결한 절차였다. 예상대로 유치권자의 점유는 없었다. 해당 빌라에는 소유자의 모친이 홀로 거주하고 있었다. 소유자의 어머니는 5년 전부터 해당 빌라에서 혼자 살고 있으며, 자신 외의 다른 사람은 거주하지 않고 있다고 했다. 유치권이 존재하지 않는다는 사실은 이로써 명확해졌다. 이제 저당권자와의 채권매매 협상만 남았다. 유치권자의 점유가 없다는 사실을 저당권자인 신협에게는 당연히 알리지 않았다. 해당 빌라에 신고된 유치권에 관한 사항은 이제 오로지 나만 알고 있는 독점적 정보였다.

계약 당일 신협의 담당자와 채권 매각 금액을 놓고 줄다리기가 시작됐다. 부실채권 매입을 해본 사람은 더러 경험을 했겠지만 협상 당시의 입찰 최저가격으로의 매입은 거의 불가능하다. 부실채권 매수자들은 매매 협상에서 항상 불리한 위치에 서 있기 때문이다. 부실채권을 매입하고자 하는 수요자는 많고 공급은 적기 때문에 벌어지는 당연한 현상이다. 그렇기에 어느 자산관리회사건 채권매각 담당자들은 거만하고 퉁명스럽다. 물건 한 건당 문의 전화가 수백 통이니 그 고충을 이해 못할 바는 아니다. 그러나 그런 점을 감안하더라도 기본적으로 그들은 물건을 파는 주체라는 사실, 그리고 자신들이 응대하는 사람들은 소비자라는 사실을 망각하고 있다.

　물건을 사려는 사람이 갑이 되어야 한다는 나의 생각에는 변함이 없다. 부실채권 시장은 그런 의미에서 아이러니하다. 내 돈 주고 내가 사는데 굽실거리기까지 해야 하니 말이다. 그나마 사와서 되팔기까지 이윤이 남는 장사라면 굽실거림을 감수할 만하다. 그러나 제대로 된 알맹이는 이미 다른 데로 팔려나가고 돈 안되는 쭉정이를 두고 개인 수요자들이 서로 아우성이다. 그렇게 가격만 잔뜩 올려놓는 바람에 자산관리회사 기만 살려 놓는다. 그리고 겨우 제값 다주고 사온 물건은 돈이 안되거나 하자의 치유를 못해 생고생을 한다. 제가 싼 똥에 제가 퍼질러 앉아 울고 있는 격이다. 그렇게 기를 쓰고 부실채권을 사려고 수요자들이 몰리다보니 값이 올라간다. 부실채권은 그야말로 부실이 생기고 그 부실을 개인 매수자들이 떠안게 되는 왜곡은 이제 바로잡혀야 한다. 이 왜곡의 중심에 마치 부실채권이 황금알을 낳는 거위인 양 과대 포장하는 경매컨설팅 회사와 경매 학원들도 한몫한다는 사실도 잊어서는 안된다. 부실채권에 대한 정확한 정보를 전달하고 제대로 된 가격이 아니면 매수를 권해서는 안될 것이다.

　아무튼 이 협상에서 나는 갑이 되기로 했다. 점유자의 정보를 감추면서 능청스럽게 유치권 문제를 최대한 부각시켰다. 해당 부동산은 감정가 1억1500만 원에 최저가가 7360만 원이었는데, 7360만 원이란 금액은 그야말로 최저가일 뿐 낙찰 받으려면 그 이상의 금액을 써 넣어야 하며, 채권자인 은행도 당연히 그 이상의 가격에서 낙찰되리라 예상한다. 나는 채권 담당자를 끈질기게 설득했다.

"현 최저가에 파는 것이 적당한 가격이라 생각됩니다."

"현 최저가는 채권액의 60%도 안되는 금액이라 좀 어렵습니다."

"유치권 때문에 실제 낙찰가는 감정가의 절반 이하로 떨어질 가능성도 많습니다."

"글쎄요, 스프링 효과라는 것도 있지요. 이번에 유찰되면 다음 회차에선 사람들이 더 몰릴 거고 전차 가격을 넘기는 입찰자가 나올 수도 있지요."

"유치권이 2건이나 신고 되어 있어 그 위험부담을 제가 떠안는 겁니다. 아마 제가 입찰하지 않으면 이번에도 유찰될 것이 확실합니다. 게다가 빌라 건축연도도 너무 오래 되었고요."

"빌라에 유치권이 성립하기 힘들다는 건 경매초보자들도 다 압니다. 최저가와 전차가격의 중간쯤으로 매각가격을 정하시죠."

"위험 부담을 떠안는 리스크에 비해 기대 수익이 너무 낮다면 누가 위험 부담을 떠안으려고 하겠습니까? 현 최저가 7360만 원에서 한 푼도 안 깎을 테니, 그 가격으로 파시죠."

2시간의 협상 끝에 마침내 담당자를 설득했고, 채권 매각가는 7360만 원으로 정해졌다. 사실 7360만 원은 채권자인 은행의 입장에서는 대출한 원금과 이자 그리고 연체이자를 포함하면 4600만 원 정도 손해였다. 그러나 모든 은행은 되도록 빨리 부실채권을 털어내야 하는 부담도 안고 있다. BIS, 즉 자기자본비율을 맞춰야 하기 때문이다. 그리고 현재 신고된 유치권 때문에 그냥 손 놓고 기다리다 다음 매각기일에서 유찰되면 5150만 원, 그 다음 회차는 3600만 원으로 떨어진다. 그렇게 속절없이 유찰되면 채권회수는 더 어려워질 뿐만 아니라 손해를 보는 쪽은 은행이기 때문에 적당한 가격에 채권매수 희망자에 매각을 하는 것이 오히려 득이 될 수 있다. 물론 얼마에 낙찰된다고 예상하는 것은 섣부른 판단일 수도 있다는 점에서 채권매각 결정은 오로지 채권자의 선택의 문제라고 보는 것이 옳다.

채권매매 금액이 정해지자 나머지 절차는 사소한 것에 불과했다. 필자는 신협이 제시한 사후정산부 채권매각 방식을 전부 받아들였다. 큰 틀에서 합의한 매각방식을 정리하자면, 첫째, 우선 계약금으로 전체 매매대금의 10%인 736만 원을 현금 지급한다. 둘째, 다가오는 매각기일에 입찰에 참여한다. 만약 최고가 매수인이 되지 못해 패찰하면 계약을 취소하고 계약금을 돌려받는다. 낙찰을 받더라도 최초 계약금인 736만 원을 돌려받는다.[31] 셋째, 낙찰을 받아 잔대금을 납부하고 배당기일에 배당을 받는 즉시 저당권자는 그 차액을 필자에게 지급한다.

신협과 채권매매 계약을 맺은 실재 계약서를 공개한다. 위 세 가지 합의 사항에 대해 내가 먼저 계약서 초안을 만들어 제시했지만 최종 계약서는 신협 측에서 제시한 계약서에 약간의 수정을 하고 난 뒤 4장의 최종안이 만들어졌다.

---

31) 입찰 보증금으로 최저매각가격의 10%를 법원에 제출하면서 입찰에 참여했으니, 저당권자인 은행으로서는 더 이상 필자가 지급한 채권매매 계약금을 보관할 필요가 없어진 셈이다.

채권 양수도 및 경매입찰 참가 계약서

계약 당사자
 "갑"(채권자)   ▨▨▨▨신용협동조합▨▨▨-03948)
 "을"(매수예정자)   김명석

물건 내역
 사건번호   2013타경▨▨▨(서울서부지방법원)
 물건소재지   서울시 은평구 응암동 ▨▨▨ 1층 102호

상기 "갑"은 본 사건 경매진행을 하고 있는 채권자이고, "을"은 위 사건의 경매입찰 참가 예정자로서 아래와 같이 계약을 체결한다.

- 아 래 -

1. 채권 양도양수

   1) 채권 양수도 대금 : 칠천삼백육십만원(₩73,600,000)

   2) 매각대상 채권 : 위 경매사건(2013타경▨▨▨)에서 "갑" 명의 공동저당권의 피담보채권 중 공동담보물건인 서울시 은평구 남가좌동 외 1필지, ▨▨▨ 1층 102호에 배당될 금액을 제외한 피담보채권 전부

   3) 계약사항
      ① 계약금 : 칠백삼십육만원(₩7,360,000)
      ② 잔금   : 육천육백이십사만원(₩66,240,000)
          잔금지급방법 : 乙이 위 물건을 낙찰받고 매각허가 결정을 득하는 경우, 경매대금 납부기일에 경매잔금을 납부함으로써 잔금을 납

부한 것으로 본다.

4) "갑"이 본 계약상 경매물건의 경매대금으로부터 채권 양수도 금액을 초과하여 배당을 받은 경우, 그 초과금은 즉시 "을"에게 반환한다.

5) "을"은 본 계약서 체결과 동시에 상기 계약금을 남서울신협을 예금주로 한 다음의 신협계좌에 입금하기로 한다.
(예금주 ■■신협, 계좌번호 131-009-■■■9)

6) "을"은 본 경매사건의 4차 매각기일의 입찰에 참여하기로 한다. 만약 동 입찰에 참여하지 않을 경우 계약금은 계약 위반으로 포기하며, "갑"이 위약벌로 몰취할 수 있다.

7) 위 물건을 낙찰받는 경우, 경매물건에 존재하는 유치권, 선순위채권 등에 관하여 "갑"은 어떠한 책임도 지지 않는다. 단, 법원에 유치권신고를 한 자에 대한 형사고소, 유치권부존재확인소송 기타 이에 부수하는 행위에 따르는 비용은 "갑"의 부담으로 한다.

8) "을"이 입찰에 참여하여 매각허가 결정을 득하고 매각대금을 완납하였으나, 매각허가결정이 취소되는 등의 사유로 "을"이 위 물건의 소유권을 취득하지 못하는 때에는 위 채권 양수도 계약은 무효로 하고, "갑"은 "을"에게 계약금을 반환한다.

2. 경매 입찰참여

1) 본 계약이 유효하게 성립되는 경우 "갑"은 지체 없이 법원에 경매 속행을 신청하여 경매를 진행하도록 하여야 한다.

2) "을"은 위 경매사건의 물건에 대해 4차 경매기일(최저가 73,600,000원)에 금칠천삼백육십만원(₩73,600,000) 이상으로 입찰에 참가하기로 한다.

- 2 -

3) "을"은 경매입찰참가를 위해 본 계약의 계약금 이외 별도의 보증금을 준비하여 입찰에 참가하도록 한다.

4) "을"이 위 물건을 낙찰받은 후 매각허가결정을 득한 경우에는 "갑"은 본 계약금을 "을"에게 반환하도록 한다.

5) "을"이 위 물건을 낙찰받은 후 매각허가결정을 득한 경우에는, "갑"은 법원에 경매 매각대금 잔금을 지급하는 것으로 채권 양수도 대금 잔금을 지급한 것으로 하고, "갑"은 위 채권을 경매절차에서 배당받기로 한다.

6) "을"이 참여하기로 한 금액 이상으로 제3자가 낙찰 확정시 본 계약은 무효이며 "갑"은 "을"이 입금한 본 계약의 계약금을 조건 없이 반환하기로 한다.

7) "을"이 경매에 참여하여 매각허가결정을 받은 경우, "갑"은 경매신청을 취하하는 등으로 "을"의 소유권취득을 방해할 수 없으며, 만약 "갑"이 "을"의 동의 없이 경매신청을 취하하는 때에는 "갑"은 "을"에게 위약금조로 계약금의 배액을 지급하기로 한다.

3. 상기 1, 2조와 별도로 채무자 ■■■ 이상 변제시 본 계약은 자동해지된 것으로 간주되며 계약금은 즉시 반환하기로 한다.

4. 본 계약과 관련 계약금이 입금될 경우 "갑"은 "을" 이외의 자에게 채권매매 및 경매입찰 참가계약을 하지 않기로 한다. 만약 이를 위반시 "갑"은 "을"에게 위약금조로 계약금의 배액을 지급하기로 한다.

- 3 -

5. 본 계약과 관련하여 매수예정자를 변경할 수 있다. 단, 매수자가 변경되더라도 계약내용은 변동 없이 그대로 적용한다.

6. "갑"과 "을"은 위 계약서 내용을 확약하고 서명하고 각각 1부씩 교부한다.

2014년 7월 25일

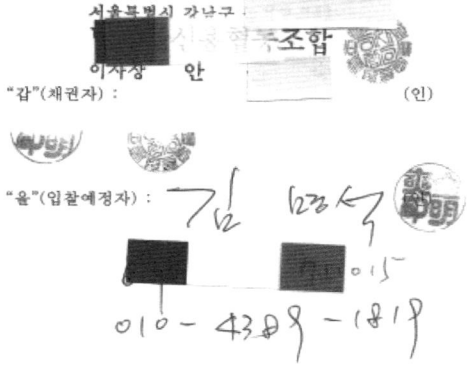

채권양수도 계약을 체결하고 난 뒤 다음 매각기일에 입찰에 참여하려 했지만 기일이 변경되어 한 달을 기다려야 했다. 기일이 변경된 정확한 이유는 알 수 없다. 채권자인 은행이 아니라 법원의 사정상 기일 변경으로 추정된다. 한 달 후 2014년 10월28일 입찰을 위해 서울 서부지방법원 경매 법정에 들른 나는 그동안의 경매입찰과는 색다른 경험을 하게 된다. 지금까지의 경매 입찰이 두근거림과 초조함의 과정이었다면 그날의 입찰은 여유와 느긋함이었다. 나 말고는 아무도 해당 부동산을 낙찰 받지 못할 거라는 자신감. 〈따 논 당상관〉이란 말은 이럴 때를 두고 하는 말이다. 얼마를 써야 향후 양도세를 최대한 절감할 수 있을까를 잠시 고민했을 뿐이다. 채권최고액은 1억2000만 원, 감정가는 1억1500만 원이었는데 나는 경매비용을 제외하고도 넉넉하다 싶은 금액인 1억1500만 원을 써넣을까 망설이다가 취등록세 문제도 부담이고 은행대출도 부담이라 1억500만 원을 써넣었다. 입찰하면서 취등록세와 경매비용을 따져보긴 그때가 처음이었다. 물론 저당권보다 앞선 배당권리자는 없었다.

부실채권을 매입해 경매에 참여하려면 철저하게 저당권자의 입장에서 생각해야 한다. 즉, 저당권보다 앞서서 배당을 받는 권리자를 살펴야 한다. 예를 들면 배당에서의 0순위인 경매비용, 1순위인 임차인의 최우선변제금, 경매상 채무자가 회사를 운영하고 있었다면 3개월 치 임금과 최근 3년 치 퇴직금, 당해세 등이다. 이외 법정기일이 빠른 세금과 제세공과금도 이에 해당한다.

입찰결과는 단독입찰이었다. 아쉬운 마음이 없었던 것은 아니다. 그럴 줄 알았다면 한 번 더 유찰되고 난 뒤의 최저가격인 5150만 원일 때 저당권자와 협상을 벌여 6000만 원 선에서 매입했더라면 더 좋았으련만, 하는 생각도 들었다. 그러나 그때가 되면 내가 저당권자와 단독으로 협상 테이블에 앉는다는 보장도 없었다. 감정가의 절반 이하로 떨어지면 저당권자인 신협으로 입찰 예정자들의 문의가 쏟아질 테고 그렇게 되면 전차가격인 7360만 원을 뛰어넘는 채권매수 희망자가 나오지 말란 법이 없다. 그 때가 되면 신협측은 굳이 나와 채권매각 협상을 할 필요가 없다.

최고가 매수인으로 선정되자 나는 이해관계자의 자격으로 곧바로 법원기록을 열람했다. 유치권자의 인적 사항과 유치권자가 주장하는 유치권의 근거를 파악하기 위해서였다. 유치권 문제의 해결은 잔대금 납부와 직접적 연관이 있었다. 유치권이 신고된 물건은 원칙적으로 은행 대출이 불가능하다. 때문에 잔대금을 납부하려면 은행대출을 받아야 했고, 은행대출을 받으려면 유치권자로부터 유치권 포기각서를 받아 은행에 제출해야 했다. 은행대출을 받지 못한다면 최악의 경우 입찰 보증금을 포기해야 하는 상황을 맞을 수도 있었다. 자금이 넉넉지 않은 상태에서 겁도 없이 낙찰부터 받아온 터라, 이번에도 해낼 수 있을 거라는 자신감은 있었다.

유치권 신고내역을 열람했더니, 제출된 서류는 부실했다. 신고된 2건의 유치권 중에서 한 건은 소유자가 대표로 있는 J주식회사 명의로 신고된 유치권이었다. 해당 빌라를 수선한 공사대금 채권으로 유치권을 신고했는데 그 금액이 무려 9350만 원이었다. 빌라 감정가격에 근접하는 금액이었다. 나머지 한 건은 창호회사에서 창호 공사 대금으로 신고한 것으로 금액은 1650만 원. 만약에 이 유치권이 성립한다면 입찰 자체가 불가능한 금액이다. 그러나 다행히도 제출된 서류만으로도 유치권은 성립하지 못할 거라고 직감했다. 창호회사 또한 공사를 발주한 주체는 소유자가 대표이사로 재직해 있는 J주식회사였다.

잔대금납부기일 전에 유치권 포기각서를 받아내야 했기에 서둘러야 했다. 매각허가결정까지 1주일, 그리고 항고기간 1주일, 그로부터 약 한 달간 잔대금 납부기한이 주어지므로 내게 주어진 시간은 6주였다. 일단 창호회사로 내용증명을 발송했다. 요지는 간단하다. 유치권신고서를 검토해본 바 허위 유치권이다. 이유는 유치권 성립의 결정적인 요건인 점유가 없다. 그리고 그 점유는 경매개시결정 이전부터 존재한 점유라야 한다. 그리고 공사한 흔적을 찾을 수 없다. 그러므로 이는 입찰가격을 떨어뜨려 채권자의 채권회수를 방해하려는 경매방해죄에 해당한다. 나아가 사기죄도 될 수 있다. 당장 취하하지 않으면 형사고소하겠다. 라는 요지로 내용증명을 발송했다. 내용증명의 효과는 즉각 나타났다. 창호회사의 부장이라는 사람이 내 사무실로 회사 인감증명과 유치권 취하서를 들고 왔다.

문제는 J주식회사였다. J주식회사로 보낸 내용증명은 반송이 되어 돌아왔다. 소재지불명이었다. 열람기록을 통해 확보한 휴대전화로 통화를 시도했지만 연결이 되지 않았다. 하긴 채무변제 독촉으로 쫓기는 채무자인데 모르는 번호로 걸려오는 전화는 안 받는 게 당연할 수 있다. 해당 빌라의 소유자이자 유치권 신고를 한 J회사의 대표와는 연락이 닿을 길이 없었다. 상대방 쪽에서 의도적으로 피하고 있어, 문자를 남길 수밖에 없었다. 시한을 주고 유치권을 취하하지 않으면 경매방해죄로 고소할 수밖에 없다고. 그래도 답변은 없었다. 할 수없이 고소장을 접수했다.

나머지 한 건에 대한 유치권 포기각서를 받지 못했지만 은행 대출은 다행스럽게도 결과가 좋았다. 유치권 신고인과 소유자가 사실상 동일하다고 항변한 점이 먹혀들었다. 그리고 유치권자의 점유가 없다는 사실도 인정되었다. 대출금은 낙찰가의 70% 정도 나왔다. 잔대금 납부와 동시에 등기이전을 했고, 배당기일은 잔금 납부 후 한 달 정도 소요되었다.

배당기일 이후 며칠 동안 실랑이가 있긴 했지만 저당권자인 신협으로부터 예상한 금액을 지급받았다. 배당 후 은행이 필자에게 돌려준 금액은 3000만 원 정도였다. 낙찰가 1억500만 원에서 채권매각가인 7360만 원과 경매비용을 제한 금액이었다. 이후 명도과정에서 우여곡절을 겪긴 했지만 명도를 마치고, 일부 수선을 거친 뒤 세입자를 구했다. 임대차는 보증금 3000만 원에 월 30만 원이었다. 집을 샀는데, 결과적으로 3000만 원이라는 현금이 생긴 것이다. 그리고 만약 이 물건을 1억500만원에 추후 매각한다면 서류상 취득가가 1억500만 원이므로 매각차익이 없다. 따라서 양도소득세도 과세되지 않는다.

법정지상권

17
후순위 임차인이라고 얕보지 마라
충남 보령 토지

　경매에서 해당 부동산의 임차인은 소유자보다 중요한 의미를 갖는다. 소유자는 명도저항의 여부만 남지만 임차인은 거기에 더해 인수해야 할 권리가 있을 수 있기 때문이다. 낙찰자는 임차인의 임차권 승계 여부와 배당받지 못한 보증금을 인수해야 하는지 여부는 꼭 짚고 넘어가야 한다. 이 과정에서 임차인의 대항력 문제가 발생한다. 경매 강의를 하는 강사들은 이 문제에 대해 명쾌하게 말한다. 말소기준권리보다 후순위라면 인도명령의 대상이고, 선순위라면 낙찰자가 인수해야 한다. 옳은 말이다. 이 간단한 명제가 임차인의 대항력 문제를 푸는 출발점이자 종착역이다. 그러나 인도명령의 대상인 후순위 임차인이라도 실전 명도에 들어가면 녹록치 않은 문제가 종종 발생한다.

　후순위 임차인, 즉 인도명령의 대상이 되는 임차인의 입장에서 생각해보자. 그들이 낙찰자에게 저항할 수 있는 최선의 방법은 무엇일까? 대개 낙찰자와 밀고 당기는 협상 끝에 이사비 명목으로 최대한의 합의금을 받아내는 것이 최선이라고 생각할 것이다. 그러나 이는 누구나 제시하는 방법이며, 가장 소극적인 저항의 한 형태일 뿐이다. 더구나 그 합의금이란 것도 어느 한도를 넘으면 낙찰자는 다른 선택지를 생각할 것이 분명하다. 가령, 강제집행에 드는 비용이 400만 원임에도, 그 이상의 합의금을 요구한다면 낙찰자는 집행관을 동원한 강제집행을 실행하는 것이 더 효율적이라 판단하고 그렇게 할 것이다.

경매 법정에 들락거려 본 사람들은 한 번쯤은 겪는 경험이 있다. 어느 날 지인에게서 전화가 걸려온다. 자신이 살고 있는 집이, 아파트가 또는 점포가 경매로 들어갔는데 어떡하면 되냐고. 전화를 건 주인공이 임차인일 수도 있고, 소유자일 수도 있다. 그리고 지인이 직접 겪는 일일 수도 있고, 한 다리 건너 지인의 지인이 겪는 일일 수도 있다. 그러면 대개, 경매밥을 좀 먹었다는 사람은 그 지인이 처한 상황에 따라 최적의 조언을 해주고자 묘안을 짜낸다. 누군가는 허위 유치권이라도 접수하라고 할 수도 있고, 또 누군가는 채권자와의 협상을 권하기도 할 것이다. 그러나 아무리 그럴듯한 방법을 생각해봤자 경매 진행과정을 완전히 뒤집을 묘수는 없다. 민사집행법이 그렇게 호락호락하지만은 않기 때문이다.

그러나 그렇더라도 법의 맹점은 여전히 있다. 가령, 대항력 없는 후순위 임차인이 법원으로부터 인도명령 결정이 나온 상태라면 후순위 임차인의 최후의 카드는 어떤 게 있을까? 카드라기보다는 마지막 발악이라고 표현하는 게 더 옳을지도 모르겠다. 갈 데까지 가서 더 이상 잃을 게 없는 사람이라면 어떤 수단이라도 쓸 수 있다. 인도명령결정은 소유자나 임차인을 당사자로 한 법원 결정문이다. 따라서 해당 임차인이 전대차 계약을 체결하고 제 3자인 전차인에게 부동산의 점유를 넘겨버리면 어떻게 될까? 인도명령은 임차인에게 특정된 것이기에 전차인을 상대로는 또 다른 명도소송을 해야 하는 복잡한 절차를 거쳐야 한다.

 이런 편법은 임차인에게 금전적인 이득은 없다. 그러나 협상과정에서 마음이 상할 대로 상해버린 임차인이 낙찰자를 상대로 제대로 한방 골탕을 먹일 수 있는 방법은 된다. 물론 임차인의 이러한 꼼수를 피하기 위해 인도명령신청 당시에 해당 부동산에 대한 점유이전금지 가처분을 신청하고 인도명령결정문과 점유이전금지 가처분 결정을 받아두었다면 아무런 문제가 없다. 그러나 대부분의 낙찰자들은 이러한 점유이전금지 가처분을 신청하지 않는다.

 다른 예를 들어보자. 이사비를 터무니없이 과도하게 요구하는 임차인에 격분해 인도명령결정을 받아든 낙찰자가 집행관과 함께 강제집행 계고장을 들고 현장을 방문했다. 그런데 가재도구 곳곳에 제 3채권자 명의의 처분금지 가처분 신청을 해놓았다면 어떻게 될까? 물론, 제 3의 채권자는 인도명령대상자와 통정을 한 허위 채권자일 가능성이 농후하다. 이 경우, 강제집행은 또 다른 국면을 맞는다. 임차인의 유체동산을 가압류한 채권자는 그리고 나서도 실제 집행을 하지 않고 차일피일 미룬다면? 낙찰자의 속은 시간이 지날수록 시커멓게 타들어간다. 게다가 임차인은 낙찰자의 강제집행을 기다렸다는 듯이 팔짱을 낀 채 어디 한번 해볼 테면 해보란 듯이 느긋하다. 그리고 이사비 협상을 주도한다. 이 문제에 대한 정확한 법률지식이 없다면 낙찰자는 난감한 상황에 부딪히게 된다. 이처럼 후순위 임차인에게도 마지막 발악의 꼼수는 존재한다. 실전에서 내가 겪은 후순위 임차인의 꼼수를 소개한다.

경매초보도 특수물건 한다

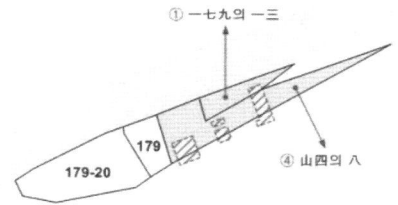

    2015년 3월, 충남 보령에 있는 토지가 경매로 나왔다. 왕복 2차선 지방도에 접한 토지였다. 지목은 임야와 전으로 2필지, 면적은 147평이었다. 석재로 유명한 도시답게 해당 토지는 묘지 비석 등을 가공해 전시하는 석재 전시장으로 쓰고 있었다. 해당 토지 위에 컨테이너를 개조한 사무실과 장비를 보관하는 단층 창고가 있었는데 매각에서는 제외되었다. 법정지상권이 문제될 소지는 있었지만, 신경 쓸 필요가 없었다. 컨테이너는 이동식이라 건축법상의 건물로 인정될 수 없었고, 지게차 등 장비 보관용 창고 또한 무허가 건물에 함석으로 지은 조잡한 건물이었다. 무엇보다 최초 근저당 설정일이 1986년이었기에 그 이후에 토지 임차인이 필요에 따라 지은 공작물이라 법정지상권을 논할 가치도 없었다. 낙찰을 받게 되면 현 토지임차인에게 임대를 주면 될 거라고 판단했다. 나름대로 임대료도 계산했다. 도로변에 접한 147평의 토지이므로 월 30만 원, 못 받아도 20만 원은 받을 수 있을 거라 생각되었다. 2000만 원 선에서 낙찰 받으면 적어도 연 12% 이상의 수익이 가능하다는 계산이었다.

    감정가 4668만 원에 3차례 유찰되어 최저가는 1601만 원, 감정가의 34%로 떨어져 있었다. 나는 전차가격인 2287만 원을 조금 넘긴 2326만 원을 써넣었다. 입찰자는 9명, 2등은 2233만 원이었다. 2등과의 가격 차이는 93만 원에 불과했다. 입찰을 위해 충남 홍성지방법원까지 갔던 차에 낙찰 후 곧바로 현장을 찾았다. 임차인이 추후에도 임대차를 원하는지 여부를 알아보기 위한 탐색전이었다. 현장에서 만난 토지 임차인 또한 해당 부동산 경매 입찰에 참여했던 사람이었다. 나는 직감적으로 임차인이 해당 토지에 대한 애착이 있음을 눈치 챘다. 게다가 저렇게 무겁고 많은 석재를 당장 이동하려면 중장비와 트럭 등이 동원돼야 할 거고, 비용도 만만찮을 것이라 짐작되었다. 이사하는데 소요되는 비용이 2년 치 임대료와 맞먹는다면 굳이 다른 곳으로 갈 필요가 없을 거라 생각되었다.

그러나 현장에서 만난 임차인은 본인은 아무 것도 모르니 형님과 상의하라고 하면서 뒤로 빠져버렸다. 그러면서 자신은 몸이 좋지 않아 전시된 석재를 헐값에라도 팔고 장사를 접겠다고 했다. 그래, 그렇다면 나는 오히려 잘됐다는 생각을 했다. 현재 임차인이 분쟁 없이 점유를 넘겨준다면 그것도 그리 나쁠 게 없었다. 새로운 임차인을 구하는 게 더 나을 수도 있었다. 현재 임차인은 전 토지 소유자와 보증금 없이 월 20만 원에 임대차 계약을 체결해 수년을 사용해오다 토지 소유자가 사망한 이후에는 월세를 지급하지 않고 무상 점유를 해왔던 터였다. 거기다 경매개시결정이 들어간 이후에는 더더욱 월세를 지급할 이유가 없어진 터였다. 월세를 내지 않고 토지를 무상사용해 온 임차인이 새로운 소유자가 나타났다고 해서 얼씨구나 하고 임대차 계약을 체결하고 순순히 월세를 낼 리는 만무하다. 임차인은 왠지 모르게 손해를 보는 것 같은 느낌일 수 있다. 지금까지 월세 없이 토지를 사용해왔는데, 느닷없이 토지 주인이란 자가 나타나 임대차계약을 요구하고 돈을 내라면 곱게 보일 리 없잖은가. 그들에겐 내가 눈에 가시일 수도 있으리라. 인지상정으로 호의가 길어지면 권리로 받아들인다. 그래서 새 술은 새 부대에 담는 것이 옳다는 게 내 생각이다.

형님이란 사람을 만났다. 나는 3개월의 시간을 주겠다고 했고, 임차인 측은 이를 받아들였다. 모든 게 순조롭게 진행되는 듯 했다. 그러나 그게 아니었다. 약속한 3개월이 지나서도 차일피일 사정을 설명하며 점유를 넘겨주지 않는 것이었다. 어쩔 수 없이 인도명령신청을 했다. 법원경매에서는 소유권이전 등기 후 6개월 안에 인도명령을 신청하지 않으면 정식 명도소송을 진행해야 하는 번거로움이 있기 때문이다. 이후 인도명령서를 받아든 상대방 측에서 전화가 걸려왔다. 전시된 석재들을 치우고 토지를 원상회복해두었다고 했다.

역시, 법원에서 보낸 종이 쪼가리 하나가 결정적인 효과를 내는구나. 나는 흐뭇한 마음에 지역 정보지에 토지를 임대한다는 광고를 냈다. 매매는 아직 시기상조였다. 1년 안에 매각하면 양도차액의 50%를 양도소득세로 납부해야 하기에 임대차를 주었다가 3년이 지난 다음에 적당한 시기에 매각하는 것이 옳을 것이다. 며칠 후 고물상을 하겠다는 사람에게서 전화 연락이 왔다. 도로변에 접한 딱 그만한 면적의 토지를 구하는 업자였다. 현장부터 먼저 확인하겠다고 해서 그러라고 했다. 그 사람들이 현장을 보고 난 다음 임대차계약을 원한다면 보령으로 내려 갈 작정이었다. 그런데 현장을 둘러 본 고물상 업자가 도저히 작업장으로 쓸 수 없는 땅이라고 연락해 왔다. 이유인즉 석재전시물 때문에 기존 토지를 점유하고 있는 사람들과의 분쟁이 생길 소지가 있다는 것이었다. 곧장 보령으로 내려갔다. 현장을 방문한 나는 아연실색하지 않을 수 없었다.

경매초보도 특수물건 한다

현장은 그림에서 보는 바와 같이 석재전시물과 이동식 컨테이너를 해당 토지의 뒤편으로 일렬로 쪼르르 물려놓고 실질적으로는 해당 토지를 앞마당으로 활용하면서 버젓이 영업을 하고 있었다. 그럼에도 임차인 측은 해당 토지의 점유를 넘겨주었다고 주장하고 있었다. 거기다 자신들이 실제 점용하고 있는 토지는 현재 폐도가 된 국유지로서 보령시의 점용허가를 받아 전시를 하고 있다는 것이었다. 지적도를 보면 경매로 취득한 나의 토지와 하천 사이에 폭이 6m 정도인 옛날 길이 있다. 보령시청에 문의한 결과 임차인 측은 폐도인 국유지에 점용허가를 받아 정식 대부료를 지급한 것으로 확인되었다. 얄팍한 꼼수였다.

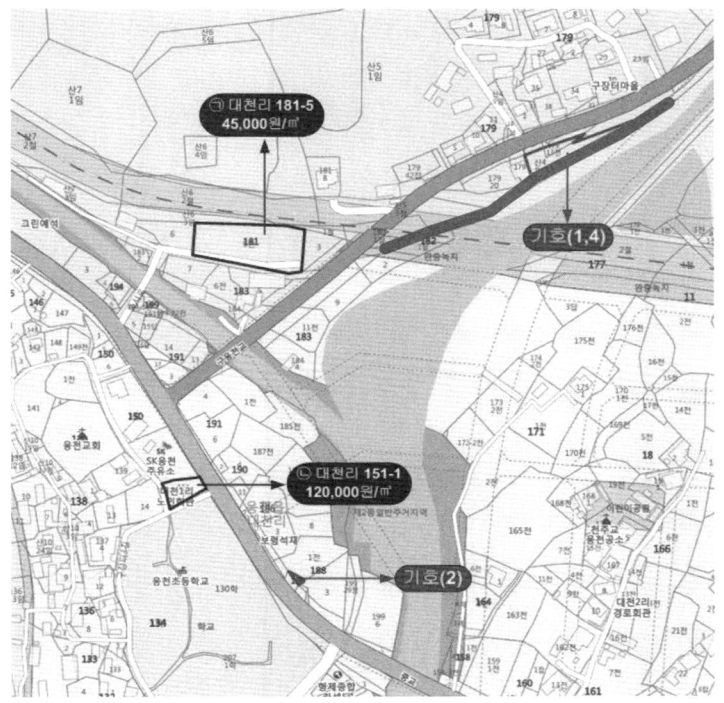

▲ <기호(1,4)> 표시 아래에 길게 나 있는 길이 폐도이다

 실질적으로는 타인의 토지를 사용하면서도 임대차계약 자체를 거부하는 얌체 짓에 화가 치밀었다. 또한 처음부터 원래 존재했던 창고는 측량없이 육안으로 보더라도 경매로 취득한 토지의 지상에 위치하고 있었다. 터무니없는 월세를 요구한 것도 아니지 않는가. 월 30만 원의 임대료도 지급하지 않겠다는 임차인 측과 이후에도 여러 차례 접촉을 시도했지만 그들의 의지는 굳건했다. 그래, 임차인 측에서 그렇게 나온다면 나 또한 그들 식대로 대응해주면 된다. 궁리 끝에, 철제 펜스를 쳐야겠다는 결정을 내렸다.

경매초보도 특수물건 한다

　어쩔 수 없다. 2차선 도로 전면 부분에서부터 폐도가 된 국유지 코 앞까지 사각 펜스를 쳐버린다면 꼼짝 못할 것이다. 전시장에서 석재를 옮기고 나르려면 중장비나 화물차가 들락거려야 하는데 펜스를 쳐버린다면 작업 공간이 없어 저들도 손을 들고 나오지 않을까? 그러나 펜스를 치려니 일단 경계측량부터 해야 했고, 간이창고에 대한 지상물 철거소송까지 동시에 진행해야 했다. 거기다 펜스를 치는 비용까지 고려해야 했다. 또, 제 3자에게 땅을 임대차하게 된다면 펜스를 철거해야 할 수도 있었다. 쓸데없는 돈을 지급하려니 울화통만 터졌다. 고향이 경상도라 성질만 급한 나에 비해 충청도 사람들은 느긋했다. 실행에 옮기기 전에 임차인 측에 통보했다. 마지막 협상의 길은 열어두고자 함이었다. 그들은 예상대로 마음대로 하시라, 이런 투였다.

　맘대로 하라는 태도에 더 울화가 치밀었다. 돈을 들여 펜스를 치고 현 점유자를 코너로 밀어 넣을 수 있었지만, 필요 없는 돈을 들여야 할지도 고민이었다. 그러던 차에 옆 토지 소유자가 내 땅을 임대차하겠다고 제3자를 통해 연락을 취해 왔다. 해당 토지에 플랜카드를 붙여 "현 위치 토지 임대"를 써 붙여 놓고 난 이후였다. 옆 토지 소유자 또한 석재를 가공 전시 판매하는 업자였다. 옆 토지 소유자와 임대차 협상이 진전되고 있는 터라 펜스 설치나 경계 측량은 자연스럽게 불필요한 일이 되어 버렸다. 옆 토지 소유자와 임대차 계약을 하기로 구두로 협상이 끝나 임대차 계약시점만 기다리고 있는 중이었다. 그러다가 해가 바뀌었다. 새해 초에 옆 토지 주인은 4월 한식 이후에 임대차 계약을 체결하자고 했다. 왜 한식 이후인지 따져 묻지는 않았지만 아마 그쪽 업계의 사정이 그렇다면 기다려 주기로 했다. 4월이면 낙찰 받은 지 1년이 지난 시점이다. 그때까지 전 토지 임차인은 해당 토지를 제

앞마당처럼 쓰고 있었다. 한식 다음날에도 연락이 없어 내가 먼저 전화를 했다. 그러자 옆 토지 소유자가 임대보다는 매매를 원한다고 했다. 임대차계약에 대한 구두 합의가 끝나고도 4개월 넘게 기다려줬더니 이해 못할 사람들이었지만 참을 수밖에 없었다.

"매매를 원한다면 감정가인 4600만 원은 받아야겠습니다."

"얼마에 샀는지 아는데 1년 만에 따블을 달라는 겁니까?"

"제가 돈 안 들이고 그냥 주웠다면, 공짜로 달라고 할 겁니까?"

"500만 원 더 올려드릴 테니 넘기시죠."

"그렇게는 안되겠습니다."

그렇게 임대차는 물 건너갔다. 매수인은 시세보다 터무니없는 가격에 사겠다고 하고, 토지 전 임차인은 실제 사용을 하고 있으면서도 임대차계약은 거부하는 상황. 뭔가 이 상황을 반전시킬 묘책을 짜내야 했다. 매매나 임대차를 알리는 플랜카드를 토지 지상에 설치해두었지만, 현 점유자로 인해 번번이 뜻을 이루지 못하고 있었다. 그렇게 시간이 흘러갔다. 나는 보령 시내에 중고 자동차 매매를 하는 업자들에게 전화해 자동차를 한 달간 해당 토지에 전시해준다면 오히려 돈을 주겠다고까지 제안했지만 업자는 시 외곽이라 고개를 내저었다. 그러다가 묘안이 떠올랐다. 현 토지는 지목상 전, 그렇다면 농사를 지을 흙을 가져와 복토를 하면 되겠다는 판단이 섰다.

경매초보도 특수물건 한다

　사진에서처럼 15톤 덤프 10대를 동원, 해당 토지에 야적했다. 복토는 두께 50센티미터 이하의 경우에는 허가를 받지 않는 개발행위에 해당하므로 법률상 저촉되지도 않았다. 그러나 토지 임차인은 꿈쩍하지 않고 버티었다. 대단한 사람들이었다. 나는 혀를 내둘렀다. 그렇게 다시 6개월이 흘렀다. 2017년 초에 어쩔 수 없이 일부 토지를 점용하고 있는 건물철거소송과 더불어 토지임대료 상당의 부당이득반환 청구소송을 진행할 수밖에 없었다. 소장을 접수시키고 나자 옆 토지 주인의 매수 제의가 다시 들어왔다. 낙찰 후 2년이 지난 시점이었다. 어쩌면 옆 토지 주인과 현재 토지 점유자는 전후 사정과 정보를 공유하고 거기에 맞는 대책을 서로 의논하고 있다는 느낌도 들었다.

　매매협상에서 이번에는 옆 토지 주인도 자신만의 주장을 펴지는 않았다. 어느 정도 양보하겠다는 의사를 피력해왔다. 감정가를 고수하고 싶었지만 나 또한 양보를 해 3700만 원이란 가격으로 매각에 합의해 등기서류를 넘겨주게 되었다. 큰돈이 남은 건 아니었지만 각종 경비를 제하고 매매차익만 1200만 원 정도 남겼으니 그렇게 나쁘지 않았다. 그러나 감정가에 미치지 못하는 가격에 넘겼으니 그리 유쾌하지만은 않았다. 시원섭섭. 뭔지 모르지만 왠지 당했다는 느낌도 지울 수 없었다. 이 사건을 계기로 한 수 배운 게 있다면 시골 사람이라고 얕잡아 봐선 안된다는 점이다. 특히나 그 시골사람이 충청도 사람들이라면. 또 하나, 후순위 임차인도 마지막 저항 수단이 있을 수 있다. 항상 상대방의 입장에서 생각하고 상대방이라면 어떻게 행동할지 모든 경우의 수를 생각해야 명도라는 전쟁에서 이길 수 있음을.

법정지상권 **유치권**

18

경매에서의 분쟁은 당연하다, 즐겨라.
양주 봉양동 토지

경매를 하다보면 별 일을 다 겪는다. 분쟁과 소송을 달고 살아야 한다. 내 경우는 주로 소송을 불사겠다는 마음부터 다잡고 들어가는 입찰이 많다. 그런 터에 우리 집으로 법원에서 보내오는 등기우편물이 넘쳐난다. 집배원은 아내와 인사를 주고받는 정도가 아니라 터놓고 가정사까지 드러내놓고 얘기를 나누는 사이가 됐다. 등기우편물을 건네는 집배원은 아직도 사건 해결이 안됐느냐며 마음을 담아 걱정을 해주고, 아내는 곧 해결될 거라며 집배원을 안심시키기에 바쁘다. 한 여자를 짝사랑한 남자가 10년 동안 연애편지를 보냈더니 결국 여자는 집배원과 결혼했더라는 웃지 못할 얘기가 실감날 정도이다.

이처럼 분쟁을 각오하고 경매를 하지만 법원에서 보내오는 우편물은 승소판결이든 인도명령결정문이든 내게 유리하거나 반가운 소식이라 할지라도 그 자체로 부담스럽다. 게다가 법원이 아닌 검찰청이나 경찰서에서 날아드는 우편물은 더 그렇다. 하물며 예상치 못한 분쟁은 스트레스가 된다. 경매를 하다보면 내 의지와는 무관하게 이런저런 분쟁에 말려든다. 큰 틀에서 보면 이해관계의 충돌이라고 볼 수 있다.

부동산 하나에 얽혀있는 이해관계자는 수도 없이 많다. 전 소유자와 경매상 채무자는 물론이고, 임차인, 심지어는 채권자와도 이해관계가 충돌할 수 있다. 부동산의 지역성이라는 속성 때문에 더러는 인접한 부동산 소유자와의 충돌도 벌어진다.

예상이 되는 분쟁은 미리 마음을 먹고 있었으니 내 스스로가 그 분쟁 속으로 뛰어든 경우다. 그러니 누구를 탓할 수도 없다. 그런 수고나 부담 정도는 당연히 감수해야 한다. 가령, 지분 물건에 투자했다면 타 지분권자와의 소소한 마찰은 당연하다. 지분 물건은 결국 내 지분을 타 지분권자에게 매각하든지 아니면 나머지 지분을 인수해야 하는 부담을 원천적으로 안고 출발한다. 분쟁의 조정이 안되면 결국 공유물 분할 소송을 통해 해당 부동산을 처리할 수밖에 없으므로 타 지분권자와의 이해관계의 충돌은 불가피하다.

그 외 지상권 문제가 얽혀있는 부동산도 분쟁의 불씨를 안고 있다. 건물이 매각에서 제외된 토지만의 입찰이나, 지상권이 성립되는 건물만의 입찰이 그 예다. 어느 경우든 다른 소유자와의 마찰은 불가피하다. 이 경우도 지분처럼, 토지 소유자는 건물 소유자와, 건물을 낙찰받은 건물 소유자는 토지 소유자와의 분쟁이 불가피하다. 그 외 유치권이 성립된 물건은 유치권자와 다퉈야 하고, 대지권미등기인 집합건물은 분양회사나 최초 수분양자와의 분쟁이 대기하고 있다.

그러나 이러한 분쟁 외에 예상치 못한 분쟁도 곳곳에 잠재되어 낙찰자를 기다린다. 그 모든 난관을 헤쳐나가야 수익이라는 열매가 기다린다. 그런 점에서 경매는 공으로 거저먹는 수익이 아니다. 주식을 하는 사람들이 큰 수익을 냈다고 해서 그냥 얻어지는 수익이 아니듯이 경매에서의 수익 또한 그만큼의 정당한 대가를 지불한다는 것이 내 지론이다. 그리고 그 수익은 이해관계자와의 분쟁, 그리고 그 분쟁으로 인해 겪는 물질적 정신적 비용에 대한 대가라고 자신 있게 말하고 싶다.

내가 겪은 몇 가지 분쟁, 그 중에서도 예상치 못한 분쟁을 몇 가지를 소개한다.

사례 하나.
응암동 빌라, 명예훼손죄 및 주거침입죄로 피고소

전 챕터에서 부실채권(NPL) 매입으로 입찰에 참여해 응암동 빌라를 낙찰 받는 전 과정을 설명한 적이 있다. 해당 부동산의 경우에는 경매상 채무자와 한바탕 명도 전쟁을 치렀다. 사실, 경매를 하면서 강제집행은 최후의 수단이 아니면 쓰지 않겠노라, 늘 다짐을 해왔다. 인도명령 대상자와는 대화와 타협을 우선하고, 저들의 입장에서 생각하고자 나름대로 노력해왔다. 그래서 점유를 넘겨받는 과정에서 강제집행은 최대한 자제한다. 그러나 도저히 대화가 불가능한 사람들은 나로서도 방법이 없다. 단언컨대, 응암동 빌라는 강제집행 이외에는 달리 방법이 없었다. 더구나 나이든 노인이 거주하고 있는 집을 강제집행할 수밖에 없었던 사실은 내 경매이력상의 유일한 오점이기도 하다.

응암동 빌라는 소유자의 모친이 거주하고 있었다. 60대 후반 정도의 연세라서 되도록 소유자와 타협을 하고자 했다. 그러나 소유자는 만남을 완강히 거부했다. 전화연락도 한두 차례였을 뿐 소통이라고는 주고받은 문자가 전부였다. 소유자는 처음부터 이사비 협상을 할 생각이 없었다. 유치권을 신고해놓고 또 아니면 모라는 식으로 버티었다. 소유자는 해당 부동산 외에도 동시에 경매가 진행된 남가좌동 빌라가

하나 더 있었는데 거기에도 유치권을 신고해놓고 있었다. 나보다 4개월 정도 앞서 빌라를 낙찰 받은 그 사람들은 인도명령 결정문을 받아놓고서도 여러 가지 사정으로 집행을 못하고 있었다. 그쪽 빌라 또한 내가 낙찰 받은 빌라와 마찬가지로 전 소유자가 대표이사로 있는 회사 명의로 유치권을 신고했기 때문에 유치권은 성립될 리 없었다. 시간이 문제였지, 결국은 승산 없는 싸움에 전 소유자는 목숨을 걸고 있었던 셈이다. 하긴 그렇게밖에 할 수 없는 저들의 사정이야 있었겠지만, 냉정하게 생각하면 과연 최선의 선택이었을까, 하는 안타까움도 있었다.

나는 2014년 가을에 해당 빌라의 소유권을 이전하였고, 이전 후 몇 차례 해당 부동산을 찾아 거주자인 할머니를 만났다. 할머니에겐 자식이 넷이나 되었지만 모두들 나 몰라라, 하는 식이었다. 그 중에서 막내딸과 겨우 연락이 닿았다. 나는 일단 보증금 500만 원 한도 내에서 할머니에게 원룸을 얻어줄 요량이었다. 강제집행으로 할머니를 길바닥으로 나앉게 하는 것은 나로서도 부담이었다. 월세는 자식들이 부담하면 될 일이었다. 500만 원 정도면 실제 강제집행에 드는 비용보다 많은 금액이었지만 충분히 지불할 용의가 있었다.

"조그만 원룸을 하나 얻어 드릴 테니 할머니를 그쪽으로 거처를 옮기도록 합시다."

"오빠 집이고, 오빠 일이니 제가 주제넘게 나설 수가 없네요. 죄송합니다."

순간 화가 치밀었다. 자식들도 나 몰라라 하는 노인네를 내가 이렇게까지 신경을 써야 한단 말인가. 그 뒤 수차례 협상을 시도했지만 아무도 이에 응하지 않았고, 할머니와는 아예 말이 통하지 않았다. 소유

경매초보도 특수물건 한다

자인 아들은 이사비 몇 푼으로 이 사건을 해결할 기세가 아니었다. 끝까지 유치권을 주장했다. 인도명령 결정이 떨어졌는데도 말이다.

  나로서도 방법이 없었다. 강제집행을 고려했지만, 시기가 겨울이었다. 전화를 받지 않아 소유자와 문자로 연락할 길 이외에는 없었다. 그렇다고 필자의 문자에 대해서도 일일이 답변이 있었던 것도 아니다. 주로 내가 일방적으로 보내는 문자가 많았다. 시쳇말로 속이 터졌다. 나는 소유자에게 겨울이 지나고 봄에 강제집행을 하겠노라, 예고했다. 강제집행이 결정되면 그때 가서는 원룸 보증금이나 이사비 명목의 협상금은 줄 수 없다고 말했다. 이사비 따로 강제집행 비용 따로 지급할 수는 없는 노릇이었기 때문이다. 이듬해 봄에 나는 최후 수단을 쓸 수밖에 없었다. 마침 할머니가 집을 비운 상태라, 강제집행은 별다른 불상사 없이 순조롭게 마무리되었다. 법원 집행관실에서는 해당 빌라 외에 이에 앞서 낙찰된 남가좌동 빌라도 그날 동시에 강제집행이 되었다.

  문제는 그 이후였다. 경찰서에서 연락이 왔다. 와서 조사를 받으라는 것이었다. 상대방 측에서 관할 경찰서에 고소장을 접수했다. 혐의는 주거침입죄와 명예훼손죄였다. 고소취지는 내가 문자로 자신의 명예를 훼손했고, 강제집행 과정에서 불법으로 주거침입을 했다, 라는 것이 요지였다. 나는 실소를 금할 수 없었지만, 경찰서에 피고소인 자격으로 출두해 조사를 받을 수밖에 없었다. 죄가 있든 없든 경찰서에 피고소인으로 조사받는다는 것은 그 자체로 스트레스다. 조사를 마치고선 열손가락 전체 지문을 날인까지 해서 디지털로 저장하고 보니, 마치 범죄자가 된 것 같은 기분이었다. 항의를 했지만 피의자로 피고소되면 피의자의 전체 지문을 보관하는 게 형사소송법에 명시되어 있다는 조사경찰관의 설명이었다.

나는 상대방과 주고받은 문자를 다시 훑어봤다. 소유자와 문자로 주로 협상을 하다 보니, 더러 상대방을 자극하는 언사들이 있기는 했다. 합의를 위해 다소 상대방의 마음을 다치게 하는 문자는 있을 수 있었다. 말하자면, 젊어서 홀로된 당신 어머니는 어렵게 자식 넷을 키웠다는데 왜 그렇게 무책임하냐, 하는 내용 같은 것들이었다. 물론 이 문자가 상대방의 자존심을 긁었을 수는 있었으리라. 그러나 도덕적으로 비난받을 소지는 있었을지 모르겠지만 그 자체로 형사적인 책임까지 져야 한다고는 스스로도 생각되지 않았다. 예상대로 명예훼손죄는 무혐의처분이 났다. 주거침입죄야 강제집행 당시 법원의 집행관들과 동행했고, 필자는 입회인 자격으로 참여했으니 무혐의는 당연한 일이었다.

조사를 받고 귀가하면서 드는 생각 한 가지. 사업을 했다는 사람이 저렇게 법에 무지할까. 물론 지푸라기라도 잡는 심정으로 유치권 신고를 해놓고 저항을 하는 것까지는 이해가 되었지만, 협상의 길을 스스로 봉쇄하고 파국으로 갔어야 했는지 이해가 되지 않았다. 게다가 형사적인 문제도 되지 않는 사안에 대해 고소까지 했어야 했는지. 주변에 법률적인 자문을 구할 데가 그렇게 없었는지. 고집과 아집, 불통으로 점철된 상대방을 보면서 나 스스로는 어떠한지 되돌아보는 계기가 되었다.

사례 둘.
신협과의 마찰

부실채권 매입을 통한 입찰이 늘고 있다. 과거 전문가들만의 영역이

경매초보도 특수물건 한다

었던 부실채권 매입이 일반화되면서 생겨난 현상이다. 문제는 부작용도 늘고 있다는 점이다. 가령, 사후정산부 조건으로 부실채권을 매입했는데 채권을 매각한 은행이나 AMC에서 사후정산을 제대로 해주지 않는다든지 심지어 잔대금을 납부하고 배당기일이 지나서도 차액을 지급하지 않는 등 피해를 호소하는 소비자가 늘고 있다.

공신력이 큰 자산관리회사에서 채권을 매입하면 이런 문제는 걱정하지 않아도 되지만 최근 우후죽순처럼 늘어난 일부 소형 자산관리회사들의 횡포와 부도덕함이 문제가 되고 있는 것이다.

필자 역시 부실채권을 통해 입찰한 바 있다. 바로 위의 '사례 하나'와 관련된 입찰이다. 해당 빌라의 근저당권자인 S신협 측과 채권양수도 계약을 체결하고 입찰, 최고가 매수인으로 선정되었고, 금융권의 대출을 받아 잔금을 납부했다. 문제는 배당기일이 지났는데 S신협이 나머지 차액을 반환하지 않는 것이었다.

계약서엔 신협의 이사장 직인이 찍혀 있었지만, 이사장의 결재가 나지 않는다는 것이었다. 담당자는 채권매각 당시 이사장에게 보고가 되었던 건이고, 차액은 돌려주기로 한 약정서대로 이사장의 결재까지 있었다고 했다. 그러나 어찌된 셈인지 이사장은 차액 3000만 원 지급에 동의하지 않고 있었다.

은행에 항의했지만 소용없었다. 어쩔 수 없이 고소장을 작성해 놓고 마지막으로 지급여부 타진에 나섰다. 여차하면 사기죄로 고소할 작정이었다. 계약서가 명확했기에 신협은 결국 차액을 지급할 수밖에 없으리라 자신하고 있었다. 다만 고금리 사채대부업체도 아닌 공신력이 있는 신협이 고객과의 신뢰를 저버리고 있다는 사실에 화가 났다. 며칠 동안의 실랑이 끝에 차액을 지급받긴 했지만 씁쓸한 기분은 떨쳐버릴 수 없었다. 신협도 이럴진대, 우후죽순 생겨난 소형 자산관리회사들이 매각하는 부실채권은 오죽하겠는가.

아마, 부실채권을 매각하는 당사자들의 기본적인 속성이기도 할 것이다. 부실채권을 처리하지 못해 전전긍긍하다가 결국 매수자를 만나면 할인을 해서 판매하게 되고 채권최고액으로 입찰한 금액으로 배당을 받게 되면, 차액을 되돌려주는 것이 꼭 내 돈을 떼어주는 기분이 들 것이다. 이해 못할 바는 아니지만 애당초 소비자가 채권매입을 통한 입찰을 하지 않았더라면 그렇게 높은 금액으로 입찰하지는 않았을 거라는 사실을 직시해야 할 것이다.

부실채권 시장도 2016년 7월부터 대부업법이 개정된 이후로는 개인의 NPL 매입은 사실상 힘들어졌다. 자본금 3억 이상의 대부업 등록을 한 법인이라는 일정한 요건을 갖추지 않으면 부실채권의 매입을 할 수 없도록 법이 바뀌었기 때문이다.

사례 셋.
인접 토지 소유자의 건물철거소송

앞선 챕터 9장에서 법정지상권이 성립되는 창고를 공매를 통해 낙찰 받은 사례를 소개한 바 있다. 충북 제천에 위치한 창고로서 명도과정도 순조로웠고, 기존 점유자와 임대차계약을 체결해 월세도 꼬박꼬박 받고 있다. 또한 토지 주인과 적당한 가격에 지료 지급에도 합의해 건물의 임대료를 받아 그중 일부를 지료로 지급하고 있다.

그렇게 3년의 시간이 흘렀다. 2017년 여름에 소장이 날아들었다. 인접한 옆 토지 주인이 소송을 걸어왔다. 인접 토지 주인은 지적측량 결과 내가 낙찰 받은 창고의 일부가 자신의 토지상에 넘어와 있다며, 건물을 철거하고, 철거완료시까지 지료를 지급하라는 주장이었다.

지적공사에서 측량을 했으니 측량결과는 승복해야 했다. 문제는 상대방 토지로 넘어간 건물 면적이 20㎡ 정도에 불과한데도 그 인접지까지 포함해 약 5배 면적의 지료를 청구했다는 점, 그리고 지료지급액을 공시지가의 4배에 연이율 5%를 적용해 청구해왔다. 게다가 건물철거까지 주장하고 있으니 이에 대한 방어를 적극적으로 할 필요가 있었다.

소장을 받아들고 인접 토지 주인에게 불필요한 소송절차를 거치지 말고 적당한 금액의 합의금으로 손해배상을 하겠다고 연락했더니 재판 결과를 지켜보겠다는 입장을 취해왔다. 나는 뭔가 의심이 들었다. 인접 토지는 면적이 500평이 넘는 현황상 작물이 재배된 밭이다. 이에 비해 실제 건물 일부가 차지하고 있는 면적은 10평이 채 안된다. 택지도 아닌 농지, 거기다 공시지가도 평당 5만 원 정도인 땅에 건물 면적 10평이 자신의 토지를 차지하고 있다고 해서 합의 요청을 받아들이지 않고 굳이 소송을 진행하는 저의가 다른 데 있지 않나 하는 의심이 들었다. 가령, 건물이 깔고 앉은 토지 주인과 소통을 하면서 법정지상권이 성립되는 건물만을 가지고 있는 나를 압박해 건물을 헐값에 매각하라는 무언의 압력? 당시의 나는 그렇게 받아들였다. 그러나 나중에 알고 보니 인접 토지 소유자는 맹지인 자신 토지의 건축허가를 받기 위해서는 내 건물이 위치한 토지의 도로사용허가가 필요했고 그 과정에서 내 건물이 앉은 토지 소유자가 인접 토지 소유자의 도로사용허가 부탁에 대해 지상권 등의 핑계를 대어 거절했던 것. 두 토지 소유자의 갈등이 애먼 지상권자인 나에게로 불똥이 튄 것이다. 아무튼 인접 토지 소유자의 소송으로 나는 제천법원 법정을 들락거려야 했고, 결국에는 연 15만 원의 지료를 지급하기로 하고 소송 중간에 상대방이 소송을 취하하는 것으로 합의했다. 마무리는 그렇게 합의를 보는 것으로 끝났지만 소송은 스트레스일 수밖에 없다. 판사 앞에 서 본 경험이 있는 사람들은 알 것이다. 그 소송이 민사든 형사든, 내가 원고이든 피고의 입장이 되든. 그러나 경매를 하는 사람이라면 이 또한 당연히 거쳐야 할 일종의 통과의례가 아닐까?

2015년 3월에 경기도 양주에 있는 토지가 경매로 나왔다. 양주에서 동두천으로 가는 4번 국도변에 위치한 생산녹지지역의 전(田) 54평이었다. 농업진흥구역이긴 했지만 국도변에 위치해 있어 토지의 미래가치나 환금성이 뛰어날 것 같다는 판단 하에 입찰에 참여하기로 결정했다. 감정가 3258만 원에 1회 유찰되어 현 최저가는 2606만 원이었다.

사소한 문제는 몇 가지 있었다. 토지 위에 이동식 컨테이너가 있어, 건물은 매각에서 제외되었다. 통상, 유료 경매사이트에서는 매각에서 제외되는 건물이나 공작물이 있는 경우, 〈법정지상권〉이라는 경고 메시지가 떠 있다. 그러나 공부가 좀 된 입찰자들이라면 토지에 정착되지 않은 이동식 컨테이너라면 법정지상권의 문제는 발생하지 않는다, 라는 사실을 잘 알고 있다.

또한, 두 번째 매각기일 일주일 전에 유치권이 신고되었다. 그러나 현장을 확인한 결과, 해당 토지에는 토목공사를 한 흔적이 없었다. 신고된 유치권은 입찰률을 떨어뜨리는 효과가 있을 테니 오히려 반가운

경매초보도 특수물건 한다

일이었다. 농취증 제출도 필수사항이었는데 농취증 발급에도 하자는 없어 보였다. 내가 써낸 입찰가는 2726만 원, 감정가의 83.6%였고 결과는 낙찰이었다. 나를 포함 2명이 입찰했는데 2등은 2700만 원으로 차이는 불과 26만 원이었다.

낙찰 후 유치권이 문제가 될 수도 있었지만, 전혀 그렇지 않았다. 유치권 신고인은 허무인이었다. 유치권을 신고한 사람의 주소로 내용증명을 보냈다. 유치권을 취하하지 않으면 경매방해죄로 형사고소하겠다는 내용이었다. 그러나 내용증명은 반송되어 돌아왔다. 수취인불명이었다. 연락처 또한 결번이었다. 판단컨대, 누군가 낙찰가를 떨어뜨려 싸게 낙찰 받으려는 의도로 유치권을 신고한 것으로 보였다. 거기다 접수는 신고당사자가 법원에 직접 들른 것이 아니라 우편으로 신고되었다.[32]

문제는 은행대출이었다. 일단 현장 사진을 확보해 공사를 한 흔적이 없음을 은행에 제출했다. 그리고 경매상 채무자인 토지 주인에게 연락해 공사를 한 사실이 있는지 여부를 확인했다. 토지 주인은 공사를 한 사실이 없음을 확인해주었다. 대신 전 소유자는 토지 위에 소재한 소나무 5그루에 대한 자신의 소유권을 주장했다. 낙찰자인 내가 수목의 소유권을 두고 다툴 수도 있었으나[33] 전 토지 소유자의 수목 소유권을 인정하는 조건으로 공사를 한 사실이 없다는 확인서를 요구했다. 그리고 서로 이에 합의했다. 나는 수목을 포기하는 대신 전 소유자의

---

32) 허무인의 유치권 신고를 원천적으로 막기 위해서 이제 법원에서는 당사자를 확인하고 접수를 받아주는 방법으로 민사집행법이 개정되길 바란다. 굳이 법률개정이 아니더라도 시행령이나 시행규칙의 개정으로도 충분히 가능해 보인다.
33) 지상의 수목은 별도의 명인방법으로 소유자를 특정하지 않으면 토지의 정착물로 간주해, 토지 낙찰자의 소유로 귀속된다.

공사사실 부존재 확인서와 현장 사진 등을 확보해 유치권자의 점유가 없음을 입증해 대출을 받아낼 수 있었다.

문제는 그 다음이었다. 토지 위에 존재하는 이동식 컨테이너와 지상의 수목을 처리하는 과정에서 문제가 발생했다. 해당 토지는 그림에서 보는 바와 같이 잡목이 우거져 있었다. 토지의 가치를 증대시키려면 잡목을 제거하고 평탄작업이 필요했다. 물론 앞부분에 위치한 가로수는 제외였다.

낙찰을 받고 난 이듬해인 2016년 2월에 나는 중장비 업자에게 연락해 컨테이너를 약 10미터 뒤로 물리고 그 옆에 위치한 작은 소나무 5그루를 인접토지인 국유지로 옮겨 심었다. 그리고 잡목은 솎아내고 토지를 말끔하게 정리했다. 컨테이너를 옮기기 전에 소유자를 알아내기 위해 백방으로 수소문해봤지만 찾아낼 길이 없었다. 더군다나 주변이 잡목으로 덮여 있어 누군가 컨테이너를 버리고 갔을 수도 있다고 판단했다.

소나무 5그루는 전 소유자가 자신의 것이라 주장했기에 기한을 주고 가져가기를 종용했다. 그러나 통보한 기한 3개월이 지나도 가져갈 생각을 하지 않아 약속한 기일보다 6개월이 더 흐른 시점에 내가 직접 처리하겠다, 라는 마지막 통보를 했다. 그러나 전 소유자는 이에 대해서도 이렇다 할 대답이 없었다. 할 수 없이 나는 아래의 사진에서 보는 바와 같이 중장비 업자에게 의뢰해 토지평탄작업과 함께 인접 국유지로 소나무를 옮겨 심었다.

▲ 컨테이너 앞부분에 위치한 소나무는 평탄작업과 함께 오른 쪽 옆으로 옮겨 심어졌다. 사진에서처럼 어린 소나무이다.

그로부터 보름 정도 지났을까. 옆 토지 주인이라는 사람에게서 전화가 왔다. 자신의 컨테이너와 수목을 허락 없이 옮겼다고 절도죄로 고소하겠다고 했다. 자신의 것이라 주장하니 그 사실관계야 다투지 않더라도 절도죄? 물건이 거기 그대로 있는데 절도죄로 고소한다는 말에 어이가 없었다. 절도죄라면 고소를 하시라, 라고 했더니 한 달 뒤쯤 양주경찰서 형사과에서 연락이 왔다.

없는 시간을 쪼개어 약속시간에 맞춰 나갔더니 담당 형사는 외근 중이라며 사람을 2시간 가까이 기다리게 만들었다. 다시 조사 받으러 오기도 먼 길이고 해서 기다린 끝에 조사를 받았다.

"컨테이너와 소나무를 왜 주인 허락도 없이 옮겼습니까?"

"컨테이너는 방치되어 있어서 주인을 찾을 길이 없었습니다. 내 땅 안에 방치된 걸 뒤편으로 옮겼는데 그게 절도죄라뇨? 그리고 위치 이동이 10미터도 채 안됩니다."

"고소인 측 주장은 다릅니다. 컨테이너는 자신의 땅에 있었다고 하는데요?"

나는 프린트한 위성 지도를 형사에게 내밀었다.

"컨테이너는 그렇다 치고 위성지도상으로 보더라도 소나무는 피고소인 소유의 땅에 5그루 모두가 있다고 보기 힘듭니다. 이건 왜 옮겨 심었나요?"

"소나무는 경매상 채무자인 전 소유자가 자신의 소나무라고 주장해 가져가겠다고 했습니다. 그런데 약속한 시간이 지나도 가져가지 않았습니다. 6개월이 지나 문자로 통보하고 20미터 떨어진 국유지에 옮겨 심었습니다."

"고소인은 옮겨 심는 과정에서 소나무 가지가 부러지고 뿌리가 다쳤다고 합니다."

"옮겨심기하는데 잔뿌리 안 다치고 옮겨 심어지는 식물이 있습니까?"

형사는 고소인이 재물손괴죄로 고소했다고 했다. 재물손괴죄의 구성요건을 확인했더니 타인의 재물에 대해 그 효용을 해할 목적으로 성립하는 범죄라고 하여, 고의의 의사가 있어야 했다. 고의가 없다면 형사범이 아니라 단순히 민사상의 손해배상만을 청구할 수 있을 뿐이었다. 담당 형사도 그렇게 얘기했다. 그러나 두어 달 뒤에 형사는 그 사건을 기소의견으로 이 사건을 검찰에 송치했다.

검찰 조사를 받으러 가서, 고의로 훼손한 사실은 없다. 고의로 그랬다면 내가 중장비업자에게 돈을 주고 나무를 옮겨 심었겠느냐, 차라리 베어버리고 말지, 라고 했더니 검사는 미필적 고의도 고의라고 했다. 그래? 그렇다면 법정에서 시시비비를 가려보자며 큰소리를 쳤다. 검사는 벌금 50만 원이라는 약식명령을 청구했다. 50만 원이 아니라 단돈 만 원도 낼 수 없었던 나는 정식재판을 청구했다.

정식재판에서 판사는 법정에서 무죄를 다투려면 다시 사건을 재조사해야 하고 번거로우니 선고유예가 어떠냐고 조정의사를 내비쳤다. 나 또한 더 이상 이 일로 법정에 나오기 싫었다. 생각 같아선 대법원까지 가고 싶었으나 이쯤해서 그만두는 게 옳다고 여겼다.

길고 지루한 공방 끝에 선고유예를 받긴 했지만, 수목을 옮겨 심었다는 이유로 경찰서 형사과로, 검찰청으로, 그리고 법정까지 갔다. 그러나 나는 소송을 겪으면서 소송 상대방인 옆 토지 주인에 대한 한 가지 원칙은 줄곧 고수했다. 상대방을 자극하는 결정적인 언행은 피했다는 점이다. 왜냐면 상대방이 소유한 토지 면적도 그 자체로는 개발을 하기에는 부족한 50여 평에 지나지 않았기에 언젠가는 내가 그 토지를 매입하든 아니면 상대방이 나의 토지를 매입하든, 또는 제3자가 2필지 모두를 구입해서 개발을 할 수밖에 없기에 추후 매매 협상의 여지를 남겨둬야 했다. 그래서 소송 중간에 상대방에게 감정을 건드릴만한 막말은 자제했다. 아니, 오히려 화를 억누르고 최대한 부드러운 태도를 유지했다. 나름 억울했지만 말이다. 일종의 선견지명이었는지 2017년 11월에 해당 토지는 필자를 형사고소했던 그 옆 토지 소유자에게 매각했다. 낙찰가 2726만 원, 매각금액은 5300만 원이었다. 소송을 거치면서도 감정을 극도로 자제한 덕분이었다.

> 유치권

19
아파트는 현금이다.
성북구 장위동 아파트

    2017년 5월 새로운 정부가 들어섰다. 정치적 불확실성이 걷히자 부동산시장이 제일 먼저 반응했다. 강남 3구의 아파트 가격이 들썩이고 있는 것이다. 새 정부가 저금리로 인한 가계대출 증가를 억제하고자 부동산 규제정책을 펼 것이라는 소문이 돌자, 규제가 시행되기 전에 아파트를 사려는 사람이 몰리면서 가격이 폭등했다. 이후 8.2 대책으로 어느 정도 오름세는 꺾였지만 최근 다시 조금씩 수요가 살아나고 있다. 전문가들은 일종의 가수요라고 파악한다.

    이러한 가수요는 금리가 낮은 시기에 두드러지게 나타나는 현상이다. 저금리는 갭 투자라는 새로운 투자방식을 불러왔다. 이러한 투자방식을 무피투자라고도 하는데 피 같은 내 돈을 들이지 않는다는 의미다. 주로 주거용 부동산 특히 아파트에 많이 나타난다. 무피투자는 세입자의 전세금과 나의 돈을 합쳐서 집을 매수하는 것으로 전세가와 매매가의 차이를 이용한다. 즉, 매매가와 전세가의 차이가 별로 없는 지역이 주로 타깃이다.

언론보도에 의하면 8.2대책 이전 매매가 대비 전세가의 비율이 가장 높은 지역이 경기도 군포시와 서울 성북구인 것으로 조사됐다. 군포시는 84.2%, 성북구는 83.1%로 밝혀졌고, 다음으로 경기 의왕시(82.4%), 경기 안양시(81.3%), 서울 동대문구(80.3%), 서울 관악구(80.2%)의 순이다.

내 돈을 투자하지 않고 집을 산다는 게 가능한가? 결론부터 말하자면 가능하다. 게다가 집을 샀는데 돈이 남는 경우도 있다. 앞 장에서처럼 부실채권을 매입해 투자한 경우도 무피투자가 가능하지만 대부분의 무피투자는 다음과 같은 개념이다. 예를 들어 감정가 1억 원의 아파트나 빌라를 8000만 원에 낙찰 받았다고 가정하자. 8.2대책 이전엔 낙찰가의 80%와 KB시세의 70% 중에서 적은 금액을 대출받을 수 있었다(최근엔 투기과열지구를 제외한 지역에서 10%씩 차감된 비율로 대출이 가능하다). 낙찰가의 80%면 6400만 원, KB시세의 70%(감정가와 KB시세가 동일하다고 가정)는 7000만 원이다. 6400만 원과 7000만 원 둘 중에서 적은 금액인 6400만 원이 대출된다(이 경우 MCG나 MSI를 적용받는다고 가정한다). 등기를 치는데 소요되는 비용은 대충 200만 원, 결국 8200만 원이 소요되지만 대출 6400만 원을 받으니 실제 현금 투자비용은 1800만 원이 된다. 이후 서울을 제외한 수도권정비계획법에 따른 과밀억제권역, 인천 경기 지역의 대부분은 소액임차인의 최우선변제금액이 2700만 원이므로 임대차를 통해 2700만 원 이하의 보증금을 받고 임대차를 한다. 만약 2000만 원에 월 30만 원 받으면 투자한 1800만 원을 회수하고도 200만 원이 남는다. 대출금의 은행이자 연 4%(6400만 원×4%=256만 원) 256만 원은 월세(30만 원×12개월=360만 원) 360만 원으로 처리되고도 남는다. 실제 필자가 낙찰 받은 인천 불로동 아파트나 경기도 화성의 상가가 이러한 유형에 속한다.

이처럼 월세로 무피투자를 할 경우에는 주로 낙찰가 1억 원 이하에서 가능하다. 전세로 전환할 경우에는 위의 예시에서처럼 매매가 대비 전세가율이 높은 지역에 주로 경매로 주거용 부동산을 취득해 투자하는 케이스다. 예를 들어 3억 원에 아파트를 낙찰 받아 소유권 이전과 수리비 등을 합쳐 1000만 원 정도 들었다고 가정하자. 이 아파트를 전세 2억8000만 원에 세를 놓고 기다리다 2년이 지난 시점에 아파트 가격이 3억5000 정도까지 오르면 매각한다. 결국 내 돈 3000만 원을 들여 4000만 원을 벌었으니 100% 이상의 수익률을 올린 셈이다.

이러한 무피투자에는 일정한 조건이 있다 첫째, 경매로 낙찰 받아 저금리로 최대한의 대출을 받는다. 둘째, 전세로 돌릴 경우에는 매매가 대비 전세가율이 높은 지역이라야 가능하다는 점이다. 용산이나 강남, 과천은 매매가가 높아서 부적절하다. 셋째 공실이 발생할 가능성이 적은 수도권 지역이 유리하며, 월세로 전환할 경우에는 1억 원 이하의 소형 주택일수록 유리하다. 그러나 이러한 무피투자는 은행 대출을 최대한 이용해야 한다는 조건이 붙지만 8.2대책 이후 수도권 중 투기 및 투기과열지역은 대출 조건이 강화되어 최근엔 어려워졌다는 점을 알아두기 바란다.

무피투자는 위험도 뒤따른다는 점을 분명히 알아야 한다, 금리 변동 추이를 확인해 금리 상승기에는 피해야 하며, 공실 발생 가능성도 염두에 두어야 한다. 부동산 경기의 사이클이 마냥 내가 원하는 대로 될 수는 없다. 역전세난이 발생할 수도 있고, 금융위기로 은행금리가 올라가는 순간 무피투자는 도미노처럼 물거품이 될 수 있다는 사실을 명

심해야 한다.

경매초보도 특수물건 한다

　2015년 4월 성북구 장위동에 있는 나홀로 아파트가 경매로 나왔다. 감정가 4억에 2회 유찰되어 최저가는 2억5600만 원이었다. 2003년에 사용승인된 45평에 방이 4개였다. 보증금이 월 2000만 원에 월세 90만 원의 소액임차인이 거주하고 있었고 유치권이 신고된 상태였다. 선순위 근저당권자의 채권최고액이 3억9000만 원에 저당권이 유동화회사로 넘어가 있어 유치권에 대한 정보도 얻을 겸 유동화회사에 부실채권 매각의사를 타진했다. 확인 결과 임차인이 점유하고 있어 유치권 성립은 어려울 것 같았다. 유동화회사인 채권자는 채권 매각의사는 있었으나 원하는 가격이 만만찮았다. 3억4000만 원을 요구했다. 3억3000만 원까지 살 생각이 있다며 협상을 시도했지만 유동화회사는 3억4000만 원 이하로는 팔 수 없다고 버텼다.

　그래? 뭐 정 그렇다면 굳이 내가 원하는 가격 아니면 물건을 살 필요도 없는 게 아닌가 싶어 경매로 낙찰을 받기로 했다. 3억3128만 원에 입찰, 결과는 낙찰이었다. 12명이 응찰했는데 2등과의 금액 차이가 3000만 원이 되어 좀 찜찜했지만 당시 아파트를 낙찰 받기가 하늘의 별따기보다 어려워 스스로 그렇게 위안을 삼고자 했다. 유치권은 별 문제가 되지 않았다. 신고인에게 내용증명을 발송했더니 수취인불명으로 되돌아왔다. 이번에도 역시 허무인 명의로 우편으로 신고된 가짜 유치권이었다. 점유자를 만나보니 임차인이었다. 점유도 없고 공사한 사실도 없는 전형적인 가짜 유치권이었다. 따라서 대출에도 걸림돌이 되지 않았다. MCI를 이용해 2억6000만 원을 대출받았다. 간단한 수리를 거쳐 3억3000만 원에 전세를 놓았다. 전세금을 받아 은행대출금은 변제했다. 실제 투자금액은 1천만 원 정도였다. 성북구는 앞서 밝혔다시피 서울에서 전세가율이 가장 높은 지역이라 가능했다. 1천만 원으로 감정가 4억의 아파트를 취득했으니 전형적인 무피투자라 할 수 있다. 2018년 현재 임차인과 2년 연장 재계약을 했으며, 중개업소에 4억 원에 매물을 내놓고 기다리는 중이다.

공매

20
경매 선수들이 가는 마지막 물건은 토지다
파주 광탄면 토지

경매를 하다보면 가슴 설레게 하는 물건들을 만난다. 이렇게 좋은 물건이 왜 이 가격이 되도록 아무도 안 사갔지? 이번엔 반드시 낙찰될 거 같은데, 얼마를 써넣을까? 이른 바 땡빚을 내서라도 꼭 가지고 싶은 물건들과 종종 맞닥뜨린다. 낙찰을 못 받더라도 그런 물건들을 찾아내고 현장을 답사하러 가는 과정은 경매를 하는 사람들만이 느끼는 즐거움이기도 하다. 그리고 현장 답사에서도 하자를 발견하지 못한다면 초조하게 매각기일이 기다려진다. 매각기일을 기다리는 심정은 초등학교 첫 소풍보다 더 설레고, 첫 데이트보다 더 두근거린다.

그러나 경매를 하는 기간이 길어지고 시간이 흐르다 보면 그런 설렘을 주는 물건들을 만나기가 점점 어려워진다. 왜 그런지 곰곰이 생각해보면 나름의 몇 가지 이유가 있다. 첫째, 부동산경매의 진입 장벽이 낮아져 경쟁이 치열해졌다는 점이다. 치열한 경쟁은 좋은 물건이 유찰되도록 가만히 내버려두지 않는다. 그 전에 누군가 낚아채 가기 때문에 유찰될 확률이 적다. 둘째, 스스로 부동산을 보는 안목이 높아진다는 점이다. 설렘을 가득 안고 현장 답사를 가보면 꼭 하자가 있음을 발견한다. 이후, 그런 하자들은 현장에 가보지 않고도 걸러내는 능력이 생긴다. 따라서 경매 물건을 아무리 검색해도 눈에 띄는 물건들이 없다. 셋째, 매너리즘이라는 자기함정에 빠지게 된다. 타성에 젖어 초심을 잃어버린다는 의미다. 즉, 스스로 부동산을 보는 안목이 생겼다고 판단하고는 이렇게 많이 유찰된 데는 뭔가 문제가 있겠지, 라고 지레짐작을 하고 포기하거나 현장답사를 게을리 한다. 그러니 설렘은 있을 수 없다.

경매에 있어 초심은 중요하다. 늘 배우는 자세로 임해야 하는 게 경매이다. 부동산에 대한 공부는 하면 할수록 그 깊이는 끝도 없다. 민법 민사집행법 민사소송법은 기본이고, 제대로 공부를 하려면 국토의 계획 및 이용에 관한 법률, 농지법, 산지법, 건축법, 도로법 등 공법상의 법률은 물론이고 세법도 알아야 한다. 무엇보다 부동산을 보는 안목도 길러야 한다.

경매 초보자들이 가장 먼저 시작하는 부동산의 종별이 아파트이다. 그리고 경매 선수들이 가는 마지막 물건은 토지이다. 왜 토지인가? 토지는 사람으로 치면 어린아이이다. 어떻게 개발을 해서 장래 어떤 형태의 부동산으로 거듭날지 미지수이기 때문이다. 어떤 형태로 개발이 가능하고, 어떤 형태의 개발이 최적의 모습인지를 파악해야 하기에 그렇다. 개발을 하는 사람이 가진 안목대로 최종 형태가 완성된다. 따라서 토지에 대해 공법상의 제한을 얼마나 알고 있고, 거기에 맞는 최적의 개발행위를 할 수 있어야 토지 가치를 증대시킬 수 있다. 바꾸어 말해 개발행위에 대한 제한 여부를 알고 있어야 토지가치를 증대시킬 수 있다. 토지는 개발행위에 대한 제한 여부가 어마어마하다, 담당 공무원도 그 전체를 다 알기가 어렵다. 토지에 대한 공법상의 여러 부동산관계법을 숙지하지 않고서는 토지 경매의 고수가 되기 힘들다.

흔히 토지의 정보를 파악하는데 있어 해당 토지의 지목부터 확인한다. 그러나 이는 첫 출발부터 잘못이다. 토지의 현황 파악에 있어 가장 먼저 확인해야 하는 것은 용도지역이다. 토지는 〈국토의 계획 및 이용에 관한 법률〉상 그 이용실태와 특성, 장래의 토지이용방향 등을 고려하여 도시지역, 관리지역, 농림지역, 자연환경보전지역으로 나누고 전국의 모든 토지는 그 넷 중의 하나에 속하게 되어 있다. 도시지역은 주거, 상업, 공업, 녹지지역으로 나뉘고[34], 관리지역은 보전, 생산, 계획관리지역으로 세분화된다. 이 용도지역이 중요한 이유는 해당 토지에 어떤 건축물의 건축이 가능한가, 하는 문제와 그 건축물의 건폐율, 용적률, 높이 등에서 제한을 받기 때문이다.

용도지역과 같이 병행해서 확인해야 하는 것은 용도구역과 용도지구이다. 용도구역은 개발제한구역, 시가화조정구역, 수산자원보호구역, 도시자연공원구역 등으로 나뉘는데 우리가 흔히 접하는 용도구역이 그린벨트 즉, 개발제한구역이다. 개발제한구역은 개발행위에 많은 제약이 따르므로 입찰 전 토지이용계획확인서를 통해 이를 확인해야 한다. 이외 용도지구는 경관지구, 미관지구, 고도지구, 방화지구, 방재지구, 보존지구, 시설보호지구, 취락지구, 개발진흥지구, 위락지구, 특정용도제한지구, 리모델링지구 등으로 세분화 된다.

---

[34] 주거지역은 전용, 일반, 준주거지역으로 나뉘고 상업지역은 중심, 일반, 근린, 유통상업지역으로, 공업지역은 전용, 일반, 준공업지역으로, 녹지지역은 보전, 생산, 자연녹지지역으로 세분화된다. 전용주거지역은 다시 1종과 2종 전용주거지역으로, 일반주거지역은 1종, 2종, 3종 일반주거지역으로 나뉜다. 모두 건축물 종류의 제한, 그리고 건폐율과 용적률의 제한이 따른다.

▶용도지역의 분류

구분	용도지역	세분 용도지역		용도지역의 성격
도시지역	주거지역	전용주거지역	제1종 전용	단독주택 중심의 양호한 주거환경 보호
			제2종 전용	공동주택 중심의 양호한 주거환경 보호
		일반주거지역	제1종 일반	저층주택을 중심으로 편리한 주거환경 조성
			제2종 일반	중층주택을 중심으로 편리한 주거환경 조성
			제3종 일반	중고층주택을 중심으로 편리한 주거환경 조성
		준주거지역		주거기능 위주+지원 상업·업무기능 보완
	상업지역	중심상업지역		도심·부도심의 업무 및 상업기능 확충
		일반상업지역		일반적인 상업 및 업무기능 담당
		근린상업지역		근린지역에서의 일용품 및 서비스 공급
		유통상업지역		도시내 및 지역간 유통기능 증진
	공업지역	전용공업지역		주로 중화학공업·공해성 공업 등 수용
		일반공업지역		환경을 저해하지 아니하는 공업의 배치
		근린공업지역		경공업 그 밖의 공업+주거·상업·업무기능 보완
	녹지지역	보전녹지지역		도시의 자연환경·경관·산림 및 녹지공간 보전
		생산녹지지역		주로 농업적 생산을 위하여 개발 유보
		자연녹지지역		도시의 녹지공간의 확보, 도시 확산의 방지, 장래 도시용지의 공급 등을 위한 보전, 불가피한 경우 제한적인 개발 허용
관리지역	보전관리지역			자연환경보호, 산림보호, 수질오염방지, 녹지공간 확보 및 생태계 보전 등을 위하여 보전이 필요하나, 주변의 용도지역과의 관계 등을 고려할 때 자연환경보전지역으로 지정하여 관리하기가 곤란한 지역
	생산관리지역			농업·임업·어업생산 등을 위하여 관리가 필요하나, 주변의 용도지역과의 관계 등을 고려할 때 농림지역으로 지정하여 관리하기가 곤란한 지역
	계획관리지역			도시지역으로의 편입이 예상되는 지역 또는 자연환경을 고려하여 제한적인 이용·개발을 하려는 지역으로서 계획적·체계적인 관리가 필요한 지역
농 림 지 역				도시지역에 속하지 아니하는 농지법에 의한 농업진흥지역 또는 산지관리법에 의한 보전산지 등으로서 농림업의 진흥과 산림의 보전을 위하여 필요한 지역
자연환경보전지역				자연환경, 수자원, 해안, 생태계, 상수원 및 문화재의 보전과 수산자원의 보호·육성 등을 위하여 필요한 지역

    용도지역 다음으로 중요한 것은 바로 도로와의 관계이다. 지목이 대지이고 용도지역상 근린생활시설을 건축할 수 있는 주거지역이나 계획관리지역이라 하더라도 도로가 없으면 무용지물이다. 지적도상 도로가 있어야 건축 승인이 가능하다. 지적도상 도로는 없지만 현황상

경매초보도 특수물건 한다

도로가 있다면 상황은 복잡해진다. 이때는 건축법이 요구하는 도로의 요건을 충족해야만 건축이 가능하다. 이처럼 도로는 용도지역 못지않게 경매입찰자들이 중요하게 고려해야 할 요소이다.

2015년 12월에 파주시 광탄면 영장리에 있는 토지가 공매로 나왔다. 2차선 도로변에 위치한 생산관리지역의 답 425㎡였다. 감정가는 5950만 원, 최저가는 감정가의 50%인 2975만 원으로 떨어진 상태였다. 공매는 감정가의 50%에도 유찰되면 자산관리공사의 재량에 따라 50% 이하에서 매각을 하든지 아니면 100%에서 다시 시작할 수 있다. 따라서 이번에 낙찰을 받지 못하면 다음을 기약할 수 없었다. 주변 시세를 확인해보니 평당 50~60만 원 선이었다. 감정가와 거의 비슷한 수준이었다. 수도권 도로변에 위치한 땅이 감정가의 50%까지 떨어지다니, 믿을 수 없는 일이었다. 설레는 마음으로 나는 즉시 입찰에 응했고, 두근거리며 입찰 결과를 기다렸다. 입찰가는 3078만 원, 단독 입찰이었다.

낙찰을 받고 토지 임대 현수막을 제작해 현장에 걸었다. 하루에 한 번 꼴로 문의 전화가 왔다. 그러나 문제가 발생했다. 토지를 임차하겠다는 사람은 더러 있었는데 번번이 도로문제에서 막혔다. 지적도를 자세히 보면, 면적은 얼마 되지 않지만 도로와 해당 토지 사이에 갈치꼬리처럼 좁고 기다란 사유지가 존재한다. 도로와 나란히 있어 실제 도로의 일부처럼 보여 쓸모는 없는 땅이지만 건축을 하려면 해당 토지의 사용승인을 받아야했다. 문제는 그 토지의 소유자가 종중과 종중소유의 대표가 공동소유로 된 땅이었다. 어렵게 소유자를 확인했지만 종중의 대표는 종중 전체의 의사를 물어봐야 한다는 입장이어서 홀로 사용승인을 해주기는 어려웠고, 게다가 나머지 지분권자인 개인은 사용승인에 대한 대가로 과도한 금액을 요구했다. 임차인들 대부분은 간단한 가건물을 짓고 영업을 원하는 자영업자들이어서 건축이 되지 않으면 임대차나 매매가 사실상 불가능했다. 건축법상 도로의 문제를 제대로 짚지 못했던 내 실수였다.

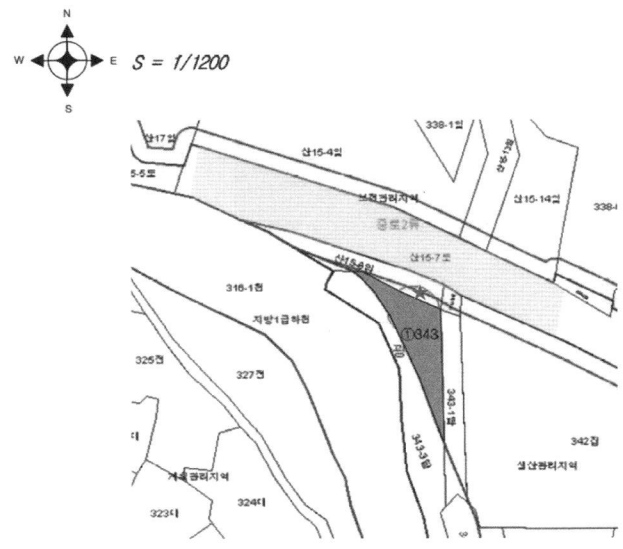

경매초보도 특수물건 한다

그렇게 시간이 흘러갔다. 그러나 그렇다고 가만히 내버려둘 수는 없었다. 이번엔 매매를 하겠다는 현수막을 내걸었다. 그랬더니 엉뚱한 곳에서 연락이 왔다. 등잔 밑이 어두웠던 모양이다. 인접 토지의 공장에서 주차장이 부족한 모양인지 매입 의사를 타진해왔다. 평당 60만 원(7860만 원)에 매각의사를 비쳤지만 평당 50만 원(6400만 원)이면 매입하겠다고 했다. 나는 못이기는 척 소유권 이전을 넘겨주었다. 등기비용을 제외하고도, 100%의 수익률이었다.

> 지분

21
국유지를 활용하라
인천 화수동 단독주택

국유재산법 제43조(계약의 방법) ① 일반재산을 처분하는 계약을 체결할 경우에는 그 뜻을 공고하여 일반경쟁에 부쳐야 한다. 다만, 계약의 목적·성질·규모 등을 고려하여 필요하다고 인정되면 대통령령으로 정하는 바에 따라 참가자의 자격을 제한하거나 참가자를 지명하여 경쟁에 부치거나 수의계약으로 할 수 있으며, 증권인 경우에는 대통령령으로 정하는 방법에 따를 수 있다.

 토지는 소유 주체에 따라 공유지와 사유지로 나눌 수 있다. 공유지란 국가 또는 지방자치단체 등 공공기관이 소유한 토지를 말한다. 국가가 소유해 재정경제부에서 관리하고 있는 토지를 국유지, 지방자치단체 등이 소유한 토지를 시유지라고 한다. 시유지는 통상 해당 자치단체의 경리과나 회계과에서 관리를 하고 있다.
 토지를 포함, 이런 공공의 재산을 전부 통칭해서 국유재산이라고 한다. 국유재산에는 행정재산과 일반재산이 있는데, 행정재산은 원칙적으로 처분 임대 교환의 대상이 되지 못한다. 이를테면 서울시청 건물은 행정재산으로서 사권의 대상이 될 수 없다. 즉 은행에 저당을 잡히고 돈을 빌리거나 혹은 개인에게 매각하거나 교환 양도의 대상이 될 수 없다는 의미다. 일반재산은 행정재산 이외의 모든 재산을 말하며 종전에는 잡종재산으로 불리기도 했다. 이 일반재산은 행정목적의 수행에서 제외된 재산으로 필요시 일반인에게 대부나 매각이 가능하다. 대부의 경우에는 일정한 대부료를 납부하고 사용하며 매매는 일정한 요건이 되면 입찰이나 수의계약으로 매각한다.

이러한 일반재산은 행정재산에서 용도폐지의 절차를 거치며 통상 한국자산관리공사에서 관리한다. 일반재산의 대부나 매각은 재산의 위치, 규모, 용도 등으로 보아 필요하다고 판단되는 경우에 원칙적으로 일반경쟁 입찰로 시행한다. 그러나 일부재산은 「국유재산관리 처분기준」에 따라 인접 토지 소유자 등 이해관계인에게 수의계약을 통하여 대부나 매각이 가능하다.

국유일반재산은 한국자산관리공사의 홈페이지 온비드에 정부재산 조회란에 들어가면 지번별로 매각이나 대부가 가능한 재산을 공개하고 있으니 이를 참조하면 된다. 또한 여기에 없더라도 공유지의 경우, 해당 지자체에 직접 전화해 원하는 국유지의 매각 여부를 타진하면 된다.

최근에는 보존할 필요가 없는 국유일반재산은 국가에서도 적극적으로 처분하는 추세이므로 시세보다는 조금 싸게 살 수 있다. 국유지 매입신청은 해당기관에서 취합 검토 후 상급기관의 승인을 받아 처분하는데 약 3~6개월의 시간이 소요된다. 가격은 장부상 3천만 원 미만의 재산이면 감정평가사 1인이, 3천만 원 초과는 감정평가사 2인이 산술평균하여 책정된다.

가격 산출이 이러한 과정을 거치므로 국유지 매입은 가격 상승이 일어날 조짐이 보이는 토지를 공략하는 것이 유리하다. 즉 땅값이 들썩이는 지역을 찾아 그 일대 국유지를 조사한 다음, 매수신청을 하면 감정평가는 그 이전의 시세를 반영하므로 땅값이 움직이기 이전의 시세대로 매입할 수 있다. 만약 입찰의 방법이 아니라 인접 토지를 소유하고 있어 수의계약을 통해 매입할 수 있으면 금상첨화다. 또한, 해당 토지를 일정기간 대부로 사용하다가 매수신청을 하면 수의계약으로 매입이 가능하므로 유리하다.

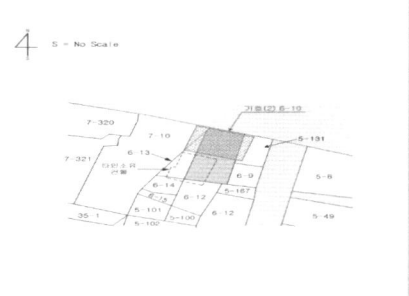

2016년 2월에 인천 동구 화수동에 있는 단독주택이 경매로 나왔다. 대지23.6㎡ 건물61.26㎡로 1977년도에 건축된 오래된 건물이었다. 왕복 8차선 대로변에 위치한 해당 부동산의 토지는 전체 필지의 면적이 55㎡로 이중 6/14의 지분이 경매로 나온 것이다. 그외 7/14은 국유지, 1/14은 개인 소유로 된 지분 물건이었다. 다만 건물은 구분소유적 공유관계로 전체가 경매로 나왔다.

감정가 38,654,960원으로 내가 써낸 입찰가는 28,180,000원으로 감정가의 72.9%였다. 입찰인원은 나를 포함해 3명으로 차순위 매수인은 25,195,000원, 금액 차는 2,985,000원이었다. 건물은 낡고 오래되어 전혀 값어치가 없었고, 재개발을 기다리는 수밖에 없었다. 재개발의 조짐이 보인다면 국유지의 토지 지분에 대해 이해관계자의 자격으로 우선 매수를 신청, 수의계약 형식으로 국유지 지분을 매수할 수 있어 시세차익이 가능할 것으로 보인다.

또 하나의 노림수가 있었다면 8차선 대로변에 위치해 있었으므로 주거용 건물을 개조해 상가로 임대차할 수 있을 것이란 생각을 했으나, 이는 안목이 부족한 성급한 판단이었음을 고백하지 않을 수 없다. 낙찰을 받고 현장을 정밀 조사한 결과 그 지역은 대형 차량이 통과하는 산업도로의 기능을 하고 있을 뿐, 사람들이 도보로 오고가는 도로가 아니었다.

전 소유자가 살고 있었으나 이사비 없이 간단히 점유를 넘겨받았다. 2018년 현재 인근 부동산에 매물로 내놓고 있다. 다행히 이 일대는 최근 재개발 조합결성의 움직임이 일고 있어 조만간 지가 상승의 기대를 모으고 있다.

> 법정지상권

22
구도심의 노후화된 주택가 토지는 대박을 예감한다

대전 선화동 토지

　돌이켜보면 내가 낙찰 받은 물건은 대부분 특수물건이었다. 유치권이 신고된 주거용 부동산, 지분등기, 법정지상권이 성립되거나 그렇지 않은 건물, 법정지상권이 성립되지 않는 토지, 심지어 법정지상권이 성립되는 토지만의 낙찰에 이르기까지. 그리고 이들 특수물건이 중첩된 물건과 유치권이 신고된 사찰에 이르기까지 어느 하나 녹록한 물건이 없었다. 이들 특수권리는 낙찰 이후 권리상의 하자를 모두 치유했다. 단지 시간의 길고 짧았음이 있었을 뿐이다. 오히려 문제는 특수권리와는 무관하게 전혀 예상치 못한 곳에서 불거지곤 했다. 가령, 부동산의 시세나 현황 파악에서의 실수 같은 것들이었다. 그리고 보면 권리분석은 시장분석의 중요도에 비해 그 비중이 떨어진다고도 볼 수 있다.

　그러나 그렇다고 해도 권리분석은 여전히 중요하다. 경매의 출발이고 기본이기 때문에 그렇다. 경매시장의 진입장벽이 낮아짐으로 인해 수익률이 떨어졌고, 수익을 내려면 특수물건으로 옮겨가지 않으면 안 되기 때문이다. 특수물건을 안전하게 낙찰 받으려면 정확한 권리분석은 기본이다. 개인적인 경험으로 특수물건 중 가장 안전하고 높은 수익률을 내는 게 법정지상권이다. 법정지상권으로 수익을 내는 가장 좋은 모델은 지상에 번듯한 건물이 있으나 법정지상권이 성립하지 않는 건물이 있는 경우다. 이 경우 담보권 실행으로 토지만의 경매를 거쳐 토지를 낙찰 받은 후 건물을 공략하는 일이다.

경매물건을 검색하다보면 번듯한 전원주택이, 멀쩡한 원룸 건물이 감정가의 30%도 안되는 가격으로 떨어져 있는 경우를 종종 목격한다. 호기심이 발동해 법정지상권 여부를 따져 파고들어 가보면 이미 토지가 경매로 제3자에게 낙찰되어 있다. 또한, 건물 등기부에는 이미 토지 소유자의 건물철거 소송과 지료지급 청구소송이 동시에 진행되고 있음을 확인할 수 있다. 그러면, 아, 벌써 선수가 이미 작업 진행 중인 물건이구나. 하는 사실을 깨닫는다.

2017년 4월부터 필자는 '팟빵'에서 〈부동산경매, 초보가 고수되기〉라는 제목의 경매 팟캐스트 방송을 진행하고 있다. 애청자 중 한 사람이 인천 남구 숭의동 216-7, 219-1번지에 있는 부동산에 대한 분석을 의뢰해왔다. 사건번호 2016타경21317, 법정지상권 성립 여부가 문제가 되는 건물만의 매각. 지하층이 있고 한 층의 바닥 면적이 24평인 4층짜리 건물로, 각층마다 4가구의 원룸이 들어서 있는 다가구주택이었다. 일반주거지역에 위치해 2002년도에 신축된 이 건물은 토지는 매각에서 제외되어 건물만의 매각조건으로 경매로 나왔다. 감정가 2억2200만 원에 3차례 유찰되어 최저입찰가가 7614만 원으로 감정가의 34.2% 떨어진 상태였다. 공실 없이 세입자들이 전부 다 들어차 있는 것으로 보아 임대수익에도 문제가 없었다.

그러나 토지와 건물 등기부를 확인해본 결과 지상권이 성립되지 않는 건물이었다. 게다가 토지는 이미 2014년도에 토지만의 매각 조건으로 공매가 실시되어 제3자에게 매각이 완료된 상태였다. 부속 토지는 감정가 2억1976만 원에서 최저가가 1억988만 원으로 감정가의 50%로 떨어졌을 때 제 3자가 1억2200만 원(감정가의 55%)으로 낙찰을 받은 상태였다. 즉, 이미 누군가 토지부터 낙찰을 받고 건물 작업에 들어갔다는 뜻이다. 그렇게 되면 법정지상권이 성립하지도 않는, 철거대상이 될 수 있는 건물을 낙찰 받으려는 사람은 없을 것이고 아직도 더 유찰될 소지가 있어 보였다. 결국은 토지 소유자만이 건물을 낙찰 받을 수밖에 없다는 결론에 도달한다. 토지 소유자가 토지를 이미 감정가의 55%에 낙찰 받았으니 건물을 감정가의 20%(4440만 원)에 낙찰 받는다고 가정하면 토지 및 건물의 합산 취득가는 1억6640만 원이다. 합산 감정가 4억3976만 원(건물 2억2200+토지 2억1976)의 37.8%에 건물과 토지를 취득했으니 대박 중의 대박이라 할 수 있다.[35]

Tip

법정지상권을 공략하는 프로세스

1. 건물은 매각에서 제외된 토지만의 경매 물건을 찾는다.
2. 그 물건은 지상에 번듯한 건물이 소재해야 한다.
3. 건물은 법정지상권이 성립하지 않는 건물이라야 한다.
4. 토지만의 경매에서 토지를 감정가의 50~60% 선에서 낙찰 받는다.
5. 건물 소유자를 상대로 토지인도 및 건물철거소송, 지료지급 청구소송을 동시에 진행한다.

---

[35] 2016타경21317 물건은 2018년 2월19일 최저매각가 5330만 원으로 매각기일이 잡혀 있다.

6. 지급 지체된 지료 채권을 기화로 건물에 대한 경매를 실시한다.

   이 경우 건물에 압류, 가압류, 근저당 등 채권자가 많을수록 좋다. 이는 건물 소유자의 경제적 자력이 없다는 뜻이고, 나 아닌 다른 채권자가 건물을 경매로 넣을 수 있기 때문이다. 만약 건물의 1순위 채권자가 있다면 채권을 양도받아 건물에 대한 경매를 진행하는 것도 방법이 될 수 있다. 건물 경매가 빨라지면 그만큼 빠른 회전율을 기대할 수 있다.

   또한, 건물에 대항력 있는 임차인 여부를 파악해야 한다. 대항력 있는 임차인이 많을수록 건물 매입에 자금이 더 투입될 여지가 있기 때문이다. 물론 토지만의 매각에서 임차인은 자신의 보증금을 배당받을 수 있기는 하다.

7. 건물만의 경매가 진행될 때, 건물철거소송이 진행되고 있다는 사실을 건물등기부에 기재한다.

   예를 들어 건물철거권보전을 위한 가처분 등기를 말한다. 이러한 가처분 등기는 건물만의 경매가 진행되었을 때, 건물이 여러차례 유찰되어도 제3자의 입찰을 저지하는 효과가 있다.

8. 건물의 최저입찰가가 20% 정도로 떨어졌을 때 건물을 낙찰 받는다.

2016년 3월, 대전에 있는 대지 83㎡가 경매로 나왔다. 지상에 소재한 단층주택 62㎡는 매각에서 제외되었다. 위에서 설명한 법정지상권 공략의 모범사례처럼 번듯한 건물은 아니었다. 오히려 노후화된 단독주택이었다. 게다가 법정지상권이 성립할 여지가 다분한 건물이었다. 그러나 대전 구도심인 지하철 중구청역에서 도보로 3분 거리였고, 재개발의 압력을 받고 있어 충분히 투자가치가 있어 보였다. 매각에서 제외된 건물로 인해 3차례 유찰, 최저가는 2140만 원으로 감정가 6241만 원의 34%로 떨어진 상태였다.

본건의 법정지상권 성립 여부를 파악해 보면, 건물 등기부 등본도 없었고, 건축물대장도 존재하지 않는 무허가 건물이었다. 2013년에 토지에 설정된 근저당권자가 경매를 넣었고, 2004년 인근 신협에 선행 근저당이 잡혀 있었다. 따라서 토지와 건물 주인이 일치한다는 전제조건 하에 2004년 선행 근저당설정 당시에 토지 위에 건물이 존재했다면 법정지상권이 성립하는 건물이었다. 건물은 외관상 2004년 이전에 건축된 노후 주택이었다.

또 다른 문제는 선순위 임차인이 3명이 있었다. 배당요구를 하지 않아 배당에서도 제외되었다. 토지만의 입찰이라 선순위 임차인의 보증금을 인수할 필요가 없어 선순위 임차인을 고려할 필요는 없었지만 추후 건물에 대한 작업을 할 때는 선순위 임차인이 부담이 될 여지는 있었다. 낙찰 받고 나중에 안 사실이지만 이들은 가족 관계로서, 임대차계약은 제3자 명의로 했고, 계약서상의 임차인이 전입하지 않고 이들 가족에게 전세 1000만 원에 전대차를 한 상황이었다. 임차인은 배당기일 안에 배당요구를 하지 않은 상태였다. 전입과 주민등록 마친 전차인을 대위해 배당요구 기일 안에 배당요구를 했더라면 토지 매각대금에서 보증금 전액을 수령할 수 있었겠지만 임차인은 이를 해태한 것이다.

선순위 임차인의 존재에도 불구하고 재개발이 유력한 구도심의 토지만을 낙찰 받아 매각해 본 경험이 있어, 크게 문제가 될 것 같지 않아 입찰을 결심했다. 나는 전차 가격을 넘겨 감정가의 51.7% 3228만 원을 써넣었다. 입찰인원은 모두 7명에, 2등은 2915만 원으로 금액 차는 313만 원이었다.

낙찰 후 해당 부동산을 찾았다. 임차인이 거주하고 있었지만 토지 주인이자 건물주는 토지가 경매로 들어가자 임차인과 아예 연락을 끊어버렸다고 했다. 주인과 연락이라도 되면 주택의 소유권을 넘겨주고 대신 전세보증금 1000만 원의 채무를 인수하겠다고 협상이라도 하겠지만 주인과 연락할 길이 없었다. 나는 법원 기록을 열람해 경매상 채무자인 전 소유자의 주소를 확인해두었다가 3개월이 지난 시점에 지료지급을 청구하는 내용증명을 발송했다. 우편물은 반송되었다. 현장을 직접 찾아갔더니 폐문부재, 이사한지 오래되었다는 사실을 옆집 주인에게서 들을 수 있었다.

낙찰을 받고 소유권 이전등기를 마친 뒤 정확한 시세를 확인할 겸 매물로 내놓으려고 인근 부동산 중개업소에 찾았다. 중개업자를 통해 굿 뉴스와 배드 뉴스를 동시에 들었다. 굿 뉴스는, 통상 원룸업자들이 이 일대 토지를 평당 500만 원 선에 구입해 원룸을 건축해 분양을 한다는 것이었다. 평당 500만 원이면 1억2500만 원, 내가 경매로 구입한 가격인 3228만과는 4배 가까이 차이가 나는 금액이었다. 배드 뉴스는 해당 토지는 25평밖에 되지 않아 단독으로는 매수하기 어렵다고 고개를 내저었다. 그렇다면? 나는 인근 주택을 방문했다. 이 일대가 다들 이러한 노후주택이라 매각을 원하는 사람과 같이 팔면 될 일이었다. 마침 옆집 주인도 집을 팔 의사가 있었다. 문제는 건물 주인이었다.

현재 계획은 이렇다. 해결책은 두 가지로 압축된다. 첫 번째 방안은 건물 주인과 연락이 닿으면 전세금 1000만 원에 대한 채무를 인수하는 조건으로 건물의 소유권을 넘겨받는 것이다. 건물 소유권을 넘겨받는 즉시, 옆집 주인과 함께 해당 부동산(건물 및 토지)을 평당 500만 원에 매각한다.

두 번째 건물 주인과 연락이 되지 않을 시에는 일단 지료지급 청구소송을 진행한다. 연락이 안되면 공시송달로 진행해 지료액을 확정하고 향후 2년간 지료를 연체해 법정지상권이 소멸되면, 법정지상권의 소멸로 인한 건물철거소송과 함께 건물을 경매로 매각한다. 물론 현재 이 건물은 미등기이다. 미등기 건물은 강제집행을 위한 보존등기가 가능하다. 이 경우, 채무자를 대신해 대위등기를 하면 된다. 단 대위등기는 모든 미등기건물에 해당되는 것이 아니고 건축허가나 건축신고가 되어있는 건물에 한한다.36)

---

36) 부동산집행을 하기 위해 무허가건물 전체에 대해 대위등기가 가능하도록 하면 불법건축물이 양산되어 건축물 관리의 근본 취지를 훼손하기 때문이다.

대위등기가 되면 건물철거권 보전을 위한 가처분 등기를 하고 난 뒤 지료 채권으로 건물을 강제경매하면 철거예정인 건물에 입찰할 수 있는 사람은 토지 주인인 필자밖에 없을 것이다. 그러나 확인결과 불행히도 이 건물은 건축허가나 신고 자체가 없는 무허가 건물이라 대위등기 자체가 불가능했다.

현재 이 사건은 2017년 12월에 법무사에게 의뢰해 토지지료청구소송을 진행하고 있다. 소송 중에 사실조회신청이라는 절차를 거치면 소송 상대방과 연락이 닿을 길이 있을 테고 토지지료채권으로 건물을 싸게 취득할 수도 있을 것이다. 건물을 취득하게 되면 매각의사를 밝힌 옆집과 더불어 원룸업자에게 평당 500만 원선에 매각하려는 계획이다.[37]

---

[37] 현재 필자는 건물 소유자(=전 토지 소유자)를 상대로 토지지료지급청구 소송을 진행 중이다. 지료는 낙찰 후 2017년도 분까지 700만 원 정도의 금액이며, 피고가 지료지급 판결을 받은 후 2년 동안 지료를 지급하지 않으면 지상권소멸을 청구할 수 있고, 지상권이 소멸되면 건물철거 소송을 진행할 계획이다.

23
임대수익의 대명사 오피스텔, 이것만은 반드시 확인하자
관악구 신림동 오피스텔, 경북 경주 오피스텔

오피스텔은 임대수익의 대명사처럼 여겨진다. 특히 요즘처럼 저금리 시대에는 특히 안정적인 투자수익을 얻을 수 있는 투자 상품으로 각광을 받고 있다. 강남 지역의 부동산 경기 과열 조짐으로 정부가 2017년 8.2 부동산 규제 정책을 실시하자 분양권 전매제한이 없는 오피스텔로 몰리고 있다는 소식이다. 한 쪽을 누르니 다른 쪽이 튀어 오르는 일종의 풍선 효과다. 그러나 오피스텔은 안정적인 수익률에도 불구하고 투자 전에 꼭 확인해야 할 사항들이 있다.

첫째, 아파트에 비해 오피스텔은 관리비가 비싸다. 관리비는 임차인이 부담해야 하기에 소유자가 신경 쓰지 않아도 된다고 생각하면 오산이다. 만약 임대차가 안되고 공실기간이 길어지면 그 자체로 부담이 될 수밖에 없다. 따라서 강남, 광화문, 신촌 등 사무실 밀집지역이나 대학가 등 수요가 많은 지역의 오피스텔이라야 공실의 염려가 없다. 지방도 관공서 주변을 공략하는 것이 유리하다.

둘째, 환금성이 약하다는 단점을 고려해야 한다. 아파트처럼 내가 팔고 싶을 때 팔 수 없다. 따라서 여윳돈이 많은 사람은 은행에 예금하는 것보다 수익률이 훨씬 낫기 때문에 오피스텔에 투자한다. 주로 은퇴 직장인들에게 안성맞춤인 부동산이 오피스텔이다. 따라서 여윳돈이 부족한 사람에게는 권하고 싶지 않다.

셋째, 시세차익까지 고려해야 한다. 오피스텔은 부동산의 상승기에도 좀처럼 그 시세가 오르지 않는다. 따라서 몇 년이 지나도 아파트만큼의 시세차익을 기대하기 어렵다. 그러므로 다른 지역과의 시세를 고려하여 매입해야 한다. 임대수익은 다른 지역과 비슷한데도 시세는 낮다면 향후 시세가 오를 가능성이 있다는 뜻이다.

넷째, 공급이 과잉되는 지역은 피해야 한다. 공실의 위험과 시세 하락의 위험을 안고 있다.

다섯째, 시장상황에 따라 금리가 변하므로 금리변동추이를 잘 살펴서 투자해야 한다. 고금리 시대로 진입하는 시기에는 오피스텔이 적합하지 않다. 은행대출을 이용해 임대수익률을 최대한 끌어올려야 하므로 거치기간이 긴 상품이 유리하다. 대출 후 2년 뒤 원리금균등상환으로 대출조건이 변하면 수익률이 반감된다.

여섯째, 세금체계가 복잡하기 때문에 이를 잘 이용해서 본인에게 가장 유리한 조건을 택해야 한다. 오피스텔은 건축법의 적용을 받는 업무용시설이다. 1가구 1주택자라면 주택 수에 합산하지 않으니 양도소득세가 부담이라면 아파트보다 오피스텔이 낫다. 그러나 실질과세의 원칙에 따라 업무시설이라도 실질이 주거용으로 임대를 주고 있다면 다주택자가 될 수 있어 비과세혜택이 안되므로 양도 시에 이 점을 유념해서 양도해야 한다. 오피스텔을 분양받아 일반사업자등록을 하게 되면 건물분 부가세 10%를 환급받을 수 있다.[38] 반면에 업무용의 경우 취득세는 4.6%이고, 사업자를 등록하지 않는 소형 주거용이라면 1.1%이므로 취득 시 둘 중 어느 것으로 신고할 지는 자신이 보유한 주택 수와 향후 양도세 등을 감안해 유리한 쪽으로 신고해야 한다. 또 부가세 환급 시 실제 거주하는 사람이 주거용이 아닌 업무용이라야 한다. 업무용으로 쓰고 있다는 사실을 증명하려면 거주자(임차인이 거주한다면 임차인)의 사업자등록 사본을 제출해야 한다. 만약 부가세 환급을 받았다가 주거용으로 사용하게 되면 환급받았던 부가세를 도로 반납해야 한다. 그러므로 만약 오피스텔을 주거용으로 임대를 준다면 주택임대사업자로 등록하는 것이 유리하다. 따라서 사업자등록 문제를 꼼꼼히 따져봐야 한다.

● 오피스텔사업자 등록

구분	일반임대사업자	주택임대사업자	무사업자등록
취등록세	4.6%	면제	4.6%
부가세	환급	환급불가	환급불가
양도소득세	중과배제	중과배제	중과적용

---

[38] 임대사업자라도 주택임대사업자는 제외된다.

● 도시형생활주택 사업자등록

구분	취등록세	부가세	재산세	종부세	양도세
주택임대사업자	면제	없음	부분면제	합산배제	중과배제
무사업자 등록	1.2%	없음	납세	합산	중과적용

일곱째, 전용률이 낮다는 점을 감안해야 한다. 집합건물은 전용부분과 복도 화장실 계단 엘리베이터 등의 공용부분으로 나뉘는데 아파트의 경우, 분양면적 대비 공용면적을 뺀 전용면적 비율이 70~80% 정도라면 오피스텔은 50~60%라고 보면 된다. 따라서 거품이 많은 분양면적에 현혹되어서는 안될 것이다.

내가 지금까지 낙찰 받은 오피스텔은 2건이었다. 서울 신림동에 있는 오피스텔, 그리고 경북 경주에 있는 오피스텔. 그러나 2건 모두 투자 목적이 아니라 내가 필요에 의해서 낙찰 받은 물건이었다. 신림동은 사무실을 임대로 쓰고 있어서 그쪽으로 옮겨가기 위해서였고, 경주의 오피스텔은 부모님의 거주를 위해 어쩔 수 없는 선택이었다. 파킨슨병을 앓고 있는 아버지는 엘리베이터 없는 경주 소재 아파트 5층에 거주하고 있었는데 오르내리기가 힘들었다. 그즈음 병세가 심해져서 병원에 치료를 받으러 가야 할 때는 형이 아버지를 업고 올랐다, 내렸다 반복했다. 어쩔 수 없이 그 시기에 경매로 나온 1층 주택을 찾다가 발견한 물건이었다. 만약 1층의 아파트가 경매로 나왔다면 해당 오피스텔에는 입찰하지 않았을 것이다.

2013년 10월 관악구 신림동에 있는 오피스텔이 경매로 나왔다. 마침 사무실이 필요했던 나는 입찰을 결심했다. 대지권 7.659㎡에 건물은 24㎡였다. TV를 제외한 풀옵션이었는데, 감정가 1억900만 원에 1회 유찰되어 최저가는 8720만 원이었다. 시세는 1억1000만 원으로 감정가와 비슷했다. 문제는 물건번호 9번까지 있는 물건으로 한 사건에 여러 물건이 경매로 나온 복수물건 경매였다. 복수물건은 전체 물건이 모두 매각되고 난 다음에야 배당이 이루어지기 때문에 낙찰대금을 완납하더라도 배당받을 임차인이 있다면 배당기일까지 명도를 받을 수 없다는 단점이 있었다. 이를 동시배당이라 하는데 해당법원의 재량에 따라 매각이 되는대로 바로바로 배당하는 이시배당도 실시하긴 한다. 그러나 대부분의 법원은 동시배당을 선호한다. 게다가 낙찰을 받고나서도 오피스텔 전체 물량이 차례로 나올 예정이라서 공급량이 많아지면 당분간 시세가 떨어질 위험도 있었다. 그러나 대학가이고 강남순환도로 개통이 예정되어 있는데다 경전철 도입예정이라는 호재가 있어 나는 입찰을 결심했다.

경매초보도 특수물건 한다

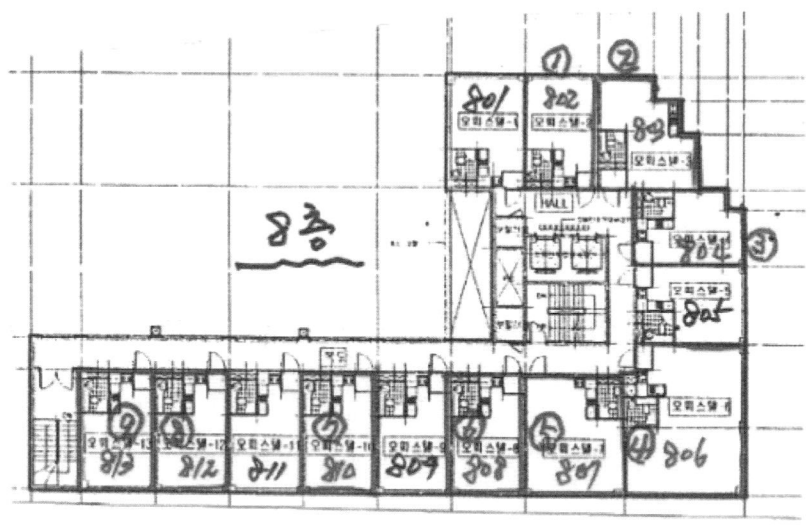

▲ 신림동 쑥고개에 위치한 오피스텔

나는 9228만 원에 입찰했고, 단독입찰이었다. 조금 높은 감은 없지 않았으나, 이후 나머지 물건들의 낙찰된 금액을 보니 큰 차이가 없었다. 앞서 언급했다시피 복수물건 경매이다 보니 나머지 물건들이 매각이 완료되기까지 한참의 시간이 걸렸고 배당기일은 내가 잔금을 납부하고 난 6개월 뒤에 잡혔다.

2013년 10월16일에 입찰했고, 같은 해 12월19일 잔금납부 및 등기를 쳤으나 다음 해인 2014년 6월25일에 배당이 이뤄졌다. 배당 후 임차인이 다른 집으로 이사를 가는데 한 달 정도, 간단한 수리를 하고 부동산에 내놓고 새로운 임차인을 구하고 임차인이 입주한 날이 2014년 11월15일이었다. 1년 가까이 은행 대출이자가 나갈 동안 눈을 뻔히 뜨고 손실을 감수해야 했다.

애당초 직접 사무실로 쓰려고 낙찰 받았으나, 생각보다 면적이 협소했다. 할 수 없이 임차인을 구할 수밖에 없었다. 해당 지역은 대학가와 고시촌으로 공실의 염려는 없는 지역이다. 그동안 임차인이 두 번 바뀌어 보증금 2000만 원에 월 40만 원을 받고 있었다. 현금 투자대비 임대수익률은 연 6% 정도였다. 그러나 최근 전세 1억 원으로 임차인이 바뀌었다. 이 물건은 경전철이 개통되는 시기에 맞춰 매각을 하려고 계획 중이다. 임대수익률이나 매매차익의 시점에서만 본다면 경매를 하는 사람의 기대치에 훨씬 못 미치지만 언제든지 내가 돌아갈 수 있는 사무실이 있다는 점에서 만족한다.

2013년 경주지역, 그중에서도 고향 마을 인근의 아파트를 시간에 쫓겨 찾다보니 나온 물건이 오피스텔이었다. 사실 공부상 오피스텔이었을 뿐, 실질은 복도형 아파트라고 보는 게 낫다. 몸이 좋지 않은 아버지 때문에 1층을 찾다보니 어쩔 수 없이 선택한 물건이었다. 게다가 평생을 살아 온 고향 동네에서 벗어나 시내로 옮길 수도 없었다.

경매초보도 특수물건 한다

해당 부동산은 2008년도에 신축한 건물로 방 2개였다. 감정가는 6500만 원 1회 유찰되어 최저가가 4550만 원일 때 감정가의 86%인 5628만 원에 입찰해 낙찰 받았다. 입찰인원은 3명, 2등은 5100만 원으로 금액 차는 528만 원이어서 다소 아쉬웠지만, 아버지를 생각하면 하루라도 빨리 집을 옮겨야했다.

28평에서 18평으로 옮기려니 어머니는 처음엔 입주를 꺼려했지만, 병세가 더 심해지자 어쩔 수 없는 선택을 해야 했다. 다행스러운 것은 이쪽으로 옮겨와 아버지의 병세가 많이 호전되었다는 점이다. 걷지도 못하는 분이 어느 날 자전거를 타고 다닐 정도였으니 그것만으로 만족한다.

▲ 경주시 시래동에 위치한 오피스텔

유치권   재매각사건   대출불가
농취증   선순위 전입자   분묘기지권

24

유치권자도 내 편이 될 수 있다

충북 충주 납골당사찰

돈 되는 물건을 찾기가 만만찮았던 나는 남들이 주목하지 않는 물건에 집중했다. 그러다 발견한 것이 충북 충주에 있는 사찰이었다. 사찰이 경매로 나왔다면 이는 대부분 개인사찰이라 보면 된다. 조계종이나 천태종 등 주류 종단에 소속된 사찰은 종단에서 엄격하게 재산을 관리하므로 경매로 나오는 경우는 드물다. 그 외 전통사찰보존법의 규제를 받는 사찰은 낙찰 받더라도 관할 주무관청의 허가를 따로 받아야 하므로 낙찰을 받았다가 이 관문을 통과하지 못해 보증금을 몰수당할 수 있으므로 유의해야 한다.

해당 사찰은 개인 명의의 사찰로서, 감정가 11억에 4회 유찰되어 4억5000만 원까지 떨어진 상태였다. 대지는 8필지에 2936평, 건물은 대웅전 지장전 관음전 산신각 약사전 요사체 정자 등 사찰로서의 외관을 두루 갖추었다. 특이사항이 있다면 사찰 경내에는 현대식 3층 납골당 건물이 자리하고 있다는 점이었다. 평소 장묘사업에 관심이 많았던 터라 즉각 해당 부동산에 대한 조사에 들어갔다. 그 사찰은 2년 전 납골당 허가를 받았으나 사찰 소유자의 사망으로 관리가 안되어 허가가

경매초보도 특수물건 한다

취소된 케이스였다. 예전에 이미 납골당 허가가 났던 전례가 있어 낙찰 후 법이 정한 일정한 요건만 갖추면 납골당 재허가가 나는 건 무리가 없어보였다. 장사 등에 관한 법률에 따르면 봉안시설의 경우 종교단체나 재단법인에 한해 요건을 갖추면 허가를 해주게 되어 있다. 그리고 종교단체는 5000기까지 봉안이 가능하고 재단법인은 봉안 규모의 제한이 없다.

사업적인 논리로만 접근한다면 엄청난 매력이었다. 1기당 평균 100만 원으로 계산하면 5000기가 다 찰 경우 50억 원이다. 물론 이는 수치상의 단순 계산에 불과하다. 충주시의 경우, 시에서 운영하는 대규모 시립납골시설이 있어 사설 봉안시설은 경쟁력이 약했고(물론 종교적인 시설을 선호하는 사람들이 있긴 하다), 향후 10년 내에 5000기가 다 찬다는 건 불가능해 보였다. 그 외 현실적인 제약도 많았다. 우선 낙찰을 받기까지 넘어야 할 산이 많았다. 유치권이 신고되어 있었고, 게다가 전 회차 입찰에선 미납 사례가 한 번도 아닌 두 차례나 있었다. 미납의 사유를 추정하기도 쉽지 않았다. 미납 사례가 있다는 건 입찰자들이 예측하지 못하는 권리상의 하자나 목적물 자체의 하자가 있을 수 있어 특별한 주의를 요한다. 그 외 배당요구를 하지 않아 보증금 여부를 알 수 없는 선순위 전입자에, 분묘기지권, 농취증 발급 등 해결해야 할 과제가 산적해 있었다. 가장 중요한 문제는 특수물건이다 보니 낙찰 후 대출 여부가 불확실했다.

하나하나 차근차근 문제를 풀어나가야 했다. 일단 현장 답사를 결정했다. 현장을 보지 않고서는 어떠한 결정도 내릴 수 없었다. 해당 사찰은 〈울고넘는 박달재〉라는 인기가요에도 나올 만큼 유명한 천등산 중턱에 위치해 있었다. 충주에서 제천으로 넘어가는 구 도로변에 있어 찾기는 쉬웠다. 봄이 오려면 한참을 기다려야 하는 쌀쌀한 날씨였다. 사찰 경내에 들어서자 요사체로 보이는 단층 건물에 현수막이 붙어 있었다. 〈유치권자 점유 중〉. 큼직한 글씨가 단층 건물을 뒤덮고 있다시피 했다. 영리를 떠나 산 속으로 숨어 든 사찰에도 세속의 법리는 여전히 그 위력을 떨치고 있었다. 경내의 널따란 주차장에 주차를 하고 나오는데 초로의 사내가 요사체에서 나와 내 쪽으로 다가왔다. 개량 한복을 입고 있었지만 승려는 아니었다.

"어떻게 오셨어요?"

나는 능청스럽게 대답했다.

"아, 네 지나가다 절 구경 왔습니다."

그러자, 사내가 단도직입적으로 물어왔다.

"경매 때문에 오셨죠?"

노름판에서 상대에게 내 패를 들켜버린 낭패감. 그것도 호기롭게 블러핑을 쳤는데 말이다. 나는 있는 그대로 털어놓을 수밖에 없었다.

"예, 뭐, 사실은."

"바로, 얘길 해야지 그게 숨긴다고 숨겨지나? 내가 사람 한두 번 겪은 것도 아니고."

"죄송합니다. 불편해 할까봐서요."

"어디서 왔어요? 말투로 봐서는 경상도 쪽인 거 같은데"

"고향은 그쪽이지만 서울에서 왔습니다."

"이거 받으려면 유치권문제 해결해야 할 텐데."

24/ 유치권자도 내 편이 될 수 있다

경매초보도 특수물건 한다

시내의 말에 내가 바로 유치권자다, 라는 뜻을 내포하고 있었다. 나도 지지 않고 맞받았다.

"수리한 데가 많은 모양입니다?"

"예, 여기저기."

사내는 말끝을 흐렸다. 나는 직감적으로 해당 유치권은 성립하지 않을 거라는 직감이 들었다.

"둘러봐도 될까요?"

사내는 승낙했다. 사찰 경내를 둘러보면서 공사를 한 흔적은 없었다. 제일 관심이 많았던 납골당 건물은 안치단까지 설치되어 있었다. 최근에 지어진 서울 근교에 위치한 납골당만큼 화려하지는 않았지만 나름대로 갖출 건 다 갖추고 있었다.

유치권자와의 만남을 통해 나는 많은 걸 알아냈다. 우선 이 사건 관련 두 차례의 미납사례의 경위를 알아냈다. 두 차례 모두 권리상의 하자나 해당 부동산 자체의 문제가 아니라 단순히 잔금을 구하지 못했다는 사실이다. 미납의 원인이 대출을 받지 못해서이거나 잔금을 치를 능력이 없어서 그렇다면 문제될 게 없었다. 잔금 대출이 가능한 은행과의 사전 조율을 하고 입찰에 참여하면 될 일이다. 나는 그동안 내가 낙찰 받은 모든 부동산을 대출상담사 한 사람에게만 전담시켜 왔다. 때로는 등기비가 심하게 부풀려져 있어도 크게 항의하지 않았다. 대출상담사를 선별해 이자 따져가며 가장 유리한 조건을 골라 대출을 받을 수도 있었지만 굳이 그렇게 하지 않았다. 한 사람만 믿고 맡겼던 결과, 서로 신뢰가 생겼고, 대출상담사는 자신의 일처럼 대출과 등기 이

전 문제를 처리했다. 나는 그 상담사와 대출관련 사전 협의를 거쳤다. 상담사는 며칠 동안 해당 사찰에 대해 대출이 가능한 은행을 알아보았지만 선뜻 대출을 해주겠다는 은행을 찾을 수 없었다. 일주일 뒤 마침내 상담사는 유치권과 대항력 있는 선순위 임차인 문제가 해결가능하다는 전제하에 낙찰가의 80%까지 대출을 해주겠다는 은행을 찾아냈다며 전화 연락을 해왔다. 수도권에 있는 신협이었다. 일단 잔금 문제는 해결된 셈이다.

다음으로, 유치권 문제. 사찰에서 만났던 사내는 유치권자의 부탁으로 현 사찰을 점유 중이라고 했다. 그러니까 사내의 법적인 지위는 유치권자가 아니라 유치권자의 점유보조자에 지나지 않았다. 사내의 말에 의하면 요사체의 보일러와 샷시 화장실 싱크대 등을 수리했다고 했고, 주장하는 수리비는 1억에 가까운 돈이었다. 법원 매각물건명세서상에는 채권자인 은행과 유치권자와의 소송이 진행 중이라고 명시되어 있었다. 즉시 해당 은행을 방문했다. 은행 담당자와의 면담을 통해, 1심에서는 채권자인 은행이 유치권부존재확인 소송에서 승소했다는 사실을 확인했다. 다만 승소 판결문은 육안으로만 확인이 가능했고, 이해관계자가 되면 복사해주겠다는 약속을 받았다. 승소판결문은 낙찰을 받게 되면 인도명령 신청을 통해 유치권 신고인으로부터 점유를 이전받기 위해 꼭 필요한 서류이다. 또한 낙찰 후 은행으로부터 대출을 받을 때 승소 판결문은 결정적 역할을 할 것이다. 절에서 만난 사내는 1심 판결에서 패소했다는 본인에게 불리한 사실은 숨겼던 것이다. 이로써 유치권은 신경 쓸 필요가 없어졌다.

다음 선순위 전입자 문제. 세대 열람을 떼어보면 해당 사찰로 전입된 전입자가 나타난다. 외관상 배당요구를 하지 않은 대항력 있는 선순위 전입자의 모양새를 갖추고 있다. 혹여나 소유자와 임대차계약을 체결한 임차인이라면 보증금을 인수해야 할 수도 있다. 그러나 현 점유자인 유치권자는 해당 선순위 전입자의 존재를 알지 못할뿐더러 실제 선순위 전입자의 점유 자체도 없었다. 유치권자는 최근 1년 전부터 혼자서 사찰에서 기거해 왔다고 말했다. 선순위 전입자의 신원에 대해 은행에 크로스체킹했더니 대출 당시 선순위 전입자는 임차인이 아니라고 확인해 주었다.

그 외 농취증 문제과 분묘기지권. 법원 문건송달내역을 확인했더니 전 낙찰자가 농취증을 제출한 바 있었다. 그러므로 같은 조건이라면 농취증 발급에 문제는 없을 듯 했다. 토지이용계획확인서를 확인했더니 해당 필지는 영농여건불합리 농지로 기재되어 있었다. 그렇다면 더더욱 문제될 게 없었다. 영농여건불합리 농지는 헌법 121조와 농지법에서 정한 경자유전의 원칙에도 예외가 인정돼 단체나 법인도 소유할 수 있다. 마지막으로 분묘기지권이 있었지만 사찰 경내 북쪽 한 구석에 위치해 있어 재산권 행사에 특별한 제약은 없어 보였다.[39]

권리 상의 하자나 잔금 문제 등이 모두 해결되자 나는 입찰을 결심했다. 문제는 현 유치권자, 아니 점유보조자로부터 어떻게 해당 부동산의 점유를 이전받는지가 관건이었다. 그러나 그것은 지엽적인 문제에 불과했다. 소형 빌라를 낙찰 받더라도 세입자든 소유자든 명도 문제는 피할 수 없는 과제이다. 오히려 점유권원이 없는 유치권자의 점유보조자라면 소유자나 임차인의 명도보다 수월할 것이라는 판단이 섰다. 은행을 통해 확인한 바로는 신고된 유치권자는 경매상 채무자(사찰소유자)로부터 대여금 채권을 가지고 있었는데, 사찰이 경매에

---

[39] 낙찰 후 분묘소유자와 3년 뒤에 분묘를 이장하기로 합의했다.

들어가자 유치권을 신고하고 빌려준 돈의 일부라도 회수할 작정으로 점유보조자를 내세워 사찰을 점유했던 것. 사찰에 대해 전혀 문외한이었던 당시의 나로서는 현 점유보조자의 도움이 필요했다. 낙찰을 받게 되면 사찰의 운영을 위해 해당 사찰의 내력 등의 정보 파악을 위해서였다. 나는 점유보조자를 설득했다. 설득의 요지는 이렇다. 확인결과, 유치권은 1심에서 패소했고, 대여금채권은 유치권의 피담보채권이 되지 못한다. 누가 낙찰을 받든 유치권을 주장하며 사찰 명도를 거부한다면 점유보조자인 당신을 비롯해 유치권자는 경매방해죄로 형사처벌을 받을 수 있다. 유치권 성립을 주장하느니, 향후 장묘 사업의 파트너로 받아들일 수도 있다. 라고.

그러자 사내는 적극적인 협력의사를 피력했다. 그리고 해당 사찰의 입찰 참여를 위해 방문했던 사람들, 그리고 예상되는 입찰예정자들과 그동안 전 회차에서 낙찰을 받았지만 그들이 대금을 미납했던 사유들에 대해 상세히 설명했다. 유치권자를 내 편으로 만들어 버린 셈이다.

나는 해당 사찰을 5억8128만 원(감정가의 52.5%)에 낙찰 받았다. 입찰자는 필자 이외에도 1명 더 있었다. 차순위는 5억1500만 원이었다. 잔금 대출도 미리 확인한 은행에서 대출을 받아 등기를 쳤다. 등기를 치고 사찰을 접수했지만 넘어야 할 산은 첩첩산중이었다. 제일 먼저 맞닥뜨린 것은 유치권자와의 갈등이었다. 허위 유치권이긴 했지만 나는 이 문제를 풀어내는데 진땀을 쏟았다. 결국은 이사비에 준하는 금액으로 유치권자로부터 완전한 명도를 받아냈다. 유치권자와의 갈등을 해결하자마자 이번에는 경매상 채무자의 상속인과 분쟁이 불거졌다. 상속인은 절에 남아있는 불상 등 유체동산은 자신의 소유라고 주장하고 나섰다. 가전제품이야 당연히 경매상 채무자의 소유이니 경

####### 경매초보도 특수물건 한다

매상 채무자의 사망으로 그 소유권은 당연히 상속인의 소유가 된다. 대웅전을 비롯한 여러 전각에 모셔진 불상들을 상속인이 가져간다면 그 불상들을 다시 모시는데 들이는 비용도 만만찮았다. 그러나 불상은 사찰이라는 주물에 종속된 종물40)로 봐야 하므로 나는 낙찰자의 소유라고 판단했다. 종물의 법적 개념은 주물의 통상적인 효용에 제공되는 물건이다. 불상은 사찰의 본래적인 기능을 수행하는데 필수불가결한 종물이므로 당연히 낙찰자의 소유라고 주장했다. 상속인과의 밀고 당기는 공방이 이어졌다. 이후 상속인은 불상을 포함한 기타유체동산 일체의 대금으로 3천만 원이라는 금액을 요구했다. 나는 사법부의 판단을 받아보자며 버티었다. 법적인 결과가 나기 전까지는 상속인이 나의 허락을 받지 않고 불상을 가져갈 법적 근거는 없었기 때문이다. 이후 상속인과의 소송절차 없이 유체동산 일체를 넘겨받는 조건으로 적당한 금액에 합의했다. 유치권자와 마찬가지로 상속인에게도 향후 사찰 운영에 관한 도움을 받아야 했고, 감정의 골이 깊어지면 내게도 여러모로 이로울 리 없다는 판단이었다.

사찰을 접수하고 나서 내가 가장 심혈을 기울인 대목은 봉안시설에 대한 허가였다. 일단 종교단체를 설립해야 했다. 종교단체가 설립되어야 그 종교단체 명의로 봉안당 허가를 낼 수 있었다. 관련 분야의 사람들을 만나러 다니는데 한 해가 다 갔다. 나는 2016년 한 해 동안 다른 입찰은 엄두도 못낼 정도로 모든 에너지를 이 사찰에 퍼부었다. 장례 업계 종사자는 물론, 접촉한 스님만 100명이 넘었다. 그리고 여러

---

40) 주유소 내 주유기는 종물로 인정되어 낙찰자의 소유라고 인정된 판례가 있다. 그리고 주유소 지하 주유저장탱크는 낙찰자의 소유라고 인정된 판례와 낙찰자의 소유가 아니라고 인정된 판례가 각각 존재한다. 전자는 소유자가 설치했고, 후자는 임차인이 설치했다.

스님의 도움을 받아 종교단체를 설립했고, 노력은 결실을 맺어 2016년 말에 봉안당 허가를 받았다. 물론, 현재는 사찰의 토지와 건물 등 재산 일체는 그 종교단체 명의로 등기가 이전되어 있다.

경매초보도 특수물건 한다

> 공매

25
명도 문제만 해결된다면 경매보다 공매가 낫다
창원 대방동 아파트, 진해 풍호동 아파트

간혹, 경매 물건을 추천해 달라고 부탁하는 사람이 있다. 나름대로 열심히 검색을 해서 내가 들어가고 싶을 정도로 아까울 정도의 물건을 추천하면 이런저런 이유로 난색을 표하거나 입찰에 들어가지 못하는 사람들이 있다. 명도까지 법률적인 전 과정에 도움을 주겠다고 해도 우물쭈물 망설인다. 해당 물건에 대한 의심을 품는 사람들이다. 특히, 40~50대 아줌마들이 그렇다. 전문가의 말을 신뢰하지 못하면서 왜 매번 추천을 해달라고 부탁을 하는지 그 이유를 단정하기는 어렵다. 추정컨대, 대략 세 가지 이유 정도로 압축된다.

첫째, 추천 부동산이 자신의 기대수익에 미치지 못할 거라는 판단이다. 이런 부류는 대부분 경매로 부동산을 취득하면 시세의 절반 가격에 구입할 수 있을 거라는 편견을 가지고 있는 사람들이다. 그러나 경매라고 해서 거저먹는 수익은 없다. 물론 100% 이상의 수익도 경우에 따라서는 가능하다. 그러나 그런 수익을 올리기 위해서는 그만큼의 고통을 감내해야 한다. 이해관계자와 길고 지루한 소송을 해야 할 수도 있고, 시장으로 유출되지 않은 그 지역 알짜배기 부동산 정보를 취득하기 위해 남보다 몇 갑절 힘든 노력과 비용을 투자했을 때 가능하다. 공짜를 바라지 마라. 고통 없이 얻는 대가는 그만큼 쉽게 흘려보낼 수 있다.

둘째, 자신의 눈높이에서는 추천하는 부동산이 성에 차지 않아서이다. 그건 이렇게 설명하고 싶다. 내가 살 집을 찾는 게 아니라, 필요한 사람에게 언젠가는 매각할 부동산이다. 그러므로 백 명 천 명의 눈에 들어야 하는 것이 아니라 구매할 사람, 단 한 사람의 눈에 들면 되는 것이다. 모든 물건은 주인이 있다. 아무리 허름한 집이라도 그 집을 필요로 하는 사람은 있다. 여러 사람의 눈에 멋있고 폼 나는 물건을 찾다보니 그런 현상이 생기는 것이다. 등 굽은 소나무가 선산을 지키는 법이다. 잘 생긴 부동산을 찾는 게 아니라 돈이 되는 부동산을 찾아야 한다. 누가 봐도 그럴싸한 번화가의 상가보다 강원도 산골의 축사가 경우에 따라서는 더 많은 수익률을 가져다 줄 수 있다. 철저하게 수익의 관점에서 생각하면 답이 보인다. 흠결이 있다면 그만큼 싸게 사면 된다.

셋째, 돈이 될지 확신이 서지 않아서이다. 그럴 거면 전문가의 조언은 왜 구하는가? 반풍수가 집안 망치고 선무당이 사람 잡는다고 했다. 자신의 직감으로 부동산을 선택하면서 전문가에게 구하는 조언은 그 직감을 뒷받침하는 보조수단으로 생각한다. 자신의 직관과 감각을 맹신하며, 그리고 자신의 선택은 이미 확고하게 정해져 있으면서 다른 사람의 의견은 왜 구하는가? 부동산은 여자가 골라야 한다는 속설이 있다. 아마 여자의 감각이 남자보다 낫다는 뜻으로 해석된다. 일정 부분 그럴 수도 있다. 그러나 속설일 뿐이다. 철저한 입지분석과 상권분석 없이 오로지 자신의 직관과 감각만을 믿는 것은 위험천만한 선택이다. 여자는 나이가 들면 없어지는 게 있다. 부끄러움이다. 새롭게 생기는 것도 있다. 고집이다. 직관은 과학에 고개를 숙이게 되어 있다.

▲ 창원 대방동의 아파트

경매를 통해 구입했던 주거용 부동산이 매각되자 2017년 초에 아파트로 다시 눈길을 돌렸다. 그러나 수도권 아파트는 감정가에 육박하는 낙찰가율 때문에 입찰에서 번번이 고배를 마셨다. 할 수 없이 당진 천안 등 충남 지역의 아파트로 눈길을 돌려 입찰을 보러 다녔다. 그러나 지방의 아파트도 낙찰가율이 높긴 마찬가지였다. 패찰의 연속이었다. 그래서 눈길을 돌린 게 공매였다. 경매에서는 아파트 낙찰가율이 감정가 대비 95% 이상이었다면 공매의 경우 감정가의 80% 정도면 가능했다. 물론 싸게 낙찰 받을 수 있는 반면 공매는 결정적인 단점도 있다. 임차인이나 경매상 채무자(대부분 소유자)를 상대로 인도명령결정을 받을 수 없다. 공매는 경매와 달리 기판력이 없기 때문이다. 따라서 세입자나 소유자가 명도를 거부하면 정식 인도소송을 통해서만 경매 목적물의 점유를 넘겨받을 수 있기에, 그만큼 시간과 비용이 더 투입되어야 했다. 그러나 시간과 비용을 들여서라도 수익률을 올릴 수만 있다면 마다할 이유가 없었다.

물건을 검색하던 중 창원에 있는 아파트를 주목했다. 감정가 대비 70%까지 떨어져 있었는데, 경매라면 불가능한 일이다. 공매는 10%씩 저감되므로 80%로 떨어졌던 전 회차에서, 경매였더라면 이미 낙찰되었을 것이다. 감정가는 1억9400만 원에 시세는 1억7000만 원 정도였다. 최저가는 1억3580만 원이었다. 면적은 24평으로 1992년도에 건축승인을 받은 아파트였다. 나는 감정가의 73.6%인 1억 4288만 원을 써넣었고 결과는 낙찰이었다. 9명이 입찰했고, 차순위는 1억4242만 원으로 금액 차는 46만 원이었다.

보름간의 시차를 두고 진해에 있는 아파트 공매에도 입찰했다. 1700세대의 대단지로 94년에 사용승인된 복도식 24평에 방은 2개였다. 감정가 1억3600만 원에 3회 유찰되어 최저가는 9520만 원으로 떨어진 상태. 나는 감정가의 75.9%인 1억328만 원을 써넣었고 결과는 낙찰이었다. 입찰 인원은 6명, 차순위는 9893만 원으로 금액 차는 435만 원이었다.

진해 아파트의 경우, 선순위 전입자라는 난제가 있었다. 선순위 전입자가 임차인이라면, 거기다 배분요구를 하지 않았다면 경우에 따라서는 보증금을 떠안을 수도 있었다. 경매에서의 현황조사서가 있듯이 공매에서는 〈재산명세서〉를 통해 점유자의 현황을 파악한다. 해당 아파트의 재산명세서에는 저당권자보다 앞선 선순위 전입자가 존재했다. 그 재산명세서의 점유관계현황에는 다음과 같이 기록되어 있었다.

점유관계현황

- 2017.03.11 18:30에 소재지 도착하여 ***(###의 전부인)과 면담, 그냥 거주하며 전세나 월세는 내지 않고 있다고 함.
- 임대차 유무는 구두진술에 의하였으므로 정확한 임대차 유무 및 그 내역은 별도 확인을 요함.

▲ 진해 풍호동의 아파트

　때문에 입찰에 들어가기 전에 나는 두 가지 사항을 확인해야 했다. 세대열람내역서 상 선순위 전입자이자 현 점유자가 소유자의 전처가 맞는지 여부, 그리고 만에 하나 이혼을 하면서 소유자와 임대차관계를 맺었는지 여부. 이 두 가지 사실관계를 확인하지 않고는 최악의 경우, 선순위 전입자가 태도를 돌변해 해당 부동산에 대해 임차인임을 주장한다면 난감한 상황이 벌어질 가능성도 있었다.

　내가 임차인의 현황을 확인할 수 있는 통로는 자산관리공사의 담당자가 전부였다. 물론 가장 빠른 길은 해당 부동산을 방문해 현 거주자를 상대로 임대차 현황을 조사하는 것이지만, 경험상 이해관계자도 아닌 입찰예정자에게 그런 정보를 줄 리도 만무하고 만나서 말을 붙여볼 수 있을지도 의문이었다. 자산관리공사의 입장은 간단명료했다. 재산명세에 나와 있는 문구 외에는 그 어떤 것도 확인해 줄 수 없다는 입장이었다. 만약 경매의 현황조사서에 위와 같은 문구가 있다면 입찰에 참여해도 무방하다. 왜냐면 임차인이 입장을 바꿔 현황조사 당시의 진술이 착각이었다며 자신은 진정한 임차인이라고 주장한다면 매각불허가 신청을 하면 될 것이고 이는 현황조사의 내용과 다르기 때문에 받아들여질 가능성이 높다. 그러나 공매에서는 이러한 사유만으로 매각취소신청이 받아들여지지 않는다. 소송을 통해서 승소를 해야 가능한 일이다.

이후, 낙찰을 받고 잔대금을 납부하기 전에 채무자의 가족관계증명서라도 확인할 요량으로 자산관리공사에 전화를 했다. 경매에서는 최고가 매수인이 되면 이해관계자의 자격으로 관련 서류 일체에 대한 열람복사가 가능하다. 당연히 공매도 그렇겠거니, 라고 생각했는데 관련 서류 열람이 불가능하다는 답변이었다. 수도권의 일부 지부는 복사는 안되더라도 열람 정도는 허락한다는 얘기를 들었는데, 지방은 아직도 업무지침이 하달되지 않았단 말인가?

달리 방법이 없었다. 8월이 되면 정부의 대출규제 정책이 시행된다는 소식이 들렸다. 대출규제 시행 전에 잔금을 치러야 했다. 대출서류에 자필서명 후 잔대금을 납부해놓고 대응하기로 했다. 재산명세서에 명기된 선순위 전입자의 무상거주 진술을 신뢰하는 수밖에 없었다. 만약 진술을 번복한다면 소송으로 가야 하는 위험을 감수해야 했다. 그런 위험에 더해 예상치 않은 복병을 하나 더 만나게 된다. 자필 서명 후 잔대금 대출일 직전에 은행 담당자가 직접 전화연락을 해왔다.

"선순위 전입자가 있는데, 경매상 채무자와의 관계가 어떻게 되는지 아시나요?"

"소유자의 전 부인으로 알고 있습니다."

"임차인은 아니란 말씀인가요?"

"재산명세서에 보면, 자산관리공사에서 현장조사를 나갔을 때 본인은 소유자의 전처이고, 무상거주를 하고 있다고 진술하고 있습니다."

"소유자의 가족관계 서류를 받아볼 수 있나요?"

난감했다. 이미 확인한 사항이었는데, 자산관리공사에서는 경매상 채무자의 가족관계서류가 있을 리 없었고, 있어도 열람복사가 불가능했다. 주말 내내 은행에서 요구하는 관련 서류 미비로 대출을 받을 수 없으면 어떡하나, 하는 걱정이 머리를 짓눌렀다. 그러나 다행스럽게도 은행은 선순위 전입자의 진술을 기초로 한 점유현황 조사상황이 담긴 재산명세서를 근거로 대출을 실행했다.

대출 서류에 자필 서명을 하기 위해 인천에 위치한 법률사무소에 들렀을 때였다. 거기서 나와 같은 이유로 법률사무소를 방문한 두 사람과 만났다. 그들은 경기도 광주에 있는 아파트를 공매로 낙찰 받았는데 등기 이전과 대출에 필요한 서류에 서명을 하러 온 사람들이었다. 1년 전부터 경매공부를 시작했고 그 결실로 첫 낙찰을 받았다는 것이다. 나는 그 두 사람과 만났을 때 깜짝 놀랐다. 그들의 나이는 24살이었다. 아, 24살 때 나는 뭘 하고 있었는지 돌이켜보았다. 불안한 미래, 방황으로 점철된 내 젊은 시절과는 달리 요즘의 젊은이들은 자신만의 확실한 주장을 가지고 있구나. 부끄러운 마음이 앞섰다. 돌아갈 수만 있다면 허망하게 세월을 낭비하지 않으리라. 그러나 지나간 세

경매초보도 특수물건 한다

월, 후회해봤자 소용없는 일이다. 최근에는 그 두 사람 중 한 친구와 최근까지도 서로 도움을 주고받으며 교류하고 있다. 나는 그 친구의 도움으로 최근 경매인들의 동향과 온라인 카페활동을 접했고, 나는 내가 갖고 있는 경매지식과 경험을 그 친구에게 전해주고 있다. 그리고 그 친구는 내가 진행하는 경매 팟캐스트 방송에 간혹 게스트로 참여하고 있다.

두 건의 소유권이전등기를 마치고 나는 창원으로 내려갔다. 먼저 창원 대방동에 있는 아파트를 방문했다. 초인종을 누르고 채무자와 간단한 인사를 나누고 집안으로 들어서는 순간 아뿔싸, 집안은 폭탄을 맞은 것 같았다. 20년 넘게 거주했다는 경매상 채무자의 아파트는 20년 전 그대로였다. 말하자면 단 한 번도 수리를 한 적이 없었다. 방충망은 여기저기 찢겨져 있었고, 벽이고 장판이고 싱크대고 화장실이고 어디 하나 온전한 구석이 없었다. 베란다에는 막걸리 병이 나뒹굴고 있었다. 기계 사업을 하다가 사업이 여의치 않아 세금을 체납했다는 채무자는 자포자기상태였다. 나로서도 별다른 수가 없었다. 그렇다고 집을 가지라고 할 수도 없는 노릇이다.

"사정은 딱하게 되었지만 저로서도 어쩔 수가 없네요. 법적 소송으로 국가에 그리고 법무사에 돈을 주는 것보다 선생님에게 한 푼이라도 이사비에 보태 드리는 것이 좋지 않겠습니까?"

이사비를 줄 테니 나가라는 사실상의 최후통첩을 그런 식으로 표현할 수밖에 없었다. 주거용 건물을 많이 낙찰 받았지만 그렇게 딱한 사정은 나로서도 처음이었다. 그 집을 나오면서 마음이 착잡했다.

다시 진해로 향했다. 비가 억수같이 쏟아졌다. 창원 시내와는 길이 잘 연결되어 있어 승용차로 20분 정도 거리였다. 초인종을 눌렀지만 대답이 없어 메모지를 남겨두고 주변에서 무작정 기다렸다. 재산명세서에 전화번호가 있어 통화를 시도했지만 연락이 되질 않았다. 문자까지 남겨놓았지만 연락이 없었다. 낙찰 소식을 듣고 혹여나 임차인이라고 주장하는 건 아닐까, 걱정이 되기도 했다. 퇴근 시간이 가까워진 5시쯤 현 거주자에게서 연락이 왔다. 낙찰 받은 사람이라고 했더니 6시에 퇴근이라며 6시30분에 집에서 만나자고 했다.

시간에 맞춰 집으로 찾아갔더니 거주자는 공매과정 동안 낙찰자를 기다리고 있었다. 의외였다. 낙찰되면 집을 비워주겠노라, 이미 결심을 하고 있었던 같았다. 다만 전 남편이 아파트의 소유권을 이전해주겠노라, 약속해놓은 상태에서 공매가 진행되었다며, 아쉬워했다. 아파트 실내는 어디 하나 손볼 데 없이 완벽했다. 거기다 적당한 이사비로 명도가 가능하리라 확신이 들었다. 실제, 일주일 뒤 전화통화에서 거주자는 보름 뒤에 김해로 이사를 가기로 결정 났다며, 이사비는 이사업체의 견적을 받아 연락을 주겠다고 했다. 통화를 끝내고 나는 즉시 인근 부동산 중개업소에 전화를 걸어 아파트 매물을 내놓았다. 매매도 좋고 전세나 월세도 가능하다고 했다.

공매를 통해, 아파트를 구입했지만 의외로 쉽게 점유를 이전받게 된 셈이다. 다만 창원이 문제였다. 서울로 올라온 뒤, 일주일 정도 지난 시점에서 창원 아파트 거주자에게서 전화가 왔다. 관리사무소에서 단전 단수를 했다는 것이었다. 그러면서 현 소유자인 내가 대납 각서를 써주면 관리사무소에서 단전단수를 해제해 준다는 것이었다. 관리사무소의 단전단수가 오히려 점유를 이전받는데 도움이 될 수도 있을 것 같았다. 단수는 관리업체가 관리비를 연체하는 구분소유자에 대해 기

경매초보도 특수물건 한다

술적으로 대항할 수 있는 적법 사항인지 여부는 나로서도 잘 알지 못한다. 그러나 단전의 경우, 내가 알고 있는 바로는 한전의 동의가 없이는 불법이다. 관리사무소에 확인결과 6개월 치의 관리비를 납부하지 않고 있어 일종의 경고성 조치를 취했다고 했다. 하루 만에 단전 단수는 해제되었지만, 경매상 채무자는 그러한 경고 조치에도 불구하고 언제쯤 명도를 해주겠다는 분명한 답변을 내놓지 않고 있었다. 그렇다고 섣불리 명도소송에 들어갈 수도 없었다. 명도소송을 진행하는 순간 모든 협상은 물 건너가고 오로지 판결 이후 강제집행의 시기만 문제가 될 뿐이다. 감정을 자극하면 서로가 외길을 가야만 하는 것이기에 나는 신중을 기했다. 최대한 협상으로 명도를 마무리 지어야 한다는 생각이 들었다.

그러나 여러 차례 연락을 취했지만 경매상 채무자는 차일피일 기다려달라고만 했다. 6월에 등기이전을 하고 2달을 기다렸다. 8월이 되자, 나는 더는 기다릴 수 없어 8월31일까지 언제 명도를 해줄 수 있는지 답변을 달라고 했다. 약속한 날짜까지 답변이 없다면 법적 소송을 할 수밖에 없음을 고지했다. 경매상 채무자는 8월31일까지 이사 날짜를 정해주겠다고 했지만 약속한 날짜를 넘기고는 연락도 없었다. 9월 초에 나는 아파트 관리사무소에 전화연락을 했다.

"소유권 취득 후에 발생한 관리비는 부담하겠지만 내일부터 발생한 수도세를 포함한 관리비는 더는 부담할 수 없습니다."

사실상 단수 요청이었다. 명도소송을 시작하게 되면 최소한 6개월은 가야 한다. 마지막으로 이 방법을 써 보는 것이 서로에게 낫다는 판단이었다. 관리사무소에서 단수를 하고 몇 시간이 되지 않아 경매상 채무자로부터 연락이 왔다. 일주일 뒤에 이사 날짜를 잡겠다는 것이었다. 일주일 뒤 경매상 채무자는 추석 명절까지 기다려달라고 했다. 나는 흔쾌히 응했다. 소유권 취득 후 4개월이지만 법정에 출석하지 않아도 되니, 그 약속만 지켜준다면 성공적인 명도라 할 수 있었다. 이후 경매상 채무자에게 이사비로 200만 원을 지급했고, 그는 추석 다음 주인 10월13일 이사를 갔다.

이 두 건의 사례처럼 공매라고 해서 길고 지루한 명도소송을 꼭 해야 하는 것은 아니다. 인도명령 제도가 없어 강제집행이 불가능한 공매의 경우에도 협상을 통한 명도만 가능하다면 경매보다는 공매가 낫다. 수익률 면에서 그렇다는 얘기다. 주거용 부동산이라고 공매를 배척할 이유는 없다.

현재 공매로 취득한 아파트 두 건 모두 부동산에 매물로 내놓고 있다. 그러나 8.2대책 이후 둔화된 부동산경기 탓인지 중개업소로부터 연락은 없다. 그러나 그렇게 오래가진 않으리라 생각한다. 큰돈은 안 되더라도 적당한 가격에 넘기고 토지로 갈아타는 게 옳다는 판단이다. 다주택자에 대한 규제가 심한 시기이니 소나기는 피해가고 볼 일이다.

`매각불허가결정` `농취증` `지분` `법정지상권`

26
최고가 매수인이라도 안심하긴 이르다
경기 파주 토지, 경북 성주 창고

    경매물건을 검색하다 보면 이미 전 회차 매각기일에서 최고가 매수인으로 선정되었는데 대금이 미납되어 재경매로 나온 사건을 간혹 볼 수 있다. 이런 사건들은 법원의 재량에 따라 입찰보증금을 최저매각가의 20%내지 30%로 올려 전 회차의 최저가로 재경매가 실시된다.[41] 입찰자들의 관심은 왜 대금미납을 했을까? 하는 점이다. 어렴풋이 짐작 가는 바가 있을 수도 있지만 도무지 이해할 수 없는 사례도 있다. 우선, 잔금을 구하지 못해 대금을 미납한 경우라면 문제가 없다. 권리상의 하자에는 문제가 없다는 뜻이기 때문이다. 문제는 잔대금미납 사유가 잔금을 마련하지 못해 재경매로 나온 경우를 제외하고 다른 사유로 재경매로 나왔을 때이다.

    재경매 사건도 엄밀히 분류하면 매각불허가와 매각취소로 나눌 수 있다. 매각취소는 매각허가결정이 확정된 후에 부동산이 현저히 훼손된 사실 혹은 부동산에 관한 중대한 권리관계가 변동된 사실이 밝혀진

---

41) 경우에 따라서는 입찰보증금을 최저가의 10% 그대로 재경매를 실시하는 법원도 있다.

경우에 매수인의 신청에 따라 법원이 매각을 취소하는 결정을 말한다. 반면 매각불허가는 최고가 매수인으로 선정되었음에도 불구하고 법원이 매각을 하지 않겠다고 결정한 경우 등이다. 이런 경우라면 대부분 보증금을 돌려받을 수 있으니 문제가 없다. 한마디로 법원이 최고가 매수인으로 인정하지 않거나, 최고가 매수인의 자격이 있다 할지라도 여러 가지 요인으로 당사자에게 물건을 팔지 않겠다는 뜻이다.

예를 들어 매각물건명세서상에 중대한 흠이 있는데도 매각이 진행되었을 경우, 매각불허가 사항이 될 수 있다. 가령, 임차인의 전입일자가 잘못 기재되어 선순위 근저당권보다 후순위로 기재된다든지 했을 경우이다. 여기서 한 가지 주의할 사항은 경매에서의 매각물건명세서와 마찬가지로 공매에는 재산명세서가 있다. 공매에서의 재산명세서에도 현 점유자에 대한 정보가 담겨 있다. 공매상 재산명세서가 잘못 기재되었다는 사실을 근거로 매각을 관리하는 한국자산관리공사에 매각불허가 신청은 받아들여지기는 힘들다는 점을 참고로 알려두고자 한다.

또한 법원의 매각불허가 사유의 예로는 감정에 하자가 있어 채무자가 이의를 제기하여 받아들여진 경우, 경매집행요건, 경매개시요건, 경매신청요건에 흠결이 있었거나, 경매개시결정을 채무자에게 송달하지 않고 진행했거나 등등의 불허가 사유는 대단히 많다. 그리고 부동산을 매수할 자격이 없는 자가 최고가 매수신고인을 내세워 신고할 때, 이외 미성년자, 금치산자, 한정치산자 등 법률행위능력이 없는 자가 최고가 매수신고인이 되어도 불허가 사유가 된다. 우리가 주목해야 할 것은 내가 입찰하고자 하는 물건이 권리상의 하자나 매매목적물상의 하자가 있는 경우이다. 그 외에는 낙찰을 받더라도 위험이나 불이

경매초보도 특수물건 한다

익이 없으므로 크게 상관은 없다. 즉, 감정평가서상에 하자가 있으면 감정을 다시 하거나 보완해 감정가를 결정할 것이고, 재감정된 금액으로 다시 경매로 나올 것이기에 새로운 낙찰자가 불이익을 얻을 이유는 없다.

가령, 전 회차에 낙찰 받은 최고가 매수인에게 매각불허가결정이 내려졌다, 고 가정해보자. 최고가 매수인의 입찰금액은 7500만 원이었다. 그런데 매각불허가의 사유가 입찰금액 7500만 원은 경매신청자가 배당을 받아갈 금액이 한 푼도 없기 때문이라는 사실을 알아냈다.[42] 그리고 다시 해당 물건이 경매로 나왔다고 가정하면, 배당표를 작성해보고 7500만 원 이하로 입찰한다면 또다시 무잉여로 매각불허가 사유가 될 것이다. 따라서 얼마 이상을 써넣어야 무잉여 경매가 되지 않을지, 무잉여 경매가 되지 않는 최소금액으로 낙찰 받아도 괜찮은 금액인지를 따져서 입찰하면 될 것이다.[43] 또, 선순위 근저당의 소멸로 인해 후순위 임차인의 대항력이 존속하게 되는 경우에도 매각불허가의 사유가 된다. 이러한 매각불허가 사유로 인한 재경매에서는 임차인의 보증금을 인수해야 하니 유의해야 한다.

매각불허가로 인한 재경매는 이처럼 권리상의 하자나, 매매목적물상의 하자로 인해 재경매로 나온 경우만 유의하면 된다. 대부분의 경우는 매각물건명세서, 법원 문건송달내역 등 주어진 자료를 최대한 활용하면 재경매의 사유를 추정할 수도 있지만 만약 이에 대한 자신이 없으면 입찰하지 않는 것이 좋다. 그래도 참여하고자 한다면 일단 해

---

[42] 이런 경우를 무잉여 경매라고 하고 무잉여 경매는 매각불허가 사유가 된다
[43] 최저매각가와 무잉여 경매의 경계선상에 있다면 법원은 직권으로 채권자에게 무잉여 경매에서 벗어나는 가격으로 우선매수신청의 조건을 받아 매각을 진행하기도 한다.

당법원 경매계에 전화로 재경매의 사유를 직접 물어보는 것이 옳다. 해당 경매계에서 그 이유를 상세히 알려줄 가능성은 없지만 작은 단서라도 입찰참여에 도움이 된다. 단, 재경매로 나온 사유가 전 회차 한 번만이 아니고 잔대금미납 전력이 두세 번 정도 있었거나, 대항력 있는 선순위 전입자가 있어 재경매로 나왔다면 입찰 참여는 금물이다. 한 차례도 아니고 두 차례 이상 최고가 매수인이 잔금을 납부하지 않았다면 내가 입찰해서 그 하자(권리상이든 매매목적물 자체이든)를 치유할 능력이 있다고 보기는 힘들다. 또한, 선순위 전입자가 존재하는 물건인데 최고가 매수인이 잔금을 미납했다면 이는 인수해야 될 보증금이 상당해 어쩔 수 없이 전 최고가 매수인이 울며 겨자 먹기로 입찰보증금을 포기하고서라도 대금을 미납했을 가능성이 많다. 물론 이후 여러 차례 더 유찰되어 인수해야 될 해당 보증금을 알아내고 선순위 임차인의 보증금을 인수하더라도 부담 없는 가격으로 최저입찰가가 떨어지면 그때 가서 입찰하는 것은 문제가 없을 것이다.

  법원의 매각불허가결정은 최고가 매수신고인의 의사에 반해 내려지기도 하지만 반대의 경우도 있다. 즉, 최고가 매수신청인의 요청으로 매각불허가결정이 내려지기도 한다. 이 경우는 그럴만한 정당한 사유가 있어야 법원이 이를 받아준다. 예전에는 법원의 매각허가 결정에 대해 채무자나 소유자의 즉시 항고를 조건 없이 받아주었다. 그렇게 되자 정당한 이유도 없이 채무자와 소유자의 즉시항고가 남발되었다. 민사집행법의 개정으로 요즘에는 채무자와 소유자가 매각허가결정에 대해 즉시항고를 할 때에는 낙찰가의 10%의 공탁금을 걸어야 받아주며, 패소하면 공탁금은 몰수[44])되므로 즉시항고가 많이 줄어들었다고

---

44) 몰수된 공탁금은 배당재단에 귀속된다.

한다.

 낙찰자가 이런저런 사정으로 낙찰 받은 물건을 사고 싶지 않으면 어떻게 해야 할까. 물론 낙찰자의 요청에도 불구하고 법원이 이를 인정할만한 정당한 사유가 있어야 한다. 따라서 낙찰자는 경매진행 과정마다 달리 대처해야 한다. 만약 매각허가결정 전이라면 매각불허가신청을 해야 한다. 그럼에도 매각허가결정이 되면 매각허가결정에 대해 즉시항고를 해야 한다. 즉시항고 기간은 매각허가결정일로부터 7일이다. 이것마저 받아들여지지 않고 매각확정이 되면 이젠 정식으로 매각허가 취소소송을 진행해야 한다.

 법원이 낙찰자의 매각불허가 신청 사유로 받아줄만한 대표적인 사례는 감정평가서와 부동산 현황이 상이한 경우를 들 수 있다. 매각명세서에는 없는 권리상의 하자가 있는 경우이다. 예를 들자면 낙찰 이후에 진정한 유치권자가 해당 부동산을 점유하고 있다든지 하는 경우이다. 또한, 부동산이 제 기능을 할 수 없을 정도로 심각한 손상이 있는 경우라면 불허가신청이 받아들여질 가능성이 많다.

 지금까지 경매를 하면서 내가 낙찰 받은 물건에 두 차례 법원의 매각불허가결정이 내려졌다. 그 중 하나가 2013타경8196 물건번호 2번 사건이다. 낙찰을 받았지만 권리상의 하자로 인해 해당 경매계에 불허가신청을 해서 불허가결정이 받아들여진 경우이다.

　2014년 8월 경북 성주군 벽진면 가암리 555번지 소재 창고 221.76 ㎡(67평)가 경매로 나왔다. 토지는 매각에서 제외되었다. 감정가 1856만 원에 3회 유찰되어 최저가는 감정가의 34.3%인 636만 원으로 떨어진 상태였다. 건물만의 경매라서 법정지상권이 문제가 되었는데, 이 경우 관습상의 법정지상권이 성립되는 케이스였다. 1994년 소유자 김씨가 토지를 소유하고 있다가 2004년 3월에 창고를 건축하였고, 건물을 제외한 토지만 2008년 5월에 한국농어촌공사로 매각했기 때문에 그날로부터 관습상의 법정지상권이 성립한다. 문제는 민법 366조에 규정한 법정지상권은 당사자 의사에 상관없이 법으로 정해진 규정이지만 관습상의 법정지상권은 토지를 매각할 당시 매수인과 전 소유자 사이에 건물을 철거한다는 특약이 없어야 성립한다는 전제조건이 붙는다. 그러나 이러한 전제조건이 있는지 여부는 입찰자로서는 알 길이 없다. 물론 이 경우처럼 토지를 매수한 당사자가 한국농어촌공사이기 때문에 해당 토지를 매입할 당시 건물을 철거한다는 특약이 있었는지 여부는 확인할 필요도 있었고, 알고자 노력했더라면 확인이 가능했던 케이스다.

나는 감정가의 44.5%인 828만 원에 입찰했고, 결과는 낙찰이었다. 입찰자는 나를 포함해 2명, 2등은 648만 원으로 금액차이는 180만 원이었다. 문제는 낙찰을 받고 현장을 방문했더니 건물 소유자가 농어촌공사에 토지를 넘기면서 건물을 철거하겠다는 특약을 했다는 것이었다. 철거 특약에 대해 농어촌공사에 확인했더니 그렇다는 대답을 얻었다. 물론, 2008년도에 철거특약을 하고 6년이 지난 2104년까지 철거를 하지 않고 있다는 것은 건물을 더 존속할 여지도 있다는 의미이고, 앞으로 더 사용할 여지도 있어 보였지만 법으로 보장을 받는 법정지상권이 없다면 건물 소유자의 지위는 불안정할 수밖에 없다. 할 수 없이 해당 경매계에 철거특약이 있음으로 인해 해당 건물은 존속될 여지가 없으므로 법원에서 이런 중대한 하자가 있는 건물을 매각한다는 것은 매각불허가 사유라고 주장하면서 매각불허가신청서를 제출했다. 불허가신청은 받아들여졌고 입찰보증금은 환불받았다. 이후, 해당 물건은 매각 취하되었다.

2015년 1월에 실시된 파주시 법원읍 법원리 439-18번지 농지 268㎡ 경매로 나왔다. 사건번호 2014타경 13552(2). 이 물건은 1종 일반주거지역에 위치한 지목은 전(田)인 농지였다. 1/2 지분에 맹지여서 그런지 감정가 7236만 원에 4차례 유찰, 최저가 1737만 원으로 감정가의 24%까지 떨어진 상태였다. 내가 써낸 입찰가는 2178만 원, 감정가의 30.1%였다. 결과는 낙찰. 3명이 입찰했는데 2등은 2141만 원으로 금액 차이는 37만 원이었다.

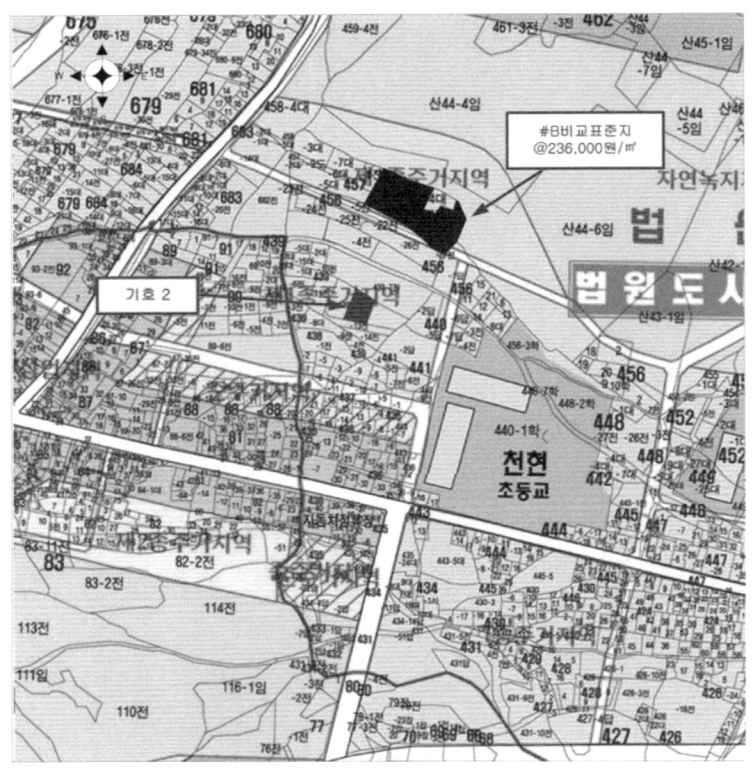

최고가 매수인으로 선정되었지만 그러나 매각허가결정일이 지나도 법원의 매각허가결정 통지서가 오지 않았다. 그래서 확인 차 전화했더니 법원으로부터 매각불허가결정이 떨어졌다는 것이다. 해당 경매계에서는 불허가결정의 이유는 농취증 때문이라는 답변이었다. 사실, 나는 최고가 매수신고인으로 선정되자마자 관할 법원읍사무소로부터 4일 만에 농취증을 발급받아 법원에 제출했다. 정상적으로 매각허가결정 기일 내에 제출한 것이다. 농취증이라고 하지만 정확하게는 농취증 발급이 필요 없다는 읍사무소의 공문이었다. 왜냐면 도시지역 내에 소재한 농지라서 농취증을 발급받지 않아도 되는 농지법상의 규정 때문이었다. 법원은 그러나 입찰시 필요도 없는 농취증 발급을 매각조건으로 경매를 진행했기에 입찰가가 낮아졌다고 판단한 모양이었다. 채권자인 은행에 연락했더니 자신들은 매각불허가 신청을 하지 않았다고 했다. 따라서 매각불허가결정은 오로지 법원의 자체 판단이었다. 법원의 실수로 농취증 발급 조건을 달아 매각해놓고 이제 와서 매각을 하지 않겠다고 결정을 내린 것에 화가 나서 불허가결정에 이의를 신청하려고 했으나 그만두었다. 그렇게까지 낙찰을 받아야 하는 대단한 물건은 아니었기 때문이다. 단지 법원의 구시대적인 행태가 불만이었다.

낙찰자를 경락인이라 부르다가 민사집행법의 개정으로 최고가 매수인으로 부르는 데는 다 그만한 이유가 있다. 법원은 물건을 대행해서 파는 일종의 부동산 마트이다. 마트에서는 소비자인 입찰자에게 최고가 금액을 제시하는 사람에게 물건을 파는 것이고 법원은 그 대행수수료를 가져간다. 그러므로 정당한 보수를 지급하고 물건을 사는 사람들에게 그만한 예우는 해줘야 한다는 것이 내 생각이다. 게다가 물건 단가도 슈퍼에서 파는 과자 부스러기 같은 몇천 원도 아니고 몇천만 원, 심지어 억대의 고가 물건이다. 자신들의 실수로 물건을 잘못 팔아놓고 그 책임을 소비자에게 떠넘기는 건 어불성설이다. 간혹, 경매 법정에서 소란스럽다며 집행관들이 "거기 좀 조용히 하세요"라고 고압적으로 소리치는 경우를 종종 본다. 물건을 사러 온 사람들에게 보일 태도는 아니다. 아직까지 자신들이 하고 있는 행위가 뭘 의미하는지 모르고, 구시대의 법정관행을 그대로 답습하면서, 무슨 형사법정에서 판사가 피고를 대하는 양, 소리치는 것처럼 들려 씁쓸하다. 이 사례처럼, 채권자나 소유자가 이의를 제기하지 않았는데도 법원 자체의 실수로

경매초보도 특수물건 한다

매각을 불허가한다면, 입찰에 참여했던 입찰자에게 소정의 교통비와 일당을 지급하는 게 마땅하다. 거창하게 민사집행법을 개정하지 않더라도 법원행정지침을 고쳐서라도 가능하리라 생각한다. 그런 날이 가까운 시일 내에 오기를 소망한다.

정권이 바뀌면서 시대도 변했다. 불통과 권위주의의 시대가 가고 소통과 약자에 대한 배려의 시대로 넘어가고 있다. 우리는 지난 해 광장에서 연인원 일천육만 명의 시민들이 촛불을 들고 절대 권력자를 권좌에서 끌어내렸다. 피 한 방울 흘리지 않았고 물리적인 폭력도 전무했다. 이는 전 세계사적으로도 유례를 찾아볼 수 없는 무혈혁명이었다. 2016년 대한민국 촛불혁명은 피로 쓴 1789년 프랑스대혁명보다 위대했다. 세계가 감탄했고, 민주주의의 역사를 동아시아 변방 한반도 남쪽에서 새로 썼다. 부당한 권력에 떨쳐 일어난 민초들의 저항은 고대로부터 그리고 지금도 세계 도처에서 발생하고 있지만 우리처럼 질서정연하고 절차적 정당성을 지킨 사례가 없었다. 두고 보라. 훗날 정치학자들은 민주주의의 역사의 중대한 분기점으로 대한민국의 촛불 이전과 이후로 나눌 것이다.

나 또한 아들을 데리고 그 현장으로 달려갔다. 혹자는 이렇게 반문할지도 모르겠다. 그 위험한 곳에 왜 아들을 데리고 가느냐, 라고. 내 대답은 간단하다. 어릴 적, 내가 아버지에게 1950년 한국전쟁 당시 아버지는 어디서 무엇을 했느냐고 물었듯이 나의 아들은 역사 교과서에 배운 1987년 6월항쟁 당시 아버지는 무엇을 하였느냐고 물은 적이 있다. 영화 〈1987〉의 주인공 연희와 동갑 87학번인 나는 을지로에서 〈호헌철폐, 독재타도〉를 외치다 닭장차로 끌려가 구타를 당하며 2박3일 동안 종로경찰서 유치장에 구금되었다. 아들은 그런 아버지를 자랑스러워하는 것 같았다. 이제 30년 쯤 뒤엔 내 아들의 아들이 그 아버지에게 물을 것이다. 세계적인 평가를 받는 2016년 촛불혁명을 교과서에서 배웠는데 그때 아버지는 어디서 무엇을 하였느냐, 고. 나는 나의 아들이 그 아들에게 자랑스럽게 답할 수 있길 바란다. 그 역사적인 현장에 내가 있었다, 라고. 자식을 데리고 광장으로 나간 부모의 마음이 모두 이와 같았으리라.

우리의 자식 세대에게만은 우리가 살던 세상보다는 좀 더 나은 세상을 물려줘야 하지 않겠는가. 그 세상은 공짜로, 그저, 덤으로 오지 않는다. 역사는, 민주주의는, 아니 인권은 그 주권자들이 한눈을 팔면 지난 정권처럼 가끔씩 뒷걸음질을 치기도 한다. 그래서 깨어있는 시민들이 끊임없이 감시해야 하고 부당한 권력에는 온몸으로 저항해야 한다.

불공정한 제도나 시스템도 저항하지 않으면 계속 유지되려고 하는 속성이 있다. 경매에 참여하는 입찰자 또한 잘못된 법정 관행이 있는데도 이를 문제 삼지 않으면 마냥 그대로 존속된다. 1994년 민사집행법이 개정되기 전에는 호가경매를 진행했다. 호가경매 시절에는 경매법정이 깍두기 형님들로 성업을 이루었고, 입찰 당일은 그 사람들의 잔칫날이었다. 만약 호가경매에 대해 아무도 매각의 공정성 문제를 제기하지 않았다면 지금까지도 민사집행법이 개정되지 않고 있을지 모른다. 그랬더라면 경매가 할 일 없는 반건달들의 영역이라는 믿는 터무니없는 속설이 실제 지금의 현실이 되었을지도 모를 일이다. 사소하더라도 우리의 권리는 우리가 찾아야 한다. 권리 위에 잠자는 자, 보호하지 않는다는 법언처럼 말이다.